Workshop HTML5 & CSS3

Stephan Heller [daik.de] ist seit 2004 freiberuflicher Webdesigner. Als PHP-Entwickler gestartet – und inzwischen zweifach ZEND-zertifiziert – hat er unterdessen sein Portfolio um CSS-Design, W3C-standardkonforme HTML-Codierung und Barrierefreiheit erweitert und arbeitet derweil überwiegend und deutschlandweit als Frontendentwickler. Bereits dreimal war er maßgeblich am Gewinn eines BIENE-Awards beteiligt. Zu seinen Kunden zählen Kleinunternehmer und gemeinnützige Vereine, aber auch nationale sowie internationale Großunternehmen und namhafte Full-Service-Agenturen.

Stephan Heller

Workshop HTML5 & CSS3

Weblayouts professionell umsetzen – ein Einstieg in die Frontendentwicklung

dpunkt.verlag

Stephan Heller
heller@h5c3.de

Lektorat: Barbara Lauer
Copy-Editing: Alexander Reischert, Redaktion ALUAN
Autorenfoto: Alexia Lüers (studiofotogen.de)
Herstellung: Nadine Thiele
Umschlaggestaltung: Helmut Kraus, www.exclam.de
Druck und Bindung: M.P. Media-Print Informationstechnologie GmbH,
33100 Paderborn

Bibliografische Information der Deutschen Nationalbibliothek
Die Deutsche Nationalbibliothek verzeichnet diese Publikation in der Deutschen Nationalbibliografie; detaillierte bibliografische Daten sind im Internet über http://dnb.d-nb.de abrufbar.

ISBN 978-3-89864-807-3

1. Auflage 2012

Ringstraße 19B
69115 Heidelberg

5 4 3 2 1 0

Vorwort

Webdesign hat sich in den letzen zehn Jahren massiv verändert. Aktuell erlebt die Entwicklerwelt einen technischen Fortschritt wie seit langem nicht mehr. Durch HTML5 und CSS3, vor allem aber durch die immer bessere Unterstützung der Webstandards seitens der Browser eröffnen sich viele neue Möglichkeiten. Grund genug, die Grundlagen der Webentwicklung neu aufzurollen.

Aber nicht allein die technischen Neuerungen haben mich zu diesem Buch motiviert. In über zehn Jahren, die ich inzwischen als Webentwickler arbeite, haben sich Berufsbilder und damit klar definierte Zuständigkeiten herauskristallisiert. Wo »Webdesigner« früher etwas nicht näher Definiertes im Internet machten und Webseiten »irgendwie« erstellt wurden, spielt heute für eine konkurrenzfähige Website neben einem professionellem Layout ein schlanker, sinnvoller und korrekter Quellcode und damit die Qualität der Codierung eine wichtige Rolle.

Die mittlerweile etablierte, jedoch nicht offizielle Berufsbezeichnung »Frontendentwickler« bezeichnet jene Webentwickler, die ein Layout in Quellcode »übersetzen« und damit Templates liefern, die von Programmierern mit dynamischen Inhalten gefüllt werden. Sie grenzen sich damit deutlich von den Programmierern ab und ebenfalls von den Grafikern, die für das eigentliche Design verantwortlich sind.

Diese Spezialisierung der Frontendentwicklung ist der wesentliche Ansatz dieses Buches. Es soll zeigen, wie Sie als »Website-Architekt« einen soliden Rohbau mit HTML erstellen, um diesen in weiteren Arbeitsschritten per CSS mit Farben, Abständen und Bildern mit dem vorgegebenen Design zu versehen.

Diese Abfolge spiegelt sich im Aufbau des Workshops und des ganzen Buches wider, darauf gehe ich in der Einleitung detaillierter ein. Von daher ist mir nicht nur generell, sondern auch angesichts dieser Herangehensweise Ihre Meinung wichtig. Aber auch E-Mails über gefundene Fehler oder Verbesserungsvorschläge sind stets willkommene Nachrichten. Scheuen Sie sich nicht, mich über **heller@h5c3.de** anzuschreiben. Auf der Webseite zum Buch www.h5c3.de werde ich gefundene Fehler dokumentieren.

Ich wünsche Ihnen viel Spaß beim Lesen und für die Zukunft viel Freude an der Frontendentwicklung.

Danke

»Ein Haus bauen, ein Baum pflanzen und ein Kind zeugen« – diese archaische Phrase soll ausdrücken, welche Dinge man(n) im Leben gemacht haben sollte. Ob man dieser Liste »ein Buch schreiben« hinzufügen sollte, sei dahingestellt. Ich möchte lediglich damit ausdrücken, dass es mich mächtig stolz macht, es geschrieben zu haben, und es in meinem bisherigen Entwickler-Dasein ein absolutes Highlight darstellt.

Ohne die Mithilfe vieler Menschen wäre das Buch jedoch nicht machbar gewesen. Von daher möchte ich ein großes Dankeschön aussprechen. Zuerst an den **dpunkt-Verlag**, der großes Vertrauen in mich gesetzt und dieses Buchprojekt erst ermöglicht hat.

Ein herzliches Danke geht an **Jule Steffen** und **Matthias Schmidt** (www.kikkerbillen.de), die mir das Layout frei zur Verfügung gestellt haben. Vor allem haben sie damit indirekt die Thematik »Kino« für den Workshop gesetzt, was mir als Kinofan beim Schreiben noch mal besonders Spaß gemacht hat.

Ebenfalls großen Dank an die Fachgutachter **Ruth Bosbach**, **Renate Hermanns**, **Christine Kühnel**, **Cornelia Schade** und **Matthias Schütz**. Kritik macht nie Spaß, so konstruktiv sie auch ist. Trotzalledem hat jedes Feedback Licht in dunklere Ecken meiner »Betriebsblindheit« gebracht und zur Qualität des Buches beigetragen. Gleichzeitig hat es Spaß gemacht, die Korrekturen einzuarbeiten, wenn hier und da am Rande ein Smily oder ein »I like it!« zu lesen war.

Für das Cover und dass meine nachträglichen Änderungswünsche so gelungen umgesetzt sind, möchte ich mich sehr bei **Helmut Kraus** bedanken. Ebenfalls für das Copy-Editing bei Alexander Reischert, vor dessen Arbeit ich wirklich Hochachtung habe. Ebenso einen großen Dank an **Nadine Thiele**, die meine Word-Datei und die mehr als 600 Grafiken zu diesem Gesamtwerkt zusammen-»gesetzt« hat.

Ein Dank ganz anderer Art geht an den **Senator Film Verleih**. Mich macht es überglücklich, dass **Senator** völlig unkompliziert das OK gab, die Originalbilder des grandiosen Films »Ziemlich beste Freunde« im Buch nutzen zu dürfen, die sich wunderbar in das Thema des Designs »Kino-Webseite« einfügen.

Ein ganz großes Dankeschön geht insbesondere an **Barbara Lauer** vom **dpunkt-Verlag**. Als Lektorin hat sie mich durch die Planungsphase und während der kompletten Entstehung des Buches begleitet. Einerseits hat sie es nicht gescheut, solange nachzuhaken, bis alles Hand und

Fuß hatte, und damit maßgeblich zur Qualität des Buches beigetragen. Vor allem hat sie immer das richtige Fingerspitzengefühl besessen, nachzubohren, wenn etwas noch nicht rund war, aber ein Thema auch pragmatisch zu beenden, wenn sie spürte, dass ein Kapitel für mich abgeschlossen war. Danke! So wünsche ich mir die Zusammenarbeit mit allen Kunden.

Stephan Heller, im Sommer 2012

Inhaltsverzeichnis

Einleitung

Lernen hat sich durch das Internet massiv verändert. Wissensvermittlung beschränkt sich nicht mehr ausschließlich auf Bücher und Fachliteratur, längst ist die große Quelle »WWW« hinzugekommen. Diese Veränderung möchten der dpunkt-Verlag und ich mit diesem Buch aufgreifen.

Nicht alles, was es über die Frontendentwicklung zu sagen und zu wissen gibt (also dazu, was technisch für die Darstellung einer Website im Browser umgesetzt werden muss), lässt sich auf 300 Seiten zusammenfassen. Von daher finden Sie an vielen Stellen im Buch Links zu weiterführenden Informationen: einerseits zahlreiche Quelltextbeispiele und Texte, die während des Schreibens am Buch entstanden und sich daher nahtlos an die konkreten Inhalte anschließen, andererseits Links zu Websites Dritter, auf denen die angesprochenen Themen vertieft werden können und wo entsprechend weitere Hintergrundinformationen zu finden sind.

WWW

Alle Links sind über die Website zum Buch erreichbar: www.h5c3.de

Eine vollständige CSS-Eigenschaften Referenz steht Ihnen ebenfalls online zur Verfügung. Unter nebenstehendem Link finden Sie alle CSS-Eigenschaften mit umfangreichen Beschreibungen und vielen Quelltextbeispielen. Der CSS3-Standard befindet sich nach wie vor in der Entwicklung. Mit der Online-Referenz greifen Sie also stets auf einen **aktuellen** Stand zu.

WWW

Alle CSS-Eigenschaften auf einer Seite: www.css-wiki.com

So ist dieses Buch aufgebaut

Workshop

- **Teil 1 – Workshop:** In 21 Kapiteln wird eine Website nach einem vorgegebenen Layout mit HTML(5) und CSS(3) aufgebaut, angefangen mit dem Anlegen der Ordnerstruktur über alle relevanten Bausteine einer Seite bis hin zu Themen wie Suchmaschinenoptimierung oder Entwicklertools. In kleinen Schritten werden die Grundelemente der Webseite umgesetzt, **ohne bei jedem Detail tiefgehend die theoretischen Hintergründe zu beleuchten**. Diese werden dann in dem folgenden Grundlagenteil beschrieben.

Grund-lagen

- **Teil 2 – HTML- und CSS-Grundlagen:** Zunächst wird HTML in seine Bestandteile zerlegt, die Syntax im Detail erklärt, die unterschiedlichen HTML-Elemente vorgestellt und erläutert, wie Sie diese konkret einsetzen. **Was im Workshop oft nur angerissen wird, können Sie dort vertiefen.** Danach wird die CSS-Syntax unter die Lupe genommen. Sie finden alle Werte, die Ihnen in CSS zur Verfügung stehen, sowie die Grundsätze, welche das Arbeiten mit CSS bestimmen – so auch die Beschreibung des Box-Modells, welches dem »Gestaltungsprinzip« von HTML und CSS zugrunde gelegt ist. **Was im Workshop praktisch Anwendung findet, wird hier mit grundsätzlichen Informationen unterbaut.**

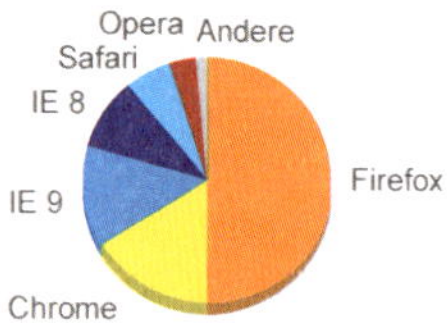

Die Prozentangaben variieren je nach Statistik und Webangebot. Ihre grundsätzliche Verteilung ist jedoch im deutschsprachigen Raum vergleichbar.

Aktuelle Browser

Im diesem Buch wird wiederkehrend von »aktuellen Browsern« gesprochen. Das sind jene fünf Browser (beziehungsweise sechs, wenn man die beiden Internet Explorer-Versionen einzeln zählt), die während der Entstehung des Buches, also in der ersten Jahreshälfte 2012 den Markt beherrscht haben: Mozilla Firefox (ca. 50 %), Google Chrome (ca. 16 %), Internet Explorer 9 (ca. 13,5 %), Internet Explorer 8 (ca. 9,5 %), Apple Safari (ca. 6 %) und Opera (ca. 3,5 %) (Quelle: http://gs.statcounter.com, Stand: Juli 2012). Die Werte beziehen sich auf Deutschland, fallen aber für Österreich und die Schweiz ähnlich aus.

Die Kenntnis um die Browserverteilung auf der einen Seite sowie das Wissen, welcher Browser welche HTML-Elemente oder CSS-Eigenschaften unterstützt, auf der anderen Seite wirken sich unmittelbar auf Ihre Arbeit aus.

Der Internet Explorer 8 etwa »versteht« kein HTML5, aber auch von anderen aktuellen Browsern werden spezielle HTML5-Elemente oder CSS3-Eigenschaften unterschiedlich (oder auch gar nicht) dargestellt.

Work-shop

Cross-Browser-Kompatibilität: Kapitel 19

Elemente oder Eigenschaften, die von einem Browser mit einem relevanten Marktanteil nicht unterstützt werden, können mit gutem Gewissen nur dann eingesetzt werden, wenn eine entsprechende Fallback-Lösung für den limitierenden Browser entwickelt wird. Was zu tun ist, um eine solche »Cross-Browser-Kompatibilität« herzustellen, lesen Sie in Kapitel 19. Für welchen Browser Sie diesbezüglich aktiv werden müssen, geht dabei aus der Statistik hervor.

Deutsche oder englische Fachbegriffe?

Sowohl der HTML- als auch der CSS-Standard sind in Englisch verfasst. Für mich stand die Frage im Raum, wie ich mit englischen Fachbegriffen umgehe. Im Original belassen? Übersetzen? Häufig gibt es Übersetzungen, manchmal Entsprechungen im Deutschen, teilweise auch nur deutsche Umschreibungen der Fachbegriffe, die aber wesentlich treffender und damit verständlicher sind.

Von daher sind in diesem Buch deutsche Begriffe dann verwendet, wenn es eine brauchbare Übersetzung gibt, oder auch etablierte deutsche Begriffe, die zwar keine 1:1-Übersetzung darstellen, aber dem Fachbegriff inhaltlich entsprechen. Relevante Fachwörter sind kurz in Englisch erwähnt, damit Sie für weitere Recherche die originalen Suchbegriffe kennen. Dort, wo kein brauchbares Äquivalent im Deutschen verfügbar war und jegliche Übersetzung sinnlos erscheint oder sogar Verwirrung stiftet, habe ich Fachbegriffe in der englischen Originalversion belassen.

Ich hoffe, dass Ihnen dieses Buch den Weg ebnet für einen erfolgreichen Einstieg in die Frontendentwicklung, und wünsche Ihnen vor allem viel Spaß dabei!

Teil I

Workshop – Schritt für Schritt zum professionellen HTML-CSS-Design

1 So geht der Workshop vor

»Hello, my name is Kai«. Diesen Satz beherrschen und verstehen Sie bereits nach der ersten Englischstunde. Aber im Grunde haben Sie zu diesem Zeitpunkt weder Kenntnis von der Grammatik, der Orthografie noch ein gefestigtes Vokabular der Sprache.

HTML und CSS werden auch übergreifend als Webstandards bezeichnet.

Diese Herangehensweise steht auch hinter dem Workshop HTML5 & CSS3. Niemand beschäftigt sich wochenlang mit der Theorie einer Sprache, um erst dann den ersten Satz zu sprechen. Und so möchte ich mit Ihnen sofort loslegen, »Webdesign reden«, sprich HTML5 und CSS3 ausprobieren – auch wenn Sie nicht sofort jede einzelne Codezeile verstehen. **Learning by Doing** lautet die Devise. Gerade bei CSS macht es oft dann »Klick«, wenn man erst einmal selbst am Code »herumgeschraubt« hat.

Nichtsdestotrotz bin ich mir sicher, dass es zwei Sorten von Lernenden gibt: jene, die sich durch »Herumprobieren« Wissen erarbeiten, sowie andere, die sich erst einen (theoretischen) Überblick verschaffen möchten. Für Letztere ist es empfehlenswert, sich zuerst den Teil 2 mit den Grundlagen von HTML5 und CSS3 vorzunehmen.

Ziel des Workshops

Am Ende des Workshops stehen fertige Templates, bestehend aus solidem HTML und zeitgemäßem CSS, die Sie als Grundlage für Ihre eigene Webseite verwenden können.

Wie oben bereits angedeutet, ist »solide« in Bezug auf HTML5 und CSS3 eine kritische Formulierung: Denn in diesem Buch lernen Sie Techniken kennen, die nicht von allen marktrelevanten Browsern unterstützt werden. Webdesign sollte jedoch so gestaltet sein, dass eine Webseite in den unterschiedlichen Browsern wie Firefox, Internet Explorer & Co. gleich aussieht und gleichermaßen bedienbar ist.

Ziel ist daher vor allem, ein grundlegendes Verständnis von HTML und CSS mit einem Blick auf die Qualität einer Frontendcodierung zu vermitteln.

Abb. 1–1
Startseite des Beispiellayouts

Umsetzung eines fertigen Grafikdesigns

Der Workshop basiert auf einem professionellen Layout für ein Kinoportal, was bedeutet: Das Grafikdesign ist bereits vorhanden, der Workshop konzentriert sich auf die eigentliche Codierungsarbeit.

Dies entspricht dem »Tagesgeschäft« von Frontendentwicklern. Bevor Sie mit der Arbeit beginnen, haben sich schon andere Menschen Gedanken darüber gemacht, wie das eigentliche Layout aussehen soll. Ein Entwurfslayout besteht in der Regel aus einer kleinen Auswahl von Screendesigns. Unter nebenstehendem Link finden Sie vier verschiedene Seiten des Layouts.

Listing

Download der Layoutvorlagen: www.h5c3.de/listing-1-1

Arbeitsweise pro Kapitel

Am Anfang eines Kapitels finden Sie einen Link mit der Bezeichnung »Kapitel [Nr.] Startpaket«, unter dem Sie eine Zip-Datei herunterladen können, in der die erarbeiteten Inhalte aus vorherigen Kapiteln berücksichtigt sind. So haben Sie die Möglichkeit, mit jedem Kapitel in den Workshop einsteigen. Am Ende der Kapitel finden Sie ebenfalls einen Link »Kapitel [Nr.] Ergebnispaket« zu dem entsprechenden Ergebnisdownloadpaket.

Barrierefreiheit und Suchmaschinenoptimierung

Im Workshop befassen sich zwei Kapitel explizit mit diesen Themen. Allerdings sind Suchmaschinenoptimierung und Barrierefreiheit nicht auf diese Kapitel beschränkt, da sie keine abgekapselten Arbeitsschritte darstellen. Vielmehr finden sich diese Themen quasi in jedem Stück HTML-Quelltext wieder, beispielsweise im zielgerichteten Einsatz der richtigen HTML-Elemente oder in der sinnvollen Vergabe eines guten Alternativtextes beim Einbau von Bildern.

Workshop

Barrierefreiheit und Suchmaschinenoptimierung: Kapitel 17 und 18

Auch wenn diese Themen nicht regelmäßig hervorgehoben werden, so entsteht während des Workshops doch ein Template, welches grundlegend barrierefrei und suchmaschinenoptimiert ist.

2 Vorbereitungen

Work-shop

Mehr über Layouttypen und skalierbare Einheiten in Kapitel 17

In diesem Workshop entsteht eine Website des sogenannten **elastischen Layouttyps** einschließlich **skalierbarer** Maßeinheiten. Die Seite wird dabei so aufgebaut, dass sie auch von Browsern verstanden wird, die noch kein HTML5 beherrschen. Diese technischen Details bzgl. Layouttyp oder Maßeinheit setzen bereits ein grundlegendes Wissen über die Webseitengestaltung voraus – also keine Themen für die Grundlagenvermittlung auf den ersten Seiten.

Grund-lagen

Grundlegendes über die Aufgabenverteilung von HTML und CSS finden Sie in Kapitel 22.

Denn der Workshop verfolgt ein anders Ziel: Er soll Ihnen HTML und CSS Stück für Stück näherbringen, ohne dass Sie durch zu viele Nebenschauplätze abgelenkt werden. Erst wenn die Seite als solche steht, werden diese speziellen Themen und die damit verbundenen Anforderungen in Angriff genommen.

- Die **Layouttypen** werden in Kapitel 17.3 beschrieben. Dabei geht es weniger um einzelne Techniken als um eher grundsätzliche Herangehensweisen an die Frontendentwicklung.
- **Skalierbare Einheiten** werden in Kapitel 17.2 behandelt. Bis dahin arbeitet der Workshop mit Pixelwerten, was für das eigentliche Verstehen von HTML und CSS keinen Unterschied macht. Mit der Umstellung des Templates auf »relative Maßeinheiten« schaffen Sie eine bessere Bedienbarkeit der Website. Durch ein wenig Erfahrung mit relativen Einheiten werden Sie Ihre Website in Zukunft dann von Anfang an damit aufbauen können. Der »Umweg« über Pixelwerte dient vor allem dem langsamen Herantasten an die Frontendentwicklung.
- Verschiedene **Fallback-Lösungen für alte Browser**, die noch kein HTML5 unterstützen oder bestimmte CSS-Eigenschaften nicht kennen, finden Sie in Kapitel 19.2. Diese Extralösungen von Anfang an zu berücksichtigen wäre grundsätzlich zwar möglich, aber sicher nicht dem Begreifen der Materie förderlich. Von daher legt der Workshop erst einmal den Fokus auf HTML5 selbst, bevor die kon-

kreten Probleme zur Sprache kommen. Auch hier werden Sie diese Fallbacks später von Anfang an berücksichtigen.

2.1 Anlegen einer sinnvollen Ordnerstruktur

Am Anfang jeder Website steht eine brauchbare Ordnerstruktur. Jede einzelne Webseite ist eine HTML-Datei. Dort wird das eigentliche HTML-Grundgerüst aufgebaut: Inhalte und vor allem Struktur finden dort ihren Platz.

WWW

Homepage, Website, Webseite – was die Begriffe unterscheidet, lesen Sie unter www.h5c3.de/link-2-1

Zusätzlich besteht das, was später im Browser angezeigt wird, aus in HTML eingebundenen Grafiken und dem CSS, welches das Layout steuert. Zusätzlich binden die meisten Websites JavaScript-Dateien ein, um kleine Features zur besseren Bedienbarkeit hinzufügen zu können.

Diese Struktur kann bereits angelegt werden, sowohl die Verzeichnisse als auch die Dateien, auch wenn diese erst mal leer sind. Dabei sollte jeder Ordner und jede Datei mit sprechenden Namen bezeichnet werden, damit auf einen Blick deutlich wird, was Sie vor sich haben. Die Startseite eines Webangebots wird für Webserver mit »index« bezeichnet. Damit wird diese auch ohne die Eingabe von index.html in der Browserleiste aufgerufen.

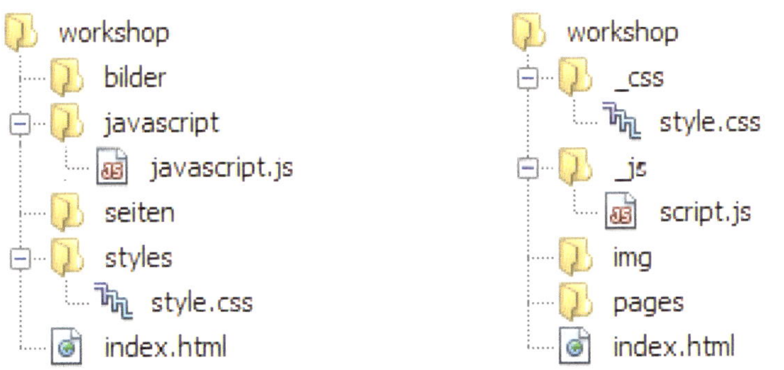

Listing

Download der leeren Ordnerstruktur: www.h5c3.de/listing-2-1

Abb. 2-1
Varianten einer Grundstruktur

In Abb. 2-1 sehen Sie zwei mögliche Ordnerstrukturen. Links befindet sich die Variante, die wahrscheinlich intuitiver erscheint. Es spricht nichts dagegen, Ordner mit deutschen Namen anzulegen und die Dateien voll auszuschreiben.

Die Struktur rechts ist in der Praxis eher üblich. Ein Bilderordner wird gerne mit `img` bzw. `images`, `seiten`-Ordner oder auch `pages` benannt. Für CSS und JavaScript können Kürzel verwendet werden. Dies macht die Pfade für ihre Einbindung im HTML-Code kürzer. Zusätzlich können Ordner, wie hier `_css` und `_js`, mit einem Unterstrich beginnen. Das führt dazu, dass diese im Windows Explorer oder unter Mac im

Grundlagen

Details zum Umgang mit Pfadangaben finden Sie in Kapitel 24.5.

Finder oben angezeigt werden, was in großen Projekten mit vielen Ordnern recht praktisch sein kann.

Grundsätzlich ist anzumerken, dass in Datei- und Ordnernamen weder Leer- noch Sonderzeichen verwendet werden sollten. Was unter Windows funktioniert, kann auf dem Webserver zu Problemen führen, auf denen zumeist Unix-Systeme laufen und diese ein Leerzeichen als Ende des Dateinamens interpretieren könnten (dies hängt von der Unix-Version ab). Auch unterscheidet Unix im Gegensatz zu Windows zwischen Groß- und Kleinschreibung; von daher ist es ratsam, Ordner und Dateien stets mit Kleinbuchstaben zu benennen.

2.2 Das brauchen Sie, um loslegen zu können

Für die Webentwicklung benötigen Sie einen Texteditor und einen Browser. Letzteren werden Sie bereits haben. Beim Editor brauchen Sie im Grunde keine spezielle Software, denn sowohl HTML, CSS als auch JavaScript-Dateien können mit jedem beliebigen Texteditor bearbeitet werden. Allerdings ist es hilfreich, von Anfang an einen HTML/CSS-Editor zu verwenden, der über ein Syntax-Highlighting verfügt. Damit werden die einzelnen HTML- und CSS-Elemente farblich hervorgehoben – dies erleichtert das Zurechtfinden in den Quelltexten. Als Editor können Sie **Notepad++** für den PC oder **Aptana Studio** auf dem Mac nutzen. Eine Auswahl an kostenlosen Editoren finden Sie unter nebenstehendem Link.

WWW

Kostenlose Editoren: www.h5c3.de/link-2-2

Neben den Ordnern können bereits die leeren Dateien angelegt werden, in denen später der Code aufgebaut wird. Damit der Browser den richtigen Dateityp erkennt, müssen die Dateien eine entsprechende Dateierweiterung haben. Übliche Dateierweiterungen sind:

- `.html` oder `.htm` für HTML-Dateien
- `.css` für CSS-Dateien
- `.js` für JavaScript-Dateien

Praxistipp: Dateien schnell anlegen (Windows)
Dateien über den Editor anzulegen ist zuverlässig, aber mit viel Klickerei verbunden. Schneller geht's, indem Sie über die rechte Maustaste »Neu« und »Textdokument« eine leere Textdatei erzeugen. Diese so entstandene Datei »Neues Textdokument.TXT« können Sie beispielsweise in »style.css« umbenennen und haben damit bereits eine gültige CSS-Datei.

2.3 Analyse des Layouts

Vor der konkreten Umsetzung steht eine Planungsphase, in der ein wenig gedankliche Vorarbeit notwendig ist. Der Workshop basiert auf einem fertigen Screendesign, das für die technische Umsetzung nun analysiert wird. Für den Fall, dass Sie selber ein Layout entwickeln möchten, ohne dabei über umfangreiches Grafikdesignwissen zu verfügen, können Sie sich eine Webseite Ihrer Wahl im Internet suchen und sich davon inspirieren lassen.

Listing

Download der Layoutvorlagen: www.h5c3.de/listing-2-2

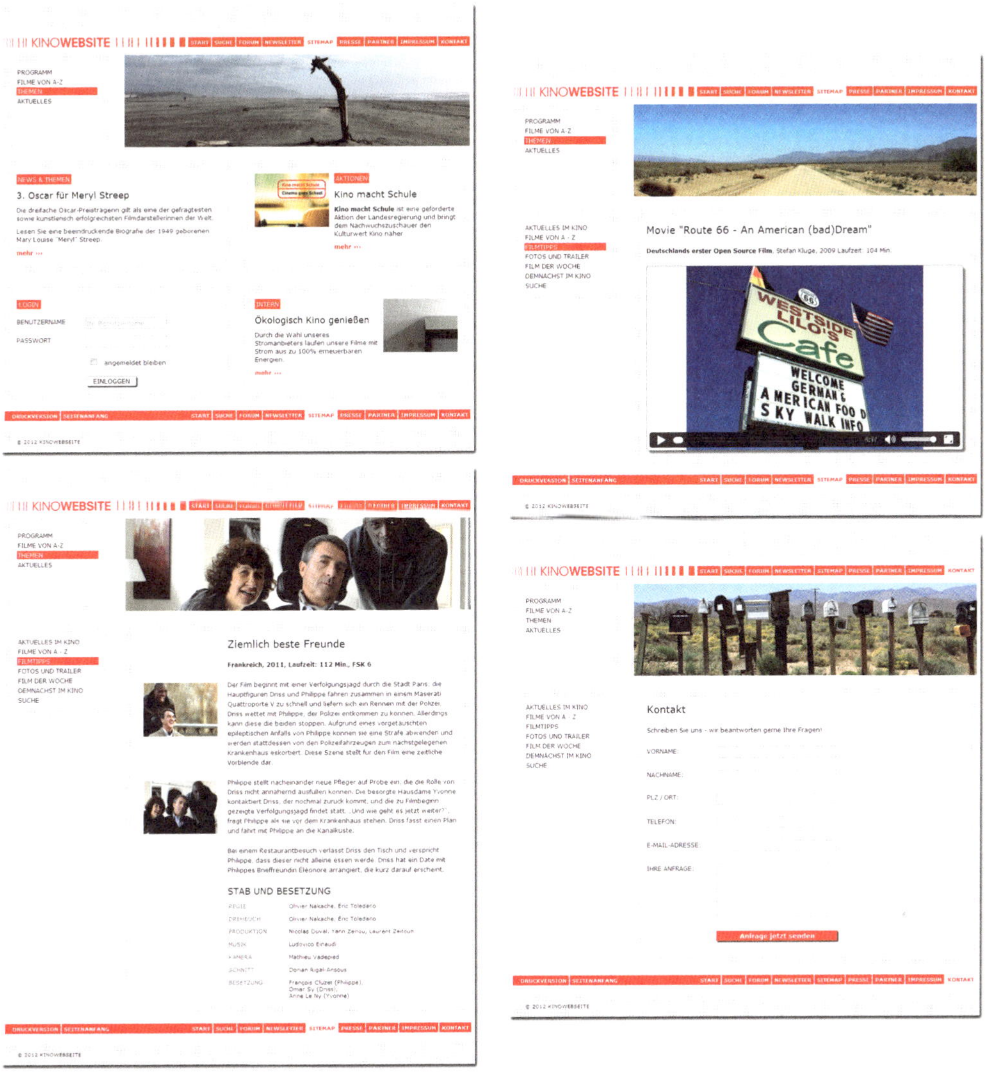

Abb. 2–2
Unterschiedliche Seitentypen nebeneinandergelegt dienen dazu, wiederkehrende Elemente zu finden.

2.3.1 Grundstruktur ermitteln

Unabhängig davon, welchen Weg Sie einschlagen, suchen Sie sich als Erstes drei oder vier unterschiedliche Seiten der Vorlage heraus – idealerweise die Startseite, eine reine Inhaltsseite sowie eine mit einem Formular, beispielsweise eine Kontaktseite.

Gemeinsamkeiten erkennen – Unterschiede dingfest machen

Wenn ich hier von der »Analyse des Layouts« spreche, geht es vor allem um eine systematische Herangehensweise an die Webentwicklung. Für eine gute Strategie reichen Blatt und Stift. Drucken Sie ein paar Seiten des Screendesigns oder Angebots aus, das Sie sich als Inspirationslayout ausgesucht haben, legen die Seiten nebeneinander und markieren mit einem dicken Filzstift, welche Gemeinsamkeiten alle Seiten aufweisen und an welchen Stellen unterschiedliche Komponenten zu finden sind.

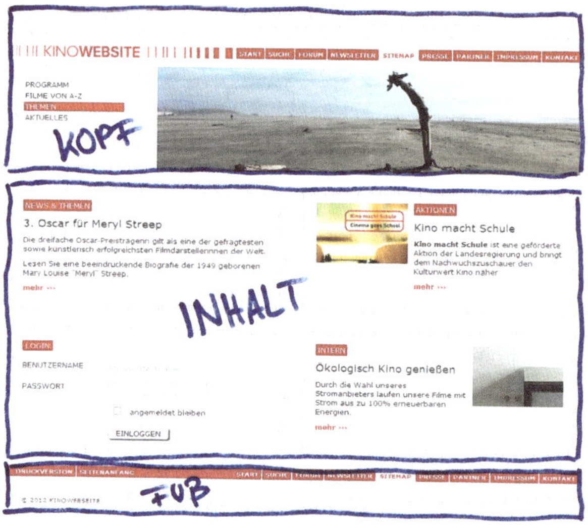

Abb. 2–3
Grundelemente der Homepage

Dabei kann im ersten Schritt eine ganz grobe Struktur ermittelt werden. Im Angebot sind dies drei Grundelemente, die auf jeder Seite wiederkehren:

- Kopf
- Inhalt
- Fuß

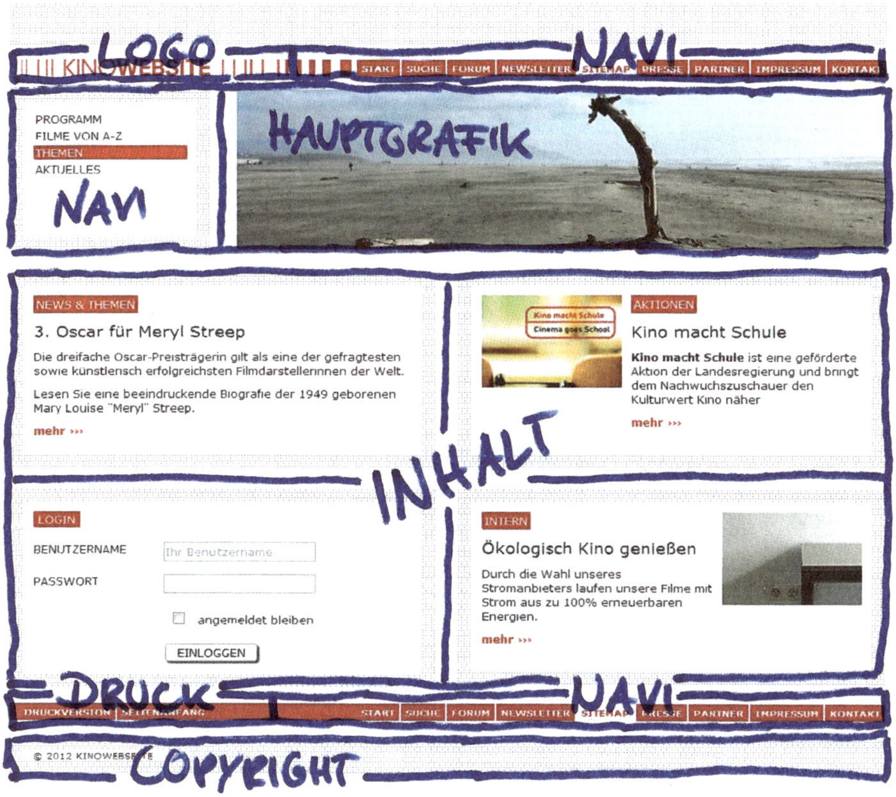

Abb. 2–4
Bereiche weiter heruntergebrochen

Im zweiten Schritt kann die Seite weiter differenziert werden. Dabei ist es für die spätere Entwicklung einfacher, wenn man das Layout in horizontale Blöcke aufteilt. Der Fokus richtet sich auf stets wiederkehrende Elemente. Die Untergliederung kann wie folgt aussehen:

- Kopf
  - Block mit
    - Logo
    - oberer Navigation
  - Block mit
    - linker, oberer Navigation
    - Hauptgrafik

- Inhalt
  Eigentlicher Inhalt, Darstellung variiert auf den einzelnen Seiten

- Fuß
  - Block mit
    - Drucklink und Sprungmarke
    - unterer Navigation
  - Copyright

Diese Struktur ist ausreichend, um damit das Grundgerüst aufzubauen, und wird so auf jeder einzelnen Seite wiederzufinden sein.

2.3.2 Seitentypen ermitteln

Abb. 2–5
Zwei Seitentypen bezüglich des Seitenrasters: links zwei gleich breite Spalten mit den Teaserblöcken, Mitte und rechts schmale, linke Navigationsleiste mit jeweils breiter Inhaltsspalte

Neben der Identifizierung der Gemeinsamkeiten gehört zu der Planung auch, die Varianten herauszuarbeiten, welche das Layout liefert. Hier geht der Blick auf den Inhaltsbereich der Webseite, Kopf und Fuß hingegen sind auf allen Seiten gleich. Das Beispiellayout liefert von der Flächenverteilung her zwei Varianten:

- Seite mit jeweils vier gleich breiten Blöcken, verteilt auf zwei Spalten und zwei Reihen
- Zweispaltige Seite mit ca. 1/4 breitem Navigationselement und 3/4 breitem Inhaltsbereich

In komplexen Webangeboten sind dies in der Regel mehr, aber auch beim vorliegenden Angebot könnte man sich mehr Seitentypen vorstellen, beispielsweise eine einspaltige Inhaltsseite für Bildergalerien oder ein umfangreiches Suchformular.

Resultierend aus den zwei eher allgemeinen Beschreibungen können für das Beispiellayout zwei Seitentypen unterschieden werden:

- Startseite (oder auch Teaserseite)
- Beitragsseite

Auch wenn diese Unterteilung banal erscheint, zu diesem Zeitpunkt wissen Sie bereits, dass bei der Umsetzung lediglich zwei Varianten zu berücksichtigen sind. Des Weiteren können bereits jetzt einzelne Seitentypen beziehungsweise Module benannt werden, die später beim Aufbau der HTML-Struktur wieder aufgegriffen werden.

- Startseite
  - Einfacher Textteaser
  - Text-Bild-Teaser mit Bild links
  - Text-Bild-Teaser mit Bild rechts
  - Teaser mit Login-Formular

- Beitragsseite
  - Filmbeitragsseite
  - Video-Seite
  - Formularseite

Zusätzlich können bereits Module benannt werden, die nicht in den Layoutvorlagen vorhanden, in Ihrem Kopf jedoch schon als Teil des Angebots geplant sind. Sie können hier auch schon Module berücksichtigen, die in einem Ihnen vorliegenden Konzept vorgesehen sind oder die als Standardmodule in jedem Webauftritt vorkommen werden, wie zum Beispiel:

- Erweiterte Suche (großes Formular)
- Suchergebnisliste
- Kontaktformular
- Kinodetailseite
- Übersicht Kinoprogramm

Die Liste ist individuell vom Webauftritt abhängig und hier zweifellos unvollständig. Wichtig ist hier aber zunächst nur das Prinzip, nämlich dass Sie wie in diesem Fall beispielsweise zwei Arten von Formularen zu erkennen, um diese später nicht zweimal, sondern nur einmal über übergreifende Styles realisieren zu müssen.

2.3.3 Abstände und Farben ermitteln

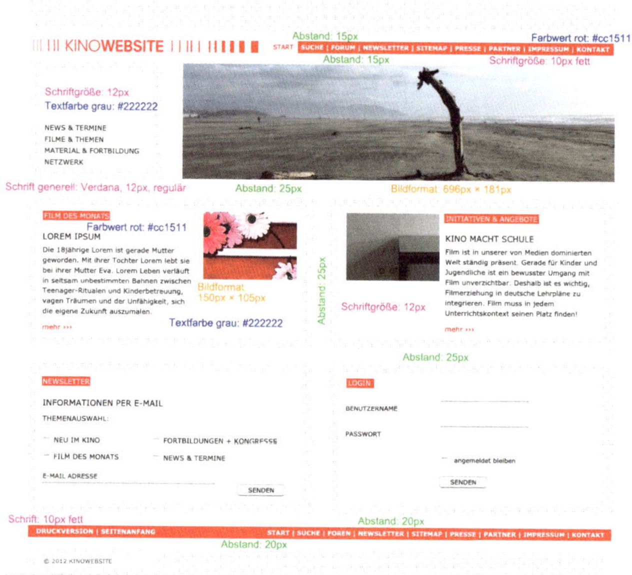

Abb. 2–6
Ein erster Überblick über Abstände und Farben

Work-shop

Arbeiten mit Abständen: Kapitel 5.1

Neben der Struktur und den Modulen kann ein erster Überblick über Farben, Abstände und Schriften ermittelt werden. Idealerweise erhalten Sie diese zusätzlich zu den Layoutscreens als Mini-Styleguide. Falls ein solcher nicht zur Verfügung steht, werden Abstände ausgemessen und Schrifteigenschaften ermittelt.

In Abb. 2–6 sehen Sie Pixelwerte (px) und Farbangaben mit der Raute (#) und einer sechsstelligen Zahl, sogenannte Hexadezimalfarbangaben. Dies sind zulässige Werte für das CSS und können später in dieser Schreibweise übernommen werden. Details zu verschiedenen »Längenangaben« – wie hier Pixel – finden Sie in Kapitel 30.3, verschiedene Schreibweisen für Farbwerte sind detailliert in Kapitel 30.4 beschrieben.

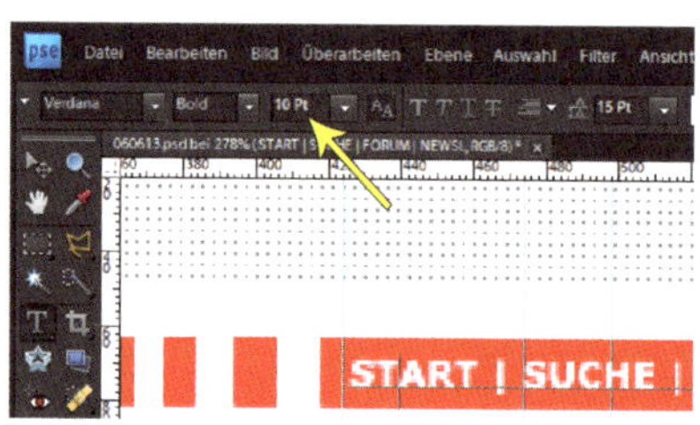

Abb. 2–7
Ermitteln der Schrifteigenschaften

Die Schrittgröße und Schriftart sollte mit den Layoutvorlagen geliefert werden. Fehlen diese, verfügen Sie aber über die Layoutentwurfsdatei und die dazu passende Software, hilft ein Klick mit dem Textwerkzeug in den entsprechenden Text: Die Schrifteigenschaften werden dann angezeigt und können für das CSS bereits vorgemerkt werden.

Liegt Ihnen der Layoutentwurf lediglich als JPG- oder PNG-Datei vor, müssen Sie müssen Sie die Schrifteigenschaften selbst herausfinden. Standardschriftgrößen der meisten Webseiten liegen allerdings zwischen 11 und 14 px, bei der Schriftart selbst handelt es sich zumeist um Verdana oder Arial. Hier hilft im Zweifelsfall nur die langsame Annäherung an die Schrift in der Layoutvorlage, indem Sie mit den Werten im CSS spielen.

Was Sie vom Grafiker bekommen sollten
Die Berufsbilder im Webbereich sind nicht klar definiert. Von daher ist das »Material«, das Sie als Frontendentwickler erhalten, von Projekt zu Projekt unterschiedlich umfangreich. Unter nebenstehendem Link finden Sie eine Checkliste mit Dingen, die geliefert werden sollten. Diese stellt kein »Muss« dar, im professionellen Umfeld sollte jedoch geklärt sein, mit welchen Arbeitsmaterialien Sie rechnen können.

WWW

Checkliste für die Grafiklieferung: www.h5c3.de/link-2-3

3 Grundlayout aufbauen

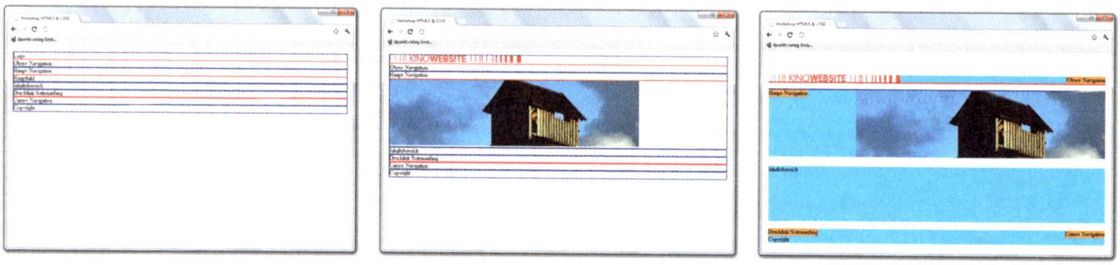

Abb. 3–1
In den nächsten drei Kapiteln wird erst das HTML-Grundgerüst und dann das Layout schrittweise aufgebaut.

In diesem Kapitel wird das HTML-Grundgerüst aufgebaut und die »Geometrie« des Layouts über CSS angelegt. In Zukunft müssen Sie nicht mehr jedes Mal die Seite von Grund auf neu aufbauen, sondern können mit einem Basispaket starten, wie es am Ende dieses Kapitels zur Verfügung steht.

Listing→

Kapitel 3 Startpaket: www.h5c3.de/listing-3-1

HTML-Tag versus HTML-Element

Ein HTML-Tag bezeichnet das, was zwischen den spitzen Klammern <...> steht. Ein **HTML-Element** ist die komplette Einheit aus »öffnendem Tag«, »schließendem Tag« und dem, was dazwischen steht (Details dazu im Grundlagenteil Kapitel 24).

Diese beiden Begriffe werden im Alltag häufig synonym verwendet. Diese sprachliche Ungenauigkeit hat allerdings einen Grund: CSS-Anweisungen werden an den Elementnamen oder die Attribute innerhalb der HTML-Tags gekoppelt, bestimmen aber dann die Darstellung des ganzen HTML-Elements.

Im Workshop werden die Begrifflichkeiten so wie in der Entwicklersprache verwendet. Falls Sie im Workshop »Tag« lesen, ist zumeist das öffnende HTML-Tag gemeint. Falls Sie von umschließenden Tags lesen, sind sowohl öffnende als auch schließende Tags gemeint. Und an vielen Stellen sind die Begriffe auch austauschbar, ohne dass sich der Sinn verändert.

3.1 HTML-Grundgerüst anlegen

Zum Aufbau des HTML-Grundgerüsts wird die leere `index.html` geöffnet.

Grundgerüst anlegen und CSS-Einbindung testen

```
1  <!DOCTYPE html>
2  <html lang="de">
3     <head>
4        <meta charset="utf-8">
5        <title>Hallo Welt - Workshop</title>
6        <link rel="stylesheet" href="_css/style.css">
7     </head>
8     <body>
9        <h1>Hallo Welt</h1>
10    </body>
11 </html>
```

Grund-lagen

Das Grundgerüst im Detail finden Sie in Kapitel 24.6.

Die erste Codezeile `<!DOCTYPE html>` definiert, dass das HTML nach Regeln von HTML5 aufgebaut ist. Das `html`-Element (Codezeile 2) wird als »Wurzelelement« der Webseite bezeichnet. Dieses hat zwei Unterelemente, sogenannte »Kindelemente«, nämlich `head` und `body`. Dieser Aufbau ist für alle Webseiten gleich.

Grund-lagen

Mehr zu meta-Elementen (Codezeile 4) finden Sie in Kapitel 26.2.

Im `head` wird die CSS-Datei eingebunden (Codezeile 6). Vor dem Namen der Datei `style.css` sehen Sie die Pfadangabe `_css`, dies entspricht dem Ordnernamen in der Dateistruktur (siehe Abb. 2–1).

Weitere Details zum »Verlinken« von CSS-Dateien finden Sie in Kapitel 33.

Was bei Pfadgaben zu beachten ist, wird in Kapitel 24.5 beschrieben.

Zusätzlich sehen Sie das `title`-Element (Codezeile 5). Dies ist eines der wichtigsten HTML-Elemente für die Suchmaschinenoptimierung. Im `title` steht das, was in der oberen Browserleiste beziehungsweise auf dem Tabreiter angezeigt wird, und sollte für jede einzelne HTML-Seite individuell und prägnant den Inhalt der Webseite wiedergeben.

Details zum title-Element finden Sie im Grundlagenteil in Kapitel 26.1.

Innerhalb des `body`-Elements sehen Sie eine Überschrift erster Ordnung `h1` (Codezeile 9). In der CSS-Datei `style.css` wird eine einfache CSS-Regel definiert, welche den Text der `h1` rot darstellen soll. Beides, sowohl die `h1` im HTML- als auch die dazu passende Regel im CSS-Code, dient lediglich dem Test, ob die CSS-Datei richtig eingebunden ist.

Test auf korrekte Einbindung der CSS-Datei

```
h1 {
   color: red;
}
```

Listing

Grundgerüst mit Test-CSS: www.h5c3.de/listing-3-2

Wenn Sie neu in die Thematik einsteigen, ist dies sicher ein spannender Moment. Rufen Sie die Seite im Browser auf. Wenn das »Hallo Welt« in Rot erscheint, ist das Grundgerüst korrekt angelegt und die CSS-Datei richtig verlinkt. Sowohl die `h1` im HTML-Code als auch die `h1`-Testregel im CSS-Code können dann wieder gelöscht werden.

3.2 HTML-Seitengerüst aufbauen

Grund-lagen

Grundaufbau einer HTML-Datei: Kapitel 24.6

Aus der Struktur, die in Kapitel 2.3.1 ermittelt wurde, kann das Seitengerüst aufgebaut und damit die drei Grundelemente in das HTML eingefügt werden:

```
<body>
   <div>Kopf</div>
   <div>Inhalt</div>
   <div>Fuß</div>
</body>
```

Struktur verfeinern

CSS kommt bislang noch nicht vor (mit Ausnahme der wieder gelöschten Testregel) – und das aus einem gutem Grund. Für das Grundgerüst ist eine schlüssige HTML-Struktur wichtig, die optische Darstellung spielt zu diesem Zeitpunkt dagegen noch keine Rolle und soll nicht von dem eigentlichen strukturellen Aufbau ablenken.

Auch die im zweiten Schritt ermittelte, etwas detailliertere Struktur kann bereits ins HTML übertragen werden. Ein horizontaler Block wird dabei jeweils von einem `div` umgeben, Grafiken werden mit einem Text symbolisiert, Navigationselemente können mit dem neuen HTML5-Tag `nav` ausgezeichnet werden und bekommen damit bereits eine »Rolle« in HTML zugewiesen. Alle weiteren Elemente, die weder Navigationsbereich noch Grafik sind, werden ebenfalls mit einem `div` umschlossen:

```
<body>
   <div>
      <div>
         Logo
         <nav>Obere Navigation</nav>
      </div>
      <div>
         <nav>Haupt-Navigation</nav>
         Hauptbild
      </div>
   </div>
   <div>Inhaltsbereich</div>
   <div>
      <div>
         <nav>Drucklink/Seitenanfang</nav>
         <nav>Untere Navigation</nav>
      </div>
      <div>Copyright</div>
   </div>
</body>
```

Abb. 3–2
Verschiedene Navigationsstrukturen

Um mit klaren Begrifflichkeiten weiterzuarbeiten, werden die Navigationsstrukturen benannt. Dabei stellen die roten Navigationsleisten in Abb. 3–2 oben (1) und unten (2) übergreifende Navigationselemente dar und werden als **Metanavigation** bezeichnet. Die Navigation links oben (3) entspricht der **Hauptnavigation**, die je nach Unterseite um eine **Unternavigation** (4) erweitert wird – in der Praxis ist hier der Begriff »Subnavigation« gebräuchlich.

Der nächste Schritt ist auf den ersten Blick nicht intuitiv, wird sich jedoch im weiteren Verlauf des Workshops klären. Das Grundgerüst wird mit `id`- und `class`-Attributen versehen. Diese sind die »Ankerpunkte«, über die später die Verbindung zwischen HTML und CSS hergestellt wird. `id`- und `class`-Attribute stellen zwei von mehreren Möglichkeiten dar, HTML aus dem CSS heraus konkret anzusprechen.

Grund-lagen

Grundlegendes zu id und class ist in Kapitel 35 beschrieben.

Für Elemente, die auf einer Seite nur einmal vorkommen, wie Kopf, Hauptnavigation, Inhalt und Fuß, werden individuelle `id` vergeben. Dieselbe `id` darf pro HTML-Seite nur ein einziges Mal vergeben werden. Für andere Elemente, die sich auf der Seite wiederholen, wie etwa die Metanavigation, werden `class`-Attribute eingefügt.

```
<body>
   <div id="kopf">
      <div id="kopf-oben">
         Logo
         <nav class="meta-navigation">Obere Navigation</nav>
      </div>
      <div id="kopf-unten">
         <nav id="navigation">Haupt-Navigation</nav>
         Hauptbild
      </div>
   </div>
   <div id="inhalt">Inhaltsbereich</div>
   <div id="fuss">
      <div id="fuss-oben">
         <nav>Drucklink/Seitenanfang</nav>
         <nav class="meta-navigation">Untere Navigation</nav>
      </div>
      <div id="copyright">Copyright</div>
   </div>
</body>
```

Die Attributnamen `id` und `class` sind vorgegeben und Teil der HTML-Sprache, die Werte selbst können hingegen frei vergeben werden. Diese sollten so sprechend wie möglich sein, sodass andere Entwickler mit einem Blick auf den Quelltext wissen, was Sie meinen.

Die Werte für `id` und `class` dürfen keine Leerzeichen beinhalten, Umlaute sind tabu. Wird ein »Bezeichner«, also ein Attributwert aus mehreren Wörtern gebildet, können diese jeweils mit einem Minuszeichen - oder einem Unterstrich _ voneinander getrennt. Auch der »CamelCase« ist eine gebräuchliche Schreibweise (die Bezeichnung leitet sich aus dem Wechsel von Groß- und Kleinbuchstaben ab, welche an »Kamelhöcker« erinnern; siehe Abb. 3–3).

Welche Variante man wählt, ist Geschmacksache, lediglich sollte eine einheitliche Schreibweise eingehalten werden, was Quelltexte einerseits homogener aussehen lässt, vor allem aber Fehlerquellen reduziert, wenn klar ist, nach welchem Muster die Bezeichner gebildet werden.

```
#meta-navigation-oben {
   ...
}

#metaNavigationOben {
   ...
}

#meta_navigation_oben {
   ...
}

#meta_naviOben-links {
   ...
}
```

Abb. 3–3
CSS erlaubt unterschiedliche Notationen. Rechts oben ist der CamelCase zu sehen. Die Schreibweisen können auch gemischt werden, was nicht falsch, aber unschön ist und häufig Fehler nach sich zieht.

Bezüglich der Benennungen beziehungsweise Bezeichner lassen sich ein paar Vorüberlegungen anstellen: Die Hauptnavigation könnte mit `id="haupt-navigation"` benannt werden (um es einfacher zu machen, reicht hier auch `id="navigation"` und wird mit hoher Wahrscheinlichkeit von jedem als Hauptnavigation verstanden). Auch `id="navi"` wäre ein vertretbare und wenig fehleranfällige Bezeichner.

Die horizontalen Blöcke, die im Layout ermittelt wurden, werden möglichst sprechend benannt. `id="kopf"` ist dabei der komplette Kopf, `id="kopf-oben"` dann der obere Block innerhalb des Kopfbereichs, `id="kopf-unten"` der untere. Entsprechend werden die `id`- und `class`-Attribute für das ganze HTML vergeben.

3.3 CSS-Grundlayout aufsetzen

Dieses HTML-Grundgerüst ist ausreichend, um damit alle Seiten aufzubauen. Jetzt kann mit der eigentlichen visuellen Umsetzung begonnen werden.

Abb. 3–4
Darstellung des HTML-Grundgerüsts ohne jegliches CSS-Design

In Abb. 3–4 werden die Platzhaltertexte in der Browseransicht sichtbar, die im Grundgerüst eingesetzt wurden. Allerdings erscheinen alle Texte auf weißem Grund. Obwohl diverse HTML-Tags bereits im Quelltext vorhanden sind, können Sie nicht erkennen, wie breit, wie hoch und mit welchen Abständen die einzelnen HTML-Elemente zueinander angezeigt werden. Das »natürliche Verhalten« des HTML wird noch nicht deutlich, oder anders gesagt: Es wird noch nicht klar, wie sich die HTML-Elemente automatisch im Browser anordnen.

Grund-lagen

Die Theorie zum Aufbau von CSS-Regeln finden Sie in Kapitel 31.

Um Licht ins Dunkel zu bringen, werden ein paar CSS-Anweisungen definiert, die ausschließlich den Sinn und Zweck haben, die HTML-Elemente »sichtbar« zu machen, damit Sie erkennen können, welche Auswirkungen weitere CSS-Anweisungen haben. Diese CSS-Regeln können als Debug-Regeln bezeichnet werden, also solche, die ausschließlich zu Entwicklungszwecken definiert werden. Sie sind temporär und werden wieder gelöscht, sobald sie nicht mehr benötigt werden.

Es sind CSS-Eigenschaften notwendig, welche die Dimensionen der HTML-Elemente erkennbar machen, beispielsweise eine Hintergrundfarbe (`background-color`) oder ein Rand (`outline`).

```
div {
   outline: 2px solid blue;
}
nav {
   outline: 2px solid red;
}
```

Abb. 3–5
Linien zeigen, welche Dimensionen die HTML-Elemente einnehmen.

Grund-lagen

Mehr zu Elementselektoren finden Sie in Kapitel 36.1.2.

Im CSS-Code sind die Namen der HTML-Elemente verwendet, von daher wird diese Schreibweise als **Elementselektor** bezeichnet. Als Selektor wird generell das bezeichnet, was vor den geschweiften Klammern steht. Darüber werden nun alle vorkommenden Elemente dieser Typen (hier `div` und `nav`) angesprochen und beeinflussen damit deren Darstellung. Die erste CSS-Regel (die ersten drei Codezeilen) links neben Abb. 3–5 sorgt also dafür, dass **alle** `div`-Elemente auf der Seite mit einem blauen Umriss versehen werden.

www

Alle Selektoren im Überblick einschließlich Browsersupport: www.h5c3.de/link-3-1

Im weiteren Verlauf des Workshops werden Sie weitere Selektoren kennen lernen, in Kapitel 36 finden Sie Details zu den wichtigsten Selektoren sowie eine Übersicht aller Selektoren.

3.3.1 CSS-Struktur vorbereiten

Grund-lagen

Syntax CSS-Kommentare: Kapitel 32

Bevor es an die ersten »richtigen« Styles geht, wird die CSS-Datei vorbereitet. Im Gegensatz zum HTML, wo sich die Reihenfolge der einzelnen HTML-Elemente aus dem logischen Aufbau der Dokumentstruktur ergibt, entsteht in CSS keine automatische Reihenfolge. CSS-Regeln können im Grunde quer durcheinandergeschrieben und es muss keine bestimmte Reihenfolge in der CSS-Datei eingehalten werden, damit eine Regel wirken kann. Um sich jedoch langfristig im CSS-Code zurechtzufinden, hilft eine Grundstruktur, die über CSS-Kommentare angelegt wird.

```
/*
Übergreifende Formate
*/

/*
Kopf
*/

/*
Navigation
*/

/*
Inhalt
*/

/*
Fuß
*/
```

```
/**************************
* Übergreifende Formate
**************************/

/**************************
* Kopf
**************************/

/**************************
* Navigation
**************************/

/**************************
* Inhalt
**************************/

/**************************
* Fuß
**************************/
```

Der linke CSS-Quelltext zeigt dabei den minimalen Aufbau eines CSS-Kommentars, er wird von /* und */ umschlossen. Dazwischen können alle Zeichen eingefügt werden. Der Quelltext rechts zeigt, wie zusätzliche Zeichen die Struktur optisch noch deutlicher hervorheben.

Im Workshop wird diese Struktur wiederkehrend aufgegriffen, um das CSS nicht irgendwie, sondern organisiert aufzusetzen.

3.3.2 Seitenbreite

Die Seitenbreite ist der erste Schritt im CSS-Design. Hier geht es im Wesentlichen darum, wie sich die »Seite an sich« im Browserfenster verhält. Es gibt zwei Ansätze, wie mit der Breite von Webseiten umgegangen wird.

1. Seitenbreite ist 100 % der Fensterbreite. Damit nimmt die Seite immer die vollständige Breite des Fensters ein. Gerade bei großen Monitoren wird damit der Platz auf dem Bildschirm optimal genutzt. Beispiele sind Amazon oder die Bildersuche von Google. Allerdings sind die Proportionen der Seite variabel und stets abhängig von der Fenstergröße.
2. Seiten bekommen eine feste Breite. Damit sind die Proportionen der Webseite unabhängig vom Browserfenster gleichbleibend, der Gesamteindruck der Seite ist auf unterschiedlichen Monitoren einheitlich.

Abb. 3–6
Links oben: 100 % der Browserbreite werden eingenommen. Rechts unten: Die eigentliche Seite ist auf eine konkrete Breite gesetzt.

Im Fall des Beispiellayouts soll die Breite, mit der das Layout gestaltet wurde, auch so erhalten bleiben und sich nicht nach der Fenstergröße richten. Idealerweise bekommen Sie die Information, wie sich die Seite im Browser verhalten soll, mit dem Layout.

Darüber hinaus liefern Grafiker das Seitenraster und damit die Seitenbreite auch schon mal als separate Information, sodass Werte direkt ins CSS übernommen werden können. Stehen diese Informationen nicht zur Verfügung, müssen Sie das Layout selbst ausmessen.

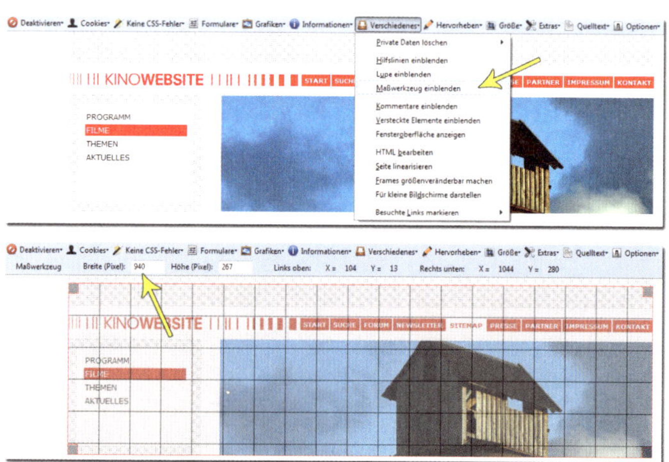

Abb. 3–7
Die Seitenbreite kann über die Toolbar »Web Developer« ausgemessen werden.

Sie können die Breite des Layouts über ein Grafikprogramm ermitteln. Wie Sie dabei vorgehen müssen, hängt von der konkreten Software als auch von Ihrer Erfahrung damit ab.

Alternativ ist das Ausmessen mit Browserwerkzeugen möglich. Da das Layout als JPG-Datei vorliegt, kann dieses mit dem Browser geöffnet werden (am schnellsten per »Drag & Drop«). Abb. 3–7 zeigt das Werkzeug »Web Developer« (dieses Werkzeug wird in Kapitel 20.2.1 vorgestellt), das für Firefox und Google Chrome zur Verfügung steht. Unter »Verschiedenes« können Sie »Maßwerkzeug einblenden« auswählen, woraufhin ein Linienraster erscheint. Über die Greifer an allen vier Ecken kann die Größe des Messwerkzeugs verändert und die Fläche des Layouts überspannt werden. Die ausgewählte Breite wird in der Toolbarleiste angezeigt.

Work-shop

Weitere Entwicklungswerkzeuge sind in Kapitel 20 beschrieben.

```
body {
   width: 940px;
}
```

Abb. 3–8
Im ersten Schritt wird die Seitenbreite festgelegt.

Das Layout ist mit einer Breite von `940px` aufgesetzt. Über die CSS-Eigenschaft `width` wird diese definiert, der Effekt ist in Abb. 3–8 zu sehen.

Ohne eine eigene Breitendeklaration nehmen Block-Elemente 100 % der verfügbaren Breite ein. Aktuell sind ausschließlich Block-Elemente im Einsatz. In Abb. 3–5 ist das automatische Verhalten der HTML-Elemente zu erkennen, die ohne weiteres Dazutun die Breite des `body`-Elements einnehmen. Dabei handelt es sich um die Referenzgröße, die oben als »verfügbare Breite« bezeichnet ist.

Grund-lagen

Grundlagen zu Block-Elementen finden Sie in Kapitel 38.3.

Die Seite hat bereits jetzt ihre endgültige Breite, wird aber linksbündig angezeigt. Es ist Geschmacksache, ob man dies so belässt oder die Seite »zentriert«. Die westliche Leseweise von links nach rechts spricht dafür, Seiten linksbündig anzuzeigen. Diese Entscheidung würde ich vom konkreten Webangebot anhängig machen.

Dass die Seite mit der definierten Breite linksbündig angezeigt wird, hat folgenden Grund: Die meisten HTML-Elemente weisen einen Außenabstand `margin` von `0px auf`, `body` hat einen Standardwert von `8px` in alle vier Richtungen. Allerdings kann der `body`, wenn er 940 px in der Breite misst, das Fenster hingegen breiter ausfällt, 8 px nach links **und** nach rechts nicht einhalten. Falls Werte im Konflikt stehen, »überbietet« der linke Abstand `margin-left` den rechten Abstand `margin-`

Work-shop

*Mehr zu **`margin`** (Außenabstand) in Kapitel 5.1.*

right (und ebenfalls dominiert ein oberer Abstand margin-top einen unteren margin-bottom).

```
body {
    width: 940px;
    margin-left: auto;
}
```

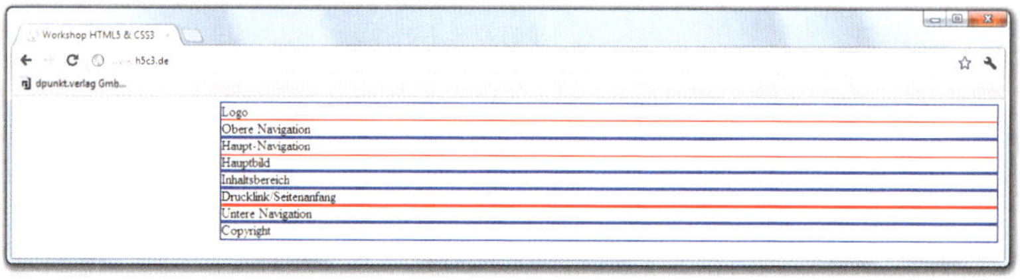

Abb. 3–9
Um die Seite zu zentrieren, muss der Standardwert `margin-left: 0px` *»neutralisiert« werden.*

In Abb. 3–9 wurde die CSS-Regel für den body um ein margin-left: auto ergänzt. Dies löst zwar die Linksbündigkeit auf, führt allerdings dazu, dass der Standardwert von margin-right von 8px greift – die Seite wird nun rechtsbündig angezeigt.

```
body {
    width: 940px;
    margin-left: auto;
    margin-right: auto;
}
```

Abb. 3–10
`margin-right:` *muss ebenfalls auf* `auto` *gesetzt werden, damit die Seite mittig angezeigt wird.*

In Abb. 3–10 wird sichtbar, dass die Seite nun zentriert angezeigt wird, sobald margin-left und margin-right auf auto gesetzt sind.

```
body {
    width: 940px;
    margin: auto;
}
```

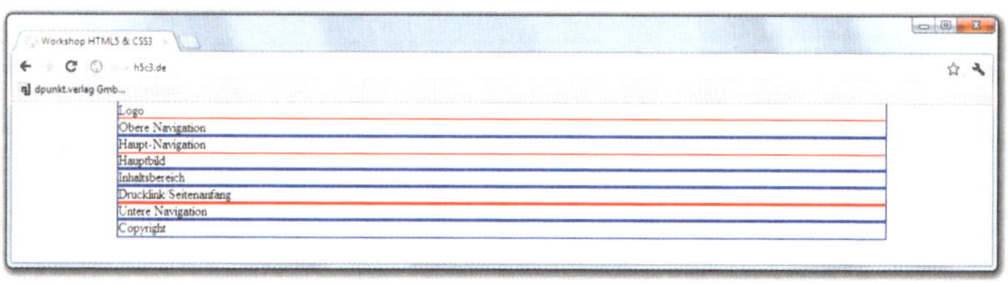

Abb. 3–11
`margin` *ersetzt die Werte für links und rechts, aber auch für oben und unten.*

Über sogenannte Kurzschreibweisen können einzelne CSS-Eigenschaften kombiniert werden. In Abb. 3–11 ersetzt margin: auto die beiden einzelnen Anweisungen, aber auch margin-top und margin-bottom werden über diese Kurzschreibweise auf auto gesetzt. In der Darstellung ist zu sehen, dass die Seite jetzt nicht nur zentriert ist, sondern auch am oberen Rand des Browsers sitzt.

Grund-lagen

Grundlegendes zu Kurzschreibweisen finden Sie in Kapitel 31.2.

Dieser Nebeneffekt der Umstellung auf die Kurzschreibweise ist in diesem Fall gewünscht. `body` ist mit einen Standardwert für den oberen Abstand von `margin-top: 8px` versehen; dies wird in den seltensten Fällen jedoch so belassen, da so ein Lücke am oberen Rand zur Webseite entsteht.

Bezüglich der Höhe werden zum jetzigen Zeitpunkt noch keine CSS-Anweisungen definiert. Zum großen Teil ergibt sich diese durch den Platzbedarf der darin zu integrierenden Elemente, die Stück für Stück in das Beispiellayout eingebaut werden. Konkrete Abstände zwischen einzelnen Blöcken in vertikaler Richtung lassen sich dann im Nachgang noch dem Layout anpassen.

Listing

Kapitel 3 Ergebnispaket: www.h5c3.de/listing-3-3

4 Grafiken einbinden

Grafiken sind ein wichtiger Bestandteil von Webseiten. Dabei dienen Sie als Blickfänger, aber auch als eigentlicher Informationsträger. Zusätzlich haben Grafiken feste Höhen und Breiten, die automatisch Raum in der Darstellung einnehmen und damit die Dimensionen einer Seite beeinflussen. Aus diesem Grund folgen zunächst ein paar grundlegende Dinge, bevor es an die Einbindung in das Beispiellayout geht.

Grafiken werden in HTML über das img-Tag eingebunden. Dabei sind zwei Attribute verpflichtend:

```
<img src="img/haus-im-himmel.jpg" alt="Holzhütte vor wolkigem Himmel">
```

- src: definiert den Pfad zur Grafik
- alt: Alternativtext, der den Inhalt der Grafik beschreibt

4.1 Grafikdatei verlinken (src)

Eine Grafik wird über das src-Attribut »referenziert«. Im einfachsten Fall liegen HTML-Datei und Grafik in einem Ordner. Hier reicht die Angabe der Grafik, der Browser »sucht« diese dann im selben Verzeichnis.

```
<img src="haus-im-himmel.jpg" alt="...">
```

Grund-lagen

Mehr über Dateipfade lesen Sie in Kapitel 24.5.

In der zu Anfang beschriebenen Verzeichnisstruktur ist ein Ordner für Bilder berücksichtigt. Die Herausforderung beim Einbinden von Grafiken besteht darin, dass der Pfad korrekt angegeben wird. Liegt die Grafik im Ordner img, wird dieser Pfad dem Grafiknamen vorangestellt.

```
<img src="img/haus-im-himmel.jpg" alt="...">
```

4.2 Alternativtext einfügen (alt)

```
<img src="img/haus-im-himmel.jpg" alt="img-180-header">
<img src="img/wolken-key-visual.jpg" alt="Blauer Himmel mit vereinzelten Wolken">
```

Das `alt`-Attribut ist eine Pflichtangabe und darf nicht weggelassen werden. Suchmaschinen lesen Webseiteninhalte über Crawler ein, die mit den Bits und Bytes der Grafiken nichts anfangen können. Nur über ein gut gefülltes `alt`-Attribut kann die Suchmaschine eine Grafik im Suchindex berücksichtigen. Aber auch für Menschen mit nichtvisuellem Zugang ist das `alt`-Attribut notwendig, um den Inhalt einer Grafik »auslesen« zu können. Nicht zuletzt wird vom Browser der `alt`-Text angezeigt, falls die Grafik aus irgendwelchen Gründen nicht verfügbar ist.

Viele HTML-Editoren setzen beim Einbinden von Grafiken automatisch einen `alt`-Text. Dieser hat mit dem Inhalt der Grafik nichts zu tun, sondern ist irgendein Platzhalter wie beispielsweise oben in der Codezeile 1.

Dabei ist ein `alt`-Text nur selten eine einfache Benennung des Gegenstands, der auf dem Bild zu sehen ist. Hier besteht die Aufgabe von Webentwicklern oder Redakteuren vielmehr darin, den eigentlichen Informationsgehalt eines Bildes zu beschreiben.

Abb. 4–1
Das `alt`-Attribut hängt vom Kontext ab.

»Surfer« wäre für das Foto in Abb. 4–1 zwar inhaltlich richtig, sagt aber nichts über die Stimmung. »Surfer im Zwielicht des Sonnenuntergangs« wäre schon treffender, wenn das Bild für sich alleine steht. Denkbar wäre auch, dass das Foto auf der Seite eines Reiseveranstalters verwendet wird. Hier könnte es dann auch heißen: »Surfen ist ein Teil unseres Freizeitangebots für Ihre Erholung.« Ein und dasselbe Bild kann folglich je nach Kontext unterschiedliche `alt`-Texte haben. Eine sachliche Beschreibung der Bildbestandteile ist demnach oft nicht ausreichend.

Setzen Sie ein leeres `alt`-Attribut für Layoutgrafiken.

Anders verhält es sich mit »Schmuckgrafiken«, die lediglich Teil des Layouts sind und keine inhaltliche Information liefern. Hier sollte auf eine Beschreibung verzichtet werden – und trotzdem muss ein `alt` gesetzt werden, das dann einfach leer bleibt: `alt=""`.

Grafiken, die ausschließlich Layoutzwecken dienen, können auch als Hintergrundgrafiken über das CSS eingebunden werden. Wie das funktioniert und welche Vorteile sich daraus ergeben, ist in Kapitel 7 beschrieben.

Grafik ins HTML oder als Hintergrundgrafik über CSS?
Entscheidend für die Art der Einbindung ist der Informationsgehalt einer Grafik. Sobald eine Information über ein Bild transportiert wird, gehört die Grafik ins HTML!

4.3 Breite und Höhe (width und height)

```
<img src="img/logo-kinowebseite.png" alt="Logo Kino-Webseite"
     width="367" height="19">
```

Die Angaben von Breite und Höhe sind optional, können jedoch vergeben werden. Liegen für `width` und `height` keine Werte vor, wird eine Grafik mit der ihr eigenen Größe dargestellt. Sind die Ausmaße dagegen angegeben, »reserviert« der Browser den entsprechenden Platz beim Aufbau der Seite. Gerade wenn Seiten langsam übertragen werden, ist damit das Grundgerüst stabil, auch wenn noch nicht alle Grafiken geladen sind.

Die Angaben von `width` und `height` erfolgen in ganzen Zahlen und entsprechen Pixelwerten. Diese sollten mit den Pixelausmaßen der Grafikdatei übereinstimmen. Abweichende Größenangaben strecken oder stauchen die Grafiken, was in der Regel zu einer unschönen Darstellung führt.

Daraus ergibt sich, dass Bilder stets »fürs Web« optimiert werden müssen. Ein Digitalfoto mit einer Größe von 4000 × 3000 Pixel sollte zuerst auf die Größe zugeschnitten werden, in der es auf der Webseite erscheinen soll.

Es besteht zwar die Möglichkeit, ein solches Bild über `width="200" height="150"` auf die Ausgabegröße zu bringen, allerdings reduziert dies dann nicht die Dateigröße des Fotos. Bei Fotodateigrößen von 2, 3 oder mehr Megabyte wäre diese Umsetzung fatal, da dies den Seitenaufbau massiv verlangsamen würde. Allein das Zuschneiden eines Fotos auf die echte Ausgabegröße kann die Dateigröße auf 30 oder 40 Kilobyte reduzieren, was einer 100-fachen Komprimierung gleichkäme.

Zusätzlich bieten gängige Bildbearbeitungsprogramme die Möglichkeit, Bilder zu komprimieren. Dazu im nächsten Kapitel mehr.

4.4 Das richtige Dateiformat

Für die Webgestaltung stehen im Wesentlichen drei Dateiformate zur Verfügung: JPG, GIF und PNG.

- **JPG/JPEG**: Bilder, die durch ein genormtes Komprimierungsverfahren generiert werden. Grob umschrieben werden benachbarte Farbpunkte zusammengefasst, was je nach Kompressionsgrad aus der Entfernung nicht wahrgenommen wird. JPG lässt keine Transparenz in der Grafik zu.
- **GIF**: Grafiken mit verlustfreier Komprimierung. Hier wird die Anzahl der Farben reduziert und darüber die Bildgröße verkleinert. Zusätzlich können mehrere Einzelbilder in einem GIF gespeichert sein, die zeitgesteuert »abgespielt« werden (auch als »animiertes GIFs« bezeichnet). GIF lässt transparente Bereiche in der Grafik zu.
- **PNG**: Verlustfreie Komprimierung durch Reduktion der Farben. Wurde entwickelt, weil das GIF-Format lange Zeit aufgrund von Lizenzstreitigkeiten als bedroht galt und die langfristige freie Nutzung im Internet damit nicht sicher war. PNG unterstützt Transparenz und bietet außerdem einen »Alphakanal«, der auch Teiltransparenz, also ein Durchscheinen zu einem bestimmten Prozentsatz, erlaubt.

Die Wahl des Formats ergibt sich aus dem Bild. Fotos, die detailreich sind und viele Farbübergänge aufweisen, werden im JPG-Format abgespeichert, Grafiken mit wenigen Farben als GIF oder PNG. Lange Zeit war der Einsatz von PNG problembehaftet, da der Internet Explorer 6 die Transparenz nicht unterstützte. Diese Zeiten sind vorbei und der Markanteil des IE6 nur noch marginal. Die Eigenschaft einer Teiltransparenz ist ein Pro für das PNG-Format.

Neben der Wahl des Dateiformats spielt die Dateigröße die wichtigste Rolle. Die KB-Größe einer Webseite besteht aus der Summe aller Dateien (HTML, CSS und JavaScript) und den Grafiken, wobei Letztere den Löwenanteil ausmachen und sich direkt auf die Ladezeit einer Seite auswirken. Gerade seit der verstärkten Nutzung mobiler Endgeräte und potenziell geringer Datenübertragungsraten spielt die Gesamtgröße einer Seite wieder eine Rolle, was zwischenzeitlich durch die wachsende Verbreitung von DSL mehr und mehr in den Hintergrund gerückt war.

Abb. 4–2
Eine zu starke JPG-Komprimierung (rechts) lässt ein Foto verschwommen wirken.

Konkrete Werte für den Grad der Komprimierung sind schwer zu definieren. Eine mittlere Komprimierung um 60 % (im Grafikprogramm so einzustellen) liefert bei JPG-Dateien in der Regel brauchbare Ergebnisse.

Der Grad der Komprimierung von PNG- oder GIF-Dateien hängt bei jedem einzelnem Bild von der Anzahl der enthaltenen Farben ab. Darüber entscheidet ein vertretbarer Kompromiss zwischen guter Bildqualität und geringer Kilobytegröße, was stets eine visuelle Kontrolle verlangt. Einzelne Grafiken sollten nicht größer als 20 KB sein, die komplette Webseite mit allen Dateien sollte unter 300 KB bleiben.

Abb. 4–3
Eine PNG-Komprimierung (rechts) reduziert ähnliche Farben zu einer, das Bild wird körnig. Dieses Foto dient hier der Veranschaulichung – Fotos werden zumeist als JPG gespeichert.

Standardauflösung fürs Web

Die Dateigröße wird neben der Farbtiefe von der Auflösung bestimmt. Webgrafiken werden mit einer Auflösung von 72 Pixel/Zoll abgespeichert, was der Angabe 72 ppi entspricht. Diese Einheit steht für »Pixel per Inch«, Zoll ist lediglich die Übersetzung von Inch (1 Zoll = 2,54 cm). Standardmonitore können nicht mehr als 72 ppi anzeigen, von daher ist eine höhere Auflösung nicht sinnvoll. Dies würde die Datei nur unnötig vergrößern, die Qualität der Darstellung aber nicht verbessern!

www

Kostenloses Grafikprogramm GIMP: www.h5c3.de/link-4-1

Photoshop bietet die komfortable Funktion »Für Web speichern…«: Hier werden Original- und Ausgabebild nebeneinandergestellt, der Grad der Komprimierung ist frei einstellbar, die daraus resultierende Kilobytezahl wird unter der Vorschau angezeigt. So tastet man sich langsam durch Verändern des Komprimierungsgrads an ein Optimum aus Bildqualität und Dateigröße heran. Aber auch das kostenlose Bildbearbeitungsprogramm GIMP fragt beim Speichern die Komprimierungsrate ab und bietet eine Vorschau des komprimierten Bildes, zumindest für das JPG-Format.

PNG-8 versus PNG-24
PNG-8 unterstützt 256 Farben und hat ein Bit für die Transparenz. PNG-24 hingegen unterstützt 16,7 Millionen Farben und reserviert acht Bits für die Transparenz. Damit können auch teiltransparente Pixel dargestellt werden, was fließende Übergänge zur Hintergrundfarbe der Webseite ermöglicht.

4.5 Einbau der Grafiken in das Beispiellayout

Die oben aufgeführten Quelltextbeispiele können so in das Grundgerüst übernommen werden. Grundlage für den Einbau der Grafik stellt das HTML-Grundgerüst dar, das unter nebenstehendem Link zur Verfügung steht.

Listing

Kapitel 4 Startpaket: www.h5c3.de/listing-4-1

WWW

Corporate Identity: www.h5c3.de/link-4-2

Auch wenn das Logo selbst aus einem Schriftzug besteht, erfordert in den meisten Fällen ein CI (Corporate Identity), dass eine sogenannte Bild-/Wortmarke als Grafik eingebunden wird, damit die korrekte Darstellung zu 100 % gewährleistet ist. Schriftart, Größe und Farbe sind so nicht mehr von Benutzereinstellungen »bedroht«.

```
<img id="logo" src="img/logo-kinowebseite.png" alt="Logo Kino-Webseite">
```

Hier gehört der Text der Grafik eins zu eins in das `alt`-Attribut, eventuell mit dem Vorsatz Logo. Um die Grafik später besser steuern zu können, wird diese um `id="logo"` erweitert.

```
<img id="key-visual"
     src="img/haus-im-himmel.jpg"
     alt="Holzhütte vor wolkigem Himmel">
```

Auch die Hauptgrafik wird in das Grundgerüst eingebaut. Vorsorglich erhält auch sie eine `id`: `id="key-visual"`, was ebenfalls `id="hauptgrafik"` heißen könnte. Im Codeschnipsel ist das `img`-Tag über drei Zeilen verteilt. Diese Schreibweise ruft keinerlei Probleme hervor, auch innerhalb eines Tags können im Quelltext Umbrüche gemacht werden.

Listing

Kapitel 4 Ergebnispaket: www.h5c3.de/listing-4-2

Abb. 4–4
Das Logo (die Bild-/Wortmarke) und die Hauptgrafik im Grundgerüst des Beispiellayouts

5 Abstände einfügen und Elemente fließen lassen

In HTML nehmen alle Elemente grundsätzlich so viel Raum ein, wie sie benötigen. Die Größe einer Schrift, die Menge an Text oder die Höhe einer Grafik bestimmen die Höhe des HTML-Elements, welches diese umgibt. Dabei sind zwei grundlegende Typen von Elementen mit unterschiedlichen Verhalten im Elementfluss auszumachen:

Grund-lagen

Mehr über Elementfluss, Block- und Inline-Elemente in Kapitel 38.

Inline-Elemente positionieren sich nebeneinander, bis eine Zeile gefüllt ist, und setzen sich dann in der nächsten Zeile fort. Elemente zur Textauszeichnung (siehe Kapitel 27.3) sind in der Regel Inline-Elemente wie beispielsweise `strong` (Betonung/fett) oder `em` (Hervorhebung/kursiv). Aber auch das HTML-Element für Grafiken `img` oder Formularelemente wie `input`, `textarea` oder `label` verhalten sich wie Fließtext.

Block-Elemente ordnen sich zeilenweise von oben nach unten an. Wenn ein Element mehr Platz benötigt, schieben sich die folgenden Elemente einfach weiter nach unten. Sie nehmen standardmäßig 100 % der verfügbaren Breite ein. Elemente zur Seiten- und Textstrukturierung (siehe Kapitel 27.1 und 27.2) sind in der Regel Block-Elemente wie Überschriften `h1`, `h2` usw., `p` für einen Textblock, Listen `ul` und `ol` oder auch Listenpunkte `li`.

Webdesigner wären jedoch chancenlos, wenn sie ausschließlich auf das »natürliche« Verhalten im Elementfluss aufbauen könnten. HTML-Elemente können auf unterschiedlichste Weise an die gewollte Stelle »geschoben« werden.

Work-shop

Andere Möglichkeiten der Positionierung finden Sie in Kapitel 10.3.

In diesem Kapitel wird gezeigt, wie Abstände die Flächenverteilung beeinflussen. Eine andere Methode für das Ausrichten ist die Veränderung des »Fließverhaltens« von HTML-Elementen. Schließlich wird der erste Einbau einer Mindesthöhe behandelt.

5.1 Innen- und Außenabstände

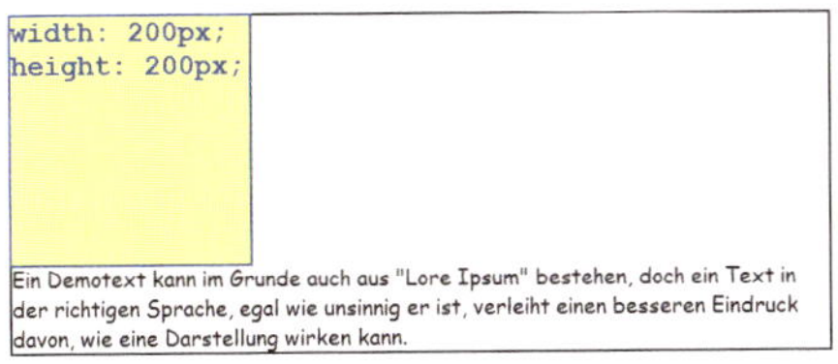

Abb. 5–1
Block-Elemente nehmen im »natürlichen« Zustand eine ganze Zeile ein, auch wenn sie eine definierte Breite haben.

In Abb. 5–1 sehen Sie ein gelbes `div` mit einer Breite von `width: 200px` und einer Höhe von `height: 200px`. Alle Block-Elemente, so wie das gelbe `div`, nehmen stets eine ganze Zeile ein, selbst wenn sie auf eine bestimmte Breite beschränkt sind. Nachfolgende Elemente, wie etwa der Text, beginnen dann in einer neuen Zeile.

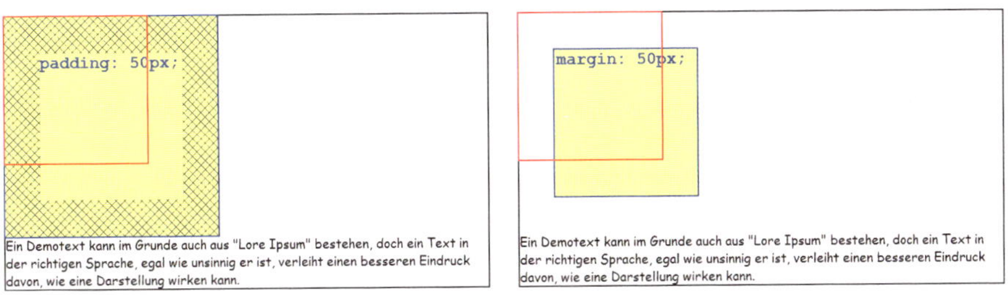

Abb. 5–2
`padding` und `margin` führen zu gleichem Platzbedarf, unterscheiden sich aber durch die Ausfüllung von Flächen.

In Abb. 5–1 ist die Box ohne Abstände zu sehen. In Abb. 5–2 links hat die Box ein **Innenabstand** `padding` von `50px` in alle vier Richtungen (der rote Rahmen symbolisiert dabei die Ausgangssituation). Die Box wird größer, eine Hintergrundfarbe – potenziell auch Hintergrundgrafiken (siehe Kapitel 7) – füllen das komplette `padding` aus. Der schraffierte Bereich ist der Raum, den das `padding` erzeugt. Dort werden niemals Texte oder andere Inhalte angezeigt, auch keine Grafiken, die im HTML-Code über das `img`-Tag eingebunden sind (es sei denn, darin befindliche Elemente sind wiederum selbst über ein negatives `margin` oder über `position` aktiv positioniert – diese Techniken werden in späteren Kapiteln behandelt).

Grundlagen

Dieses Darstellungsprinzip basiert auf dem sogenannten Box-Modell. Dazu lesen Sie mehr in Kapitel 38.1.

In Abb. 5–2 rechts hat die Box einen **Außenabstand** `margin` von `50px`. Am nachfolgenden Text ist zu erkennen, dass sowohl die Box mit dem Innenabstand als auch jene mit dem Außenabstand den gleichen Platzbedarf haben. Wesentlicher Unterschied der beiden Abstände ist, dass `padding` den Innenabstand mit Hintergrundeigenschaften füllt, Außenabstände per `margin` dagegen den Abstand zum nächsten Element bestimmen, **ohne** dass eine Hintergrundfarbe oder -grafik angezeigt wird.

So weit die Grundlagen dazu, wie sich die unterschiedlichen Abstände verhalten. Bevor es an die eigentliche Umsetzung geht, werden die Debug-CSS-Regeln für den speziellen Einsatzzweck verändert. CSS-Eigenschaften für den Entwicklungsprozess hängen von der jeweiligen Situation ab, Abstände erweisen sich über Hintergrundfarben als besser erkennbar – hier werden Sie auf lange Sicht sicher Ihren eigenen Entwicklungsstil entfalten und Ihre bevorzugten Eigenschaften festlegen.

```
1  nav {
2     background-color: #e8930c;
3  }
4
5  #kopf-oben,
6  #kopf-unten,
7  #inhalt,
8  #fuss-oben,
9  #copyright {
10    background-color: #0dc8ff;
11 }
```

Die `outline`-Regeln von zuvor werden gelöscht, stattdessen bekommen alle Navigationselemente einen Orangeton zugewiesen (Codezeile 1 bis 3) sowie alle Hauptelemente der Seite, die bereits mit verschiedenen `id` versehen sind, eine hellblaue Hintergrundfarbe (Codezeile 5 bis 11).

Grund-lagen

Mehr zu ID-Selektoren in Kapitel 36.1.3.

Über das CSS (Codezeile 5 bis 9) werden die `id`-Attribute angesprochen, die vorher im HTML-Code vergeben wurden. Die Syntax besteht hier aus der Raute (#) und dem `id`-Attributwert. `#kopf-oben` beispielsweise ist eine andere Selektorsorte, ein sogenannter **ID-Selektor**.

In dem Codeschnipsel steckt noch eine weitere Besonderheit der CSS-Syntax. Denn eine CSS-Regel kann gleichzeitig mehrere Bereiche steuern – hier werden die einzelnen Selektoren durch ein Komma (,) voneinander getrennt. Mehr über die Gruppierung von Selektoren finden Sie in Kapitel 36.3 »Arbeiten mit Selektoren«.

Das Ergebnis der neuen »Debug«-Eigenschaften sehen Sie in Abb. 5–3.

Abb. 5–3
Für Entwicklungszwecke werden zum besseren Erkennen der Abstände statt Umrandungen Hintergrundfarben eingesetzt.

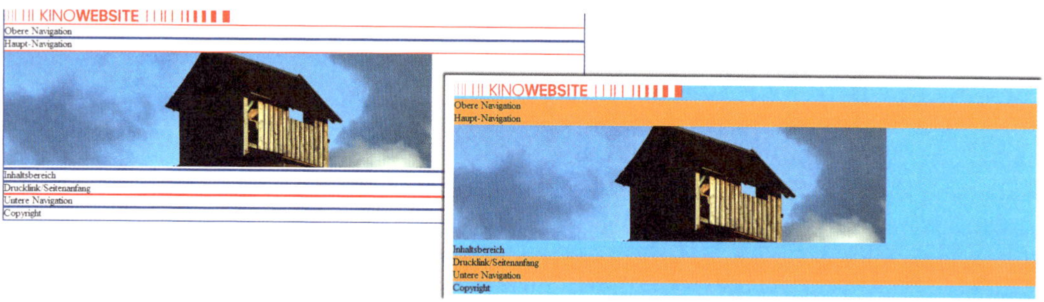

Über die Farben an sich kann man sich streiten. Falls Sie Signalfarben irritieren, können Sie auch dezentere einsetzen, erfahrungsgemäß werden unauffällige Farben aber eher vergessen und gehen auch schon mal versehentlich mit online.

Falls in der Vorbereitung noch nicht geschehen, wird das Beispiellayout vermessen.

Listing

Kapitel 5 Startpaket: www.h5c3.de/listing-5-1

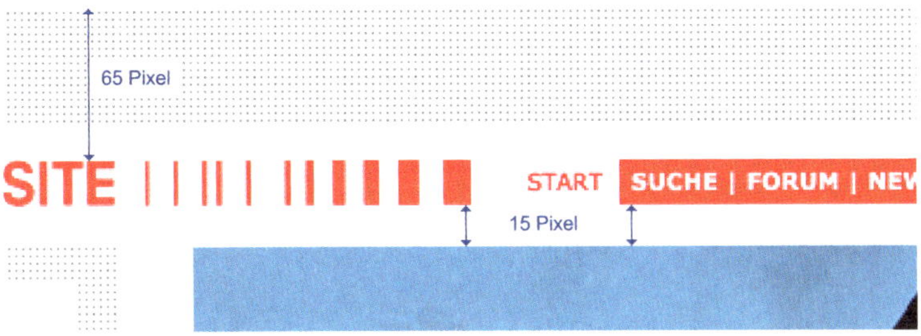

Abb. 5-4
Abstände im Kopf sind abzumessen, wenn sie nicht mit einem Styleguide geliefert werden.

Von der Oberkante des Layouts bis zur Oberkante des Logos sind es `65px`. Der obere gepunktete Balken wird später (Kapitel 7) über eine Hintergrundgrafik realisiert. Da Hintergründe nur in Innenabständen angezeigt werden, muss hier ein `padding` eingesetzt werden.

```
#kopf {
   padding-top: 65px;
}
```

Auch hier wird das HTML über einen ID-Selektor adressiert.

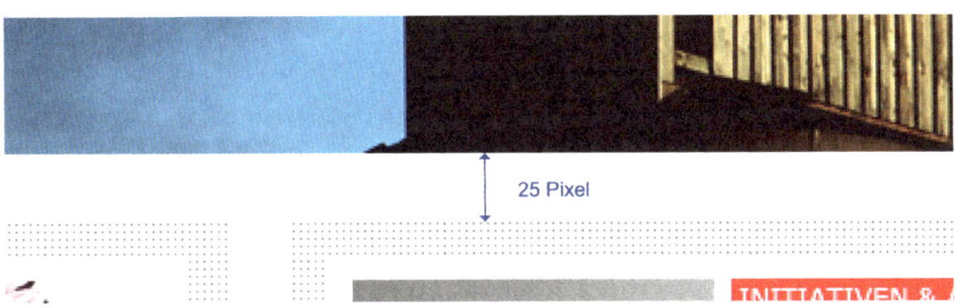

Abb. 5-5
Abstand zwischen Kopf und Inhalt

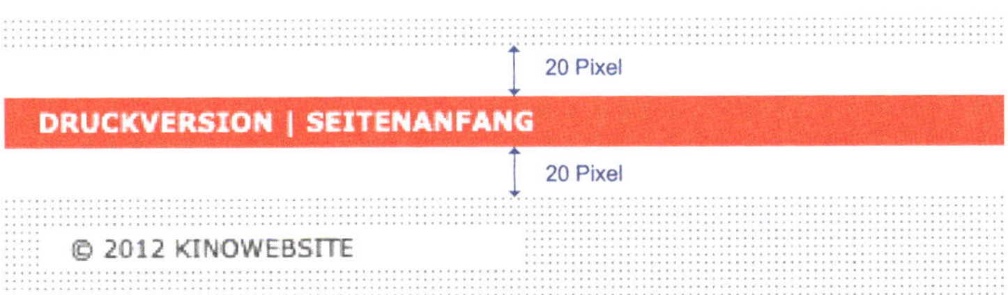

Abb. 5-6
Abstände im Seitenfuß

Über der Hauptnavigation und der Hauptgrafik beträgt der Abstand zum Logo 15 px (siehe Abb. 5–4). Zwischen Kopf und Inhalt liegt ein Zwischenraum von 25 px (siehe Abb. 5–5), vor und hinter der unteren Navigation befinden sich jeweils 20 px Freiraum (siehe Abb. 5–6). Da dort keine Farbe angezeigt werden soll, bietet sich hier ein `margin` an.

Ein `margin` bewirkt Abstände in alle vier Richtungen. Da hier aber nur Abstände nach oben gewollt sind, wird mit der spezielleren Eigenschaft `margin-top` gearbeitet, die nur Abstände nach oben bewirkt.

```
#kopf-unten {
   margin-top: 15px;
}
#inhalt {
   margin-top: 25px;
}
#fuss-oben {
   margin-top: 20px;
}
#copyright {
   margin-top: 20px;
}
```

Workshop

CSS-Datei über Kommentare gliedern: Kapitel 3.3.1

Die ermittelten Abstände werden in das CSS übernommen, d. h., diese vier Regeln werden jeweils in dem relevanten Bereich der CSS-Datei notiert, der zuvor über die Kommentare gegliedert wurde.

Das CSS kann bereits optimiert werden. Die Anweisungen `#fuss-oben` und `#copyright` stehen in der CSS-Datei direkt hintereinander, vor allem aber haben sie denselben Wert. Anweisungen können also kombiniert werden, indem die Selektoren hintereinandergeschrieben und durch ein Komma voneinander getrennt werden, sodass diese CSS-Regel für beide `id` wirkt.

```
#fuss-oben,
#copyright {
   margin-top: 20px;
}
```

Grundlagen

Mehr über die Optimierung des CSS-Codes finden Sie in Kapitel 36.3 unter »Gruppierung von Selektoren«.

Das Ergebnis der CSS-Abstandsregeln ist in Abb. 5–7 zu sehen – vor allem werden durch die weißen Lücken die Abstände deutlich. Flächen, die über `margin` erzeugt sind, stellen die Hintergrundfarbe des übergeordneten HTML-Elements dar, in diesem Fall die vom `body`. Weil dafür keine Farbe vergeben wurde, ist es hier die Standardhintergrundfarbe Weiß.

Abb. 5–7
Die weißen Zwischenräume sind das Ergebnis der `margin-top`*-Angaben.*

Abstände vereinheitlichen
Nicht jedes Layout wird immer zu 100 % mit richtigen Abständen geliefert. Weisen vergleichbare Abstände im Screendesign mal 17 px, mal 19 px und mal 21 px auf, sollten diese auf beispielsweise 20 px vereinheitlicht werden. Dies erleichtert die Steuerung über das CSS ungemein, vor allem beruhigt es das Layout, wenn durchgehend gleiche Abstände eingehalten werden.

5.2 Elemente fließen lassen (float)

Block-Elemente haben die Eigenschaft, dass sie immer eine ganze Zeile einnehmen. In Abb. 5–7 (rechts) ist genau dieser Zustand zu beobachten: Alle Navigationselemente strecken sich über die volle Breite, was im Layout (siehe Abb. 2–2) anders aussehen soll.

Über die CSS-Eigenschaft `float` bringen Sie Block-Elemente zum »Fließen«, was die Eigenschaft, stets die ganze Zeile einzunehmen, auflöst.

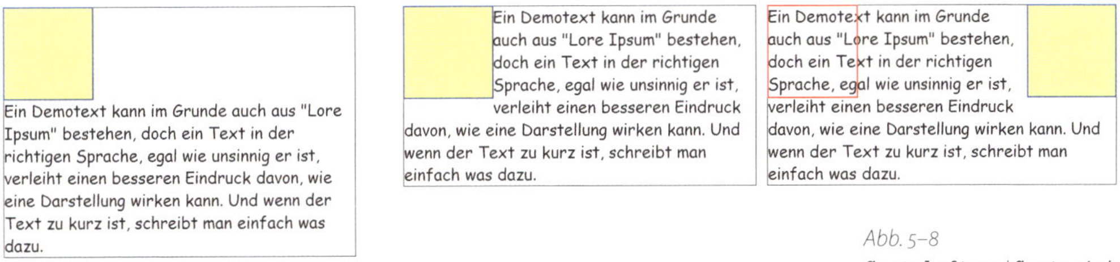

Abb. 5–8
`float:left` *und* `float:right` *lösen die zeilenweise Darstellung von Block-Elementen auf.*

In Abb. 5–8 links sehen Sie die gelbe Box im Ausgangszustand. Hier wird nochmals deutlich, dass Block-Elemente auch dann die ganze Zeile einnehmen, wenn sie mit einer Breite versehen sind. Elemente hinter Block-Elementen beginnen immer in einer neuen Zeile, selbst wenn sie selbst Inline-Elemente sind. In der Mitte wurde ein `float: left` gesetzt, die Box »fließt« nach links, weitere Elemente umfließen die Box dann rechts und unten, `float: right` erzeugt die Darstellung in der Abbildung rechts. Der Text rutscht jeweils neben die gelben Boxen. Ebenfalls ist zu beobachten, dass die Höhe der grauen Boxen geringer wird.

`float` ist die Eigenschaft, welche die Blöcke auch im Beispiellayout nebeneinanderbringen wird.

```
#logo {
   float: left;
}
#navigation {
   float: left;
}
#druck {
   float: left;
}
```

Diese Regeln werden in der CSS-Datei wieder in den entsprechenden Bereichen hinterlegt.

Abb. 5–9
*Block-Elemente sortieren sich über **float** nebeneinander.*

In Abb. 5–9 wird der Effekt des `float` sichtbar. Das Logo fließt nach links, die obere Navigation umfließt es damit rechts, auch die Hauptnavigation fließt nach links – und die Hauptgrafik ist nun rechts neben dieser zu sehen. Entsprechendes sieht man an den Platzhaltern für Drucklink und untere Navigation.

float versus position

CSS bietet zur Positionierung die Eigenschaft `position` an. Diese wird in Kapitel 11.2 beschrieben, wo in Abb. 11–8 zu erkennen ist, dass `position` immer auch eine Gefahr birgt: nämlich dass sich HTML-Elemente überlagern und dadurch die Darstellung fehlerhaft wird. `float` hat den großen Vorteil, dass es sich das Verhalten des Elementflusses zu Nutze macht, Überlagerungen sind damit ausgeschlossen.

Vor allem bei der Hauptnavigation in Abb. 5–9 wird deutlich, dass »gefloatete« Elemente nicht 100 % der verfügbaren Breite, sondern nur so viel Platz einnehmen, wie der Inhalt erfordert, in diesem Fall die Breite des Wortes »Haupt-Navigation«.

Die Elemente sind nun erfolgreich nebeneinander positioniert, allerdings »kleben« obere und untere Navigation sowie das Hauptbild direkt am vorherigen Element. Mögliche Herangehensweisen wären nun, entweder der Hauptnavigation eine feste Breite zu vergeben oder Abstände rechts von der Hauptnavigation beziehungsweise links von dem Hauptbild zu definieren, um dieses nach rechts zu »schieben«.

```
#navigation {
   margin-right: 120px;
}
```

Um sich langsam anzunähern, wird der Hauptnavigation ein rechter Außenabstand zugewiesen. Die Grafik bewegt sich nach rechts, allerdings ist rechts neben der Grafik noch die Hintergrundfarbe zu sehen – das Bild schließt noch nicht mit dem Layout ab.

```
#navigation {
   margin-right: 140px;
}
```

Abb. 5–10
Passen gefloatete Elemente nicht in eine Zeile, rutschen sie in die nächste Zeile.

Um die Lücke am rechen Rand zu schließen, wird der Abstand größer gewählt, allerdings in diesem Beispiel zu groß, sodass Hauptnavigation und Bild nicht mehr in eine Zeile passen. Dies ist ebenfalls eine Eigenschaft von `float`: Passen Elemente nicht mehr nebeneinander, »rutscht« das letzte in die nächste Zeile.

Dies bringt einerseits den großen Vorteil mit sich, dass Elemente sich nicht versehentlich überlagern, allerdings wird hier ein exakter Pixelabstand benötigt, um die Browserdarstellung an die Layoutvorlage anzupassen. Problematisch ist allerdings – auch wenn man den genauen Pixelwert ermittelt hat –, dass ein um nur 1 px breiteres Bild jenen unschönen Effekt aus Abb. 5–10 bewirken kann.

Der Weg über die Abstände scheint also nicht optimal zu sein. Die bessere Lösung ist es, diese obere und untere Quernavigation wie auch die Hauptgrafik ebenfalls fließen zu lassen, und zwar nach rechts.

```
#kopf nav.meta-navigation {
   float: right;
}
#key-visual {
   float: right;
}
#fuss nav.meta-navigation {
   float: right;
}
```

Diese CSS-Regeln sorgen dafür, dass die Elemente nach rechts fließen, dadurch garantiert am rechten Rand des Layouts positioniert werden, auch dann, wenn die Grafik versehentlich ein paar Pixel zu breit ist. Die Abstände zwischen links und rechts gefloateten Elementen ergeben sich dann automatisch.

Abb. 5–11
float: left und *float: right* scheinen zu machen, was sie wollen.

Ein Blick auf die Webseite sollte Sie jetzt nicht nervös werden lassen. Die »Nebenwirkung« von `float` ist, dass gefloatete Elemente nicht mehr die Höhe des umgebenden Elements stützen. Dies wird in Abb. 5–12 deutlicher.

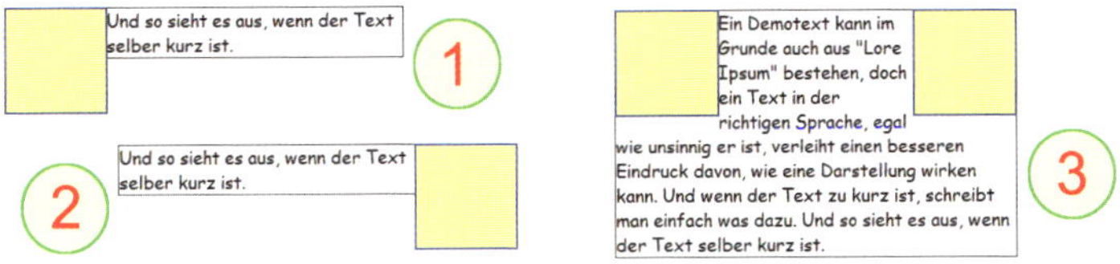

Abb. 5–12
Gefloatete Elemente stützen nicht mehr die Höhe des umgebenden Elements.

In Abb. 5–12 sind die gelben Boxen links (1) bzw. rechts (2) gefloatet. Deutlich wird, dass die Höhe des umgebenden `div` nicht mehr durch die gelbe Box gestützt wird, sondern der Text den benötigten Platz einnimmt – dieser bestimmt die Höhe der grauen Box.

Ebenfalls ist in Abb. 5–12 (3) zu sehen, wie sich gefloatete Elemente im Zusammenhang verhalten. Die gelbe Box links oben ist per `float: left` gesteuert: Sie fließt nach links, weiterer Inhalt umfließt die Box rechts. Die Box rechts oben hat ein `float: right`, sie fließt nach rechts, der Inhalt umfließt diese dann links. In der Kombination umfließt der Text also die linke Box rechts und die rechte Box links und nimmt damit auch den Platz zwischen den Boxen ein. Dasselbe Phänomen ist bei der Beispielumsetzung zu beobachten (Abb. 5–11): Die Hauptnavigation versucht sich in den Platz zwischen Logo und oberer Navigation zu schieben, auch der Inhaltsbereich und das Copyright suchen sich einen freien Raum.

Was für einen Text-Bild-Abschnitt in Ordnung wäre, soll in der Beispielumsetzung behoben werden. Wie man dafür vorgeht, zeigt das folgende Kapitel.

Kompliziertes float
Dieses `float`-Verhalten gehört sicher zu den Eigenheiten, die am Anfang nicht sonderlich intuitiv sind. Von daher sollte es Sie nicht beunruhigen, falls Ihnen dies auf den ersten Blick nicht schlüssig erscheint.

5.3 float-Verhalten auflösen

Das Fließverhalten wirkt sich auf alle nachfolgenden Elemente aus. Um das Umfließen zu »beenden«, wird die CSS-Eigenschaft `clear` eingesetzt. Als Gegenspieler zum `float` hebt es das Fließverhalten wieder auf, die Darstellung nachfolgender HTML-Elemente wird dann wieder durch den natürlichen Elementfluss bestimmt. Dabei kann die Eigenschaft `clear` auf unterschiedliche Weise eingesetzt werden.

clear nachfolgenden Elementen hinzufügen

```
#kopf-unten {
   margin-top: 15px;
   clear: both;
}
```

Eine schnelle Lösung besteht darin, das `clear: both` dem Element zuzuweisen, das nicht mehr von dem `float` betroffen sein soll, im Fall der Beispielumsetzung dem `#kopf-unten`. Grundsätzlich stehen `clear: left` und `clear: right` zur Verfügung, um jeweils ein `float: left` beziehungsweise `float: right` aufzulösen. `clear: both` löst beides auf und muss für die Beispielumsetzung eingesetzt werden, da beide Richtungen des Fließens definiert wurden.

Abb. 5–13
`clear: both` löst das `float`-Verhalten wieder auf.

In Abb. 5–13 sieht man die Auswirkung der CSS-Regel für die `id` `#kopf-unten`. Das `clear: both` beendet das Fließverhalten, das `div="kopf-unten"` mit der Hauptnavigation und der Hauptgrafik wird in einer neuen Zeile angezeigt. Die Fläche mit Logo und oberer Navigation ist damit abgeschlossen und »gesperrt«, nachfolgende HTML-Elemente können nicht mehr in diesen Block rutschen, auch dann nicht, wenn sie mit weiteren `float`-Anweisungen gesteuert werden.

Das Umfließen ist zwar aufgelöst, trotzdem hat das `div="kopf-oben"` keine eigene Höhe, die rote Linie in Abb. 5–13 zeigt den **unteren** Rahmen dieses `div`; die fehlende Höhe wird auch daran deutlich, dass die zuvor definierte hellblaue Hintergrundfarbe nicht mehr angezeigt wird.

Der obere Abstand des folgenden HTML-Elements, der zuvor definiert wurde (siehe Abb. 5–7), bezieht sich auf die untere Kante des `div="kopf-oben"`, also auf die rote Linie. Da der Abstand geringer ist als die Höhe zwischen roter und blauer Linie, wird er jedoch nicht angezeigt.

Die folgende Lösung hat dieses Höhenproblem nicht, da das `clear:both` an einer anderen Stelle eingesetzt wird.

Stabilste Lösung: clear-div

Wie oben beschrieben, verlieren umschließende Elemente ihre Höhe durch darin gefloatete Elemente, die Höhe selbst wird durch darin enthaltene Elemente erzeugt, die nicht gefloatet sind. Da außer Logo und Hauptnavigation im `div="kopf-oben"` kein weiteres Element vorhanden ist, beträgt die Höhe 0 px.

Um die Höhe wiederherzustellen, wird ein sogenanntes clear-div eingesetzt. Dieses löst das `float`-Verhalten **nicht hinter**, sondern **innerhalb** des betroffenen Blocks auf.

```
1 <div id="kopf-oben">
2    <img id="logo" src="img/logo-kinowebseite.png" alt="Logo Kino-Webseite">
3    <nav class="meta-navigation">Obere Navigation</nav>
4    <div class="float-ende"></div>
5 </div>
```

Das clear-div besteht aus zwei Bestandteilen. Den einen Teil repräsentiert ein `div` im HTML-Code, das mit einem Klassennamen, wie hier im Beispiel `float-ende` (Codezeile 4), versehen wird. Das `<div class="float-ende"></div>` muss **vor dem schließenden Tag** des `<div id="kopf-oben">` stehen.

```
.float-ende {
   clear: both;
}
```

Der andere Teil ist die CSS-Regel, über welche die `float` auflösende `clear`-Eigenschaft definiert wird. Das `div` mit der `class="float-ende"` löst das Fließverhalten noch innerhalb des `div="kopf-oben"` auf und sorgt dafür, dass die Höhe wieder eingenommen wird.

Neu ist hier die Schreibweise `.float-ende`, also der Klassenname mit vorangestelltem `.` (Punkt). Dies ist ein weiterer Selektortyp und wird als **Klassenselektor** bezeichnet.

Grundlagen

Mehr zu Klassenselektoren finden Sie in Kapitel 36.1.4.

Abb. 5–14
Das `clear-div` sorgt dafür, dass Abstände wieder greifen.

Die Auswirkung des `clear-div` wird in Abb. 5–14 sichtbar. Hier wurde vor den schließenden Tags der `div`-Elemente mit den Attributen `id="kopf-oben"`, `id="kopf-unten"` und `id="fuss-oben"` jeweils ein clear-div eingefügt, die für eine saubere Darstellung sorgen. Die rote Linie zeigt nun die untere Kante des oberen `div`, die blaue ist die obere Kante des unteren `div`, die Abstände können nun greifen. Vor allem wird aber sichtbar, dass obere Navigation und Hauptgrafik dadurch sauber am rechten Rand ausgerichtet sind.

Dies ist eine klassische Methode und vor allem die stabilste Lösung, da auch alte Browser diese Art der Umsetzung unterstützen.

clearfix

Gerade wenn man die ersten Gehversuche mit `float` und `clear` macht, ist ein clear-div die einfachste und zuverlässigste Methode.

WWW →

clearfix: www.h5c3.de/link-5-1

Alternativ kann ein sogenanntes clearfix eingesetzt werden, welches ohne ein Extra-`div` im HTML-Code auskommt. Die Lösung ist elegant, allerdings wenig intuitiv und recht komplex, da ältere Browser speziell berücksichtigt werden müssen. Aus diesem Grund finden Sie diese auch nicht hier im Buch, sondern unter nebenstehendem Link.

Listing →

Kapitel 5 Ergebnispaket: www.h5c3.de/listing-5-2

float zusammengefasst

- → `float` lässt ein Element nach rechts oder links »rutschen«.
- → Ausschließlich nachfolgende Elemente umfließen ein durch `float` gesteuertes Element, d. h., `float` beeinflusst **keine** Elemente, die davorstehen.
- → Nachfolgende Elemente umfließen nach rechts oder links, **niemals** nach oben.
- → Das `float`-Verhalten wird über `clear` aufgelöst. Dahinter verhält sich HTML wieder wie im »natürlichen« Elementfluss.

5.4 Mindesthöhe für den Inhaltsbereich

Es ist nicht unbedingt notwendig, aber hilfreich, eine Höhe des Inhaltsbereichs zu definieren, um der Vorstellung der Webseite näherzukommen. Ist die Seite mit Inhalten gefüllt, dehnt sich der Inhaltsbereich automatisch aus und der Seitenfuß »rutscht« ohnehin nach unten. Ohne Inhalte ist der Inhaltsbereich noch nicht repräsentativ, von daher wird hier eine Mindesthöhe eingeführt. Warum hier `min-height` für eine Mindesthöhe statt einer »normalen« Höhe `height` eingesetzt wird, lesen Sie weiter unten.

```css
#inhalt {
    min-height: 150px;
}
```

Als Richtlinie sollte die leere Seite bei einer 1024×768 px-Fenstergröße vollständig zu sehen sein. Der Wert der Mindesthöhe sollte nicht zu hoch gewählt werden, damit der Seitenfuß bei kurzen Webseiten nicht unnötig aus dem Browserfenster geschoben wird.

1024×768 entspricht in etwa dem kleinsten gemeinsamen Nenner, die meisten Benutzer verwenden einen Monitor mindestens dieser Größe. Aber auch moderne Tablet-PCs wie iPad, Galaxy Tab oder andere haben genau diese Fenstergröße, was dafür spricht, diese Dimensionen für eine Webseite einzuhalten.

Die technische Ausstattung mit Großmonitoren verleitet dazu, Webseiten unbeabsichtigt zu breit anzulegen, wenn man den eigenen großen Monitor als »Maß aller Dinge« nimmt und nicht im Hinterkopf hat, dass die Seite auf möglichst vielen Endgeräten bedienbar sein soll. Allerdings bezieht sich das speziell auf die Breite, damit umständliches horizontales Scrollen vermieden wird. Bei einer Seite mit viel Inhalt gerät sie schnell länger als 768 px, es entsteht ein vertikaler Scrollbalken, was dann aber auch in Ordnung geht. Im Gegensatz zur Breite ist es nicht üblich, die Höhe einzuschränken.

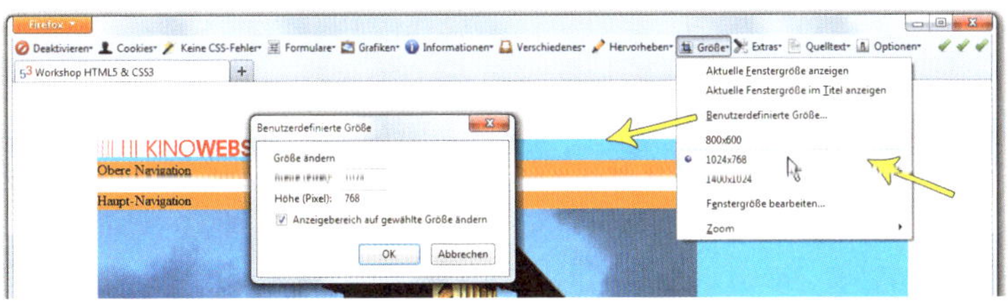

Abb. 5–15
Bildschirmgröße testen, ohne die eigentlichen Monitoreinstellungen zu verändern

Um einer 1024er-Ansicht zu testen, hilft auch hier die Web Developer Toolbar. Sie können über »Größe« entweder einen Eintrag in der Liste der Bildschirmgrößen auswählen oder, falls die gewünschte Größe nicht hinterlegt ist, über »Benutzerdefinierte Größe« individuelle Werte vergeben. Das Browserfenster passt sich dann der Größe an.

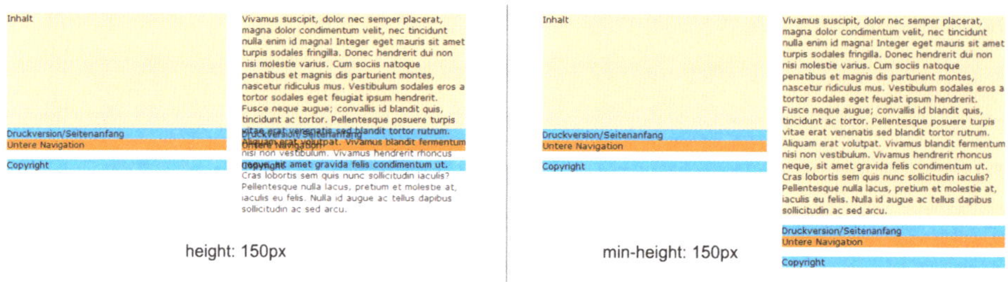

Abb. 5–16
*Ist **height** gesetzt, dehnt sich das Layout nicht aus, wenn mehr Inhalt vorhanden ist.*

In Abb. 5–16 können Sie die Unterschiede zwischen `height` und `min-height` sehen. Bei wenig Inhalt ist die Darstellung gleich, der Inhaltsbereich sieht eine Höhe von 150 px vor, auch wenn dieser nicht mit Text gefüllt ist.

Mindesthöhe statt Höhe: min-height vs. height

Ist der Inhalt hingegen gefüllt, kommt es bei einer festen Höhe `height: 150px` wie in Abb. 5–16 links zu Überlagerungen des Textes. `height` »verdrahtet« ein Layout. Um dem Elementfluss möglichst freien Lauf zu gewähren, sollten Höhenangaben, gerade bei Inhalten mit nicht vorhersehbaren Längen, über `min-height` definiert werden, um Überlagerungen auszuschließen (wie in Abb. 5–16 rechts realisiert) – auch dann, wenn man ein klares Raster des Layouts vor Augen hat. Im Zweifelsfall bleibt eine Webseite nutzbar, auch wenn das Layout gestreckt ist. Überlagerungen machen eine Seite hingegen unbrauchbar.

Abb. 5–17
Nach Einfügen der Mindesthöhe für den Inhaltsbereich lässt sich langsam das spätere Aussehen erahnen.

6 Übergreifende Formate definieren

Bis zu dieser Stelle wurden CSS-Anweisungen für die Grundarchitektur definiert, die sehr konkret an die einzelnen HTML-Elemente geknüpft sind.

Listing

Kapitel 6 Startpaket: www.h5c3.de/listing-6-1

In den folgenden Kapiteln werden die Inhalte aufgebaut, aber auch Navigationsstrukturen, in denen Text verwendet wird. Von daher ist dies nun der richtige Zeitpunkt, zentrale Textformate zu definieren. Diese gelten übergreifend für die komplette Webseite und sorgen für ein homogenes Erscheinungsbild auf allen Unterseiten, stellen aber auch die Basis für alle weiteren Spezifikationen dar. Darin liegt die eigentliche Stärke von CSS: Mit nur wenigen Anweisungen kann eine komplette Website gesteuert werden, unabhängig davon, wie umfangreich ein Webauftritt ist.

Zuerst werden generelle Anweisungen hinterlegt, die auf alle HTML-Elemente wirken:

```
/***************************
* Übergreifende CSS-Regeln
***************************/
body {
   font-size: 75%;
}
```

Die Standardschriftgröße der Browser ist auf 16 px eingestellt, was in der Praxis aber selten so belassen wird, da die Schrift so recht groß ausfällt. Über `font-size` wird die Schrift auf 75 % gesetzt, was bezogen auf die 16 px Defaultgröße 12 px sind und eine gängige Schriftgröße darstellt.

Damit stellt sich die Frage, warum die Schrift nicht direkt auf 12 px gesetzt wird. Auf diese Weise soll den Nutzern die Möglichkeit belassen werden, eine Webseite an ihre individuellen Bedürfnisse anzupassen. Pixelwerte sind absolute Werte, die von älteren Browsern nicht verändert werden können. Setzen Sie diese auf 75 %, können Besucher aber immer noch den Textzoom nutzen. Gerade in Zeiten, da auch die ältere Generation immer mehr »ins Web eintaucht«, dürfen solche Browserfunktionalitäten nicht außer Kraft gesetzt werden.

```
* {
   font-family: verdana, sans-serif;
   color: #222;
}
```

Grundlagen

Mehr über den Universalselektor lesen Sie in Kapitel 36.1.1.

Das Sternchen * stellt eine weitere Art eines Selektors dar und wird als **Universalselektor** bezeichnet. »Universal« bedeutet, dass alle HTML-Elemente einer Seite diese Eigenschaft erhalten – die Schrift `font-family` und Schriftfarbe `color` greift somit auf sämtliche Elemente der Seite zu.

Im Codeschnipsel wird per `font-family` eine Schriftart zugewiesen. Diese Schreibweise ist üblich: Hinter `verdana` wird eine sogenannte »generische« Schriftart angegeben, falls die definierte Schrift nicht auf dem Rechner installiert ist und deswegen nicht angezeigt werden kann. Unter anderem steht hier das Schlüsselwort `sans-serif` für einen Schrifttyp ohne »Füßchen« an den Buchstaben, `serif` wählt dagegen eine Schrift mit Serifen an den Buchstabenenden aus.

Über die CSS-Eigenschaft `color` wird die Schriftfarbe zugewiesen. Im Code sehen Sie die Kurzform `#222` für eine hexadezimale Farbangabe (siehe Kapitel 30.4.3), was mit `#222222` identisch ist. Dies entspricht einem dunklen Grauton, der einen harten Schwarz-Weiß-Kontrast auf dem Monitor abmildert. Generell sollte ein Grauton jedoch nicht zu hell gewählt werden, damit ein ausreichender Kontrast erhalten bleibt.

Zum Anlegen übergreifender Formate dient eine Testseite mit den gebräuchlichsten HTML-Elementen, die auf jeden Fall auf der Webseite vorkommen werden. Diese finden Sie auch im Startpaket dieses Kapitels.

```
<h1>Überschrift 1. Ebene</h1>
<h2>Überschrift 2. Ebene</h2>
<h3>Überschrift 3. Ebene</h3>
<h4>Überschrift 4. Ebene</h4>
<h5>Überschrift 5. Ebene</h5>
<h6>Überschrift 6. Ebene</h6>
<p>Proin rhoncus libero eu dui porttitor ...</p>
<blockquote>Curabitur consectetur, ... </blockquote>
```

```
<ol>
   <li>Listeneintrag</li>
   <li>Listeneintrag</li>
   <li>Listeneintrag</li>
</ol>
<ul>
   <li>Listeneintrag</li>
   <li>Listeneintrag</li>
   <li>Listeneintrag</li>
</ul>
<figure>
   <img src="img/steckdosen.jpg" alt="Steckdosen">
   <figcaption>Untertitel im figure-Element</figcaption>
</figure>
```

Diese Testseite umfasst Überschriften von der Ebene eins `h1` bis sechs `h6` (mehr gibt es nicht), ein `p`-Element für normale Textblöcke, ein `blockquote` für Zitate, `ol` und `ul` für die zwei Varianten von Listen sowie am Ende ein in HTML5 neues Konstrukt, nämlich ein `figure`, das aus einem Bild und einem Text eine Einheit bildet und den Text zur Bildunterschrift macht.

Hier könnten weitere HTML-Elemente hinzukommen. Welche infrage kommen, hängt von Ihrer Seitenplanung ab: Sind beispielsweise Formular- oder Tabellenelemente vorgesehen? Ich verzichte darauf, an dieser Stelle sämtliche HTML-Elemente aufzuführen, von denen gar nicht sicher ist, ob sie je im Webauftritt benötigt werden.

Zu diesem Zeitpunkt reichen mir die beschriebenen Elemente aus. Wichtig ist lediglich, dass Listen berücksichtigt sind, denn in Kapitel 8 werden Navigationsstrukturen mit dem `ul`-Listenelement aufgebaut. Übergreifende Formate sollten definiert sein, bevor es an die Ausarbeitung spezieller Bereiche geht. Bei umgekehrter Reihenfolge kann es passieren, dass später hinzugefügte übergreifende Styles bereits fertig gestellte Elemente dann ungewollt verändern.

Nachdem eine HTML-Testseite angelegt ist, können übergreifende Formate im CSS-Code erstellt werden. Idealerweise liefert Ihnen ein Styleguide die Schriftgrößen, die Sie einfach übernehmen können. Haben Sie Kontakt zu dem Grafiker, der das Layout geliefert hat, kommen die besten Ergebnisse zustande, wenn man sich gemeinsam vor den Bildschirm setzt.

Abb. 6–1
Die übergreifenden Formate in der Vorschau. Nicht nur die Größenangaben selbst, sondern auch das Verhältnis der Elemente zueinander können bereits jetzt eingeschätzt werden.

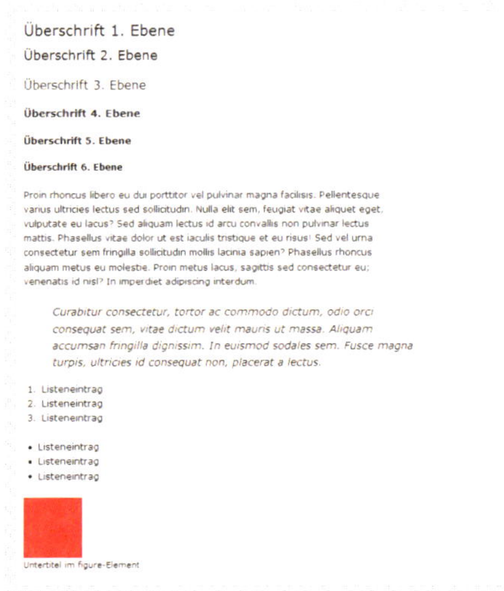


```
/******* Übergreifende Formate *******/
h1, h2, h3, h4, h5, h6, p, ol, ul {
   margin-top: 0px;
   margin-bottom: 20px;
}
h1 {
   font-size: 20px;
   font-weight: 400;
}
h2 {
   font-size: 18px;
   font-weight: 400;
}
h3 {
   font-size: 16px;
   font-weight: 400;
}
h4 {
   font-size: 14px;
}
h5 {
   font-size: 13px;
}
h6 {
   font-size: 12px;
}
blockquote {
   font-style: italic;
   font-size: 14px;
}
ol {
   padding-left: 25px;
}
```

```
ul {
   padding-left: 20px;
}
figure {
   margin-left: 0px;
}
figcaption {
   font-size: 11px;
}
```

In dem CSS-Code oben wurden die Schriftgrößen für alle Überschriftenebenen definiert, selbst wenn diese nicht alle in den Screens erscheinen. `h1`, `h2` und `h3` wird ein `font-weight: 400` zugewiesen. Überschriften sind in der Standarddarstellung immer fett. `font-weight` verändert diese und kann diverse Werte haben: `normal` und `bold` stehen für »normal« und »fett«, `font-weight` kann aber auch Zahlenwerte von 100 bis 900 in 100er-Schritten einnehmen, wobei `400 normal` und `700 bold` entspricht. Das Layout sieht für Überschriften der ersten drei Ebenen keine Fettung vor.

Die oberen Abstände für die wichtigsten Standardelemente (`margin-top`) werden auf `0px` gesetzt, damit Text in den Boxen oben beginnen kann. Um jedoch die Trennung der einzelnen Elemente zu bewahren, wurde generell ein etwas höherer als der Standardabstand nach unten gesetzt. Diese Anweisungen wurden ohne die Beschränkung auf irgendeine `id` definiert und gelten damit dateiweit; in dem CSS sehen Sie ausschließlich Elementselektoren, die sämtliche HTML-Elemente des jeweiligen Typs steuern.

Listen haben per Default einen Abstand von 40 px nach links, dieser wurde etwas reduziert. Für geordnete Listen `ol` wurde der Abstand mit `25px` etwas größer definiert, da die Zahlen mehr Platz benötigen als die Bullets.

Was Sie zu diesem Zeitpunkt aus dem Layout entnehmen können, kann bereits hier einfließen. Strategisch sollte Sie dabei vom Allgemeinen zum Speziellen vorgehen. Kennzeichnend für ein zentrales Format ist, wie ein HTML-Element auf einer Standardseite aussieht, bei der es sich in der Regel um eine Beitragsseite handelt. Ein abweichendes Aussehen auf einer Start- oder anderen Sonderseite wird dann später über die Spezialisierung für den bestimmten Seitentyp vorgenommen.

Listing

Kapitel 6 Ergebnispaket: www.h5c3.de/listing-6-2

7 Seitenkopf und -fuß gestalten über Hintergrundgrafiken

Abb. 7–1
Die gepunkteten Flächen sind ein klassischer Fall für Hintergrundgrafiken.

Listing

Kapitel 7 Startpaket: www.h5c3.de/listing-7-1

Das Gerüst ist nun so weit stabil und übergreifende Formate sind bereits definiert, sodass mit der Gestaltung der wiederkehrenden Seitenelemente begonnen werden kann. Im Beispiellayout bieten sich für alle gepunkteten Flächen Hintergrundgrafiken an. Hintergrundgrafiken deswegen, da es sich bei diesen Flächen ausschließlich um Layoutbestandteile handelt, sie keinen Informationsgehalt haben und damit der Einsatz von Grafiken im HTML-Code über das `img`-Tag nicht von Nöten ist. Hintergrundgrafiken werden ausschließlich über CSS eingebunden. Viel wichtiger als die Losgelöstheit von der HTML-Struktur ist dabei ihr Verhalten, denn Hintergrundgrafiken können gekachelt werden. Das heißt, eine Grafik wird so oft in der horizontalen und vertikalen Richtung wiederholt dargestellt, bis die entsprechende Fläche einer Box gefüllt ist. Der attraktive Nebeneffekt dabei ist, dass eine winzige Grafik mit geringer Byte-Zahl so eine vollflächige Grafik ersetzen und damit massiv Ladezeit einsparen kann.

Abb. 7–2
Aus dem Layout wird ein einzelner Punkt »ausgeschnitten«.

Im ersten Schritt wird die Hintergrundgrafik aus dem Layout extrahiert. Wie in Abb. 7–2 zu sehen, wird die kleinste Einheit ausgeschnitten – die rot umrandete Grafik ist jene, welche für die Hintergründe zum Einsatz kommt. Diese wird unter `hg-punkt.png` im `img`-Ordner abgespeichert, die Abkürzung `hg-` steht für Hintergrund. Diese Benennung ist in der Praxis üblich und mit einem Blick in den Bilderordner sind so Hintergrundgrafiken direkt zu erkennen. Aber auch ein eigener Unterordner für Hintergründe ist ein durchaus gängiges Vorgehen.

Als Erstes wird die letzte Zeile mit dem Copyright-Hinweis »gestylt« – warum, wird sich weiter unten klären.

```
#copyright {
   background-image: url('../img/hg-punkt.png');
}
```

Über die CSS-Eigenschaft `background-image` wird die Grafik eingebunden. Da die Grafik aus dem CSS referenziert wird, ist der Ausgangspunkt für den relativen Bildpfad (siehe auch relative Pfade in Kapitel 24.5) die CSS-Datei, nicht die HTML-Datei. Über die Punkte `..` wird erst in den übergeordneten Ordner und dann in den `img`-Ordner »hineinverlinkt«.

```
#copyright {
   background-image: url('../img/hg-punkt.png');
   padding: 15px;
}
```

Der Text »Copyright« klebt direkt am Rand. Mit der id `#copyright` wird über `padding: 15px` ein Innenabstand geschaffen, wodurch der unterste Balken der Webseite auch durch das `padding` eine eigene Höhe bekommt.

Der Fülltext Copyright kann bereits durch `© 2012 KinoWebseite` ersetzt werden. `©` ist eine HTML Entity, mit der das Copyrightzeichen gesetzt wird, was in diesem Beispiel bei UTF-8-Zeichensatz nicht zwingend notwendig ist, für andere Zeichensätze oder ältere Browser jedoch ratsam, um solch spezielle Zeichen in einer HTML-tauglichen Schreibweise zu hinterlegen.

Grundlagen

Mehr über HTML Entities: Kapitel 24.4

```
<!-- HTML -->
<div id="copyright">
    <p>&copy; 2012 KinoWebseite</p>
</div>
```

```
1 /* CSS */
2 #copyright p {
3     background-color: #fff;
4     margin: 0px;
5     width: 170px;
6     padding-left: 10px;
7     font-size: 10px;
8     text-transform: uppercase;
9 }
```

Der Text »© 2012 KinoWebseite« wird mit einem öffnenden und einem schließenden p-Tag umschlossen, da es sich um einen – wenn auch nur kleinen – Textblock handelt.

Das p (steht für »paragraph«) ist das Standardelement für Textabschnitte und unterteilt längere Texte in Blöcke. Auf Inhaltsseiten sollten Textblöcke nicht mehr als 10 bis 15 Zeilen haben, bei mehr Zeilen wird es unübersichtlich.

Dem p wird eine weiße Hintergrundfarbe zugewiesen (CSS, Codezeile 3), welche den gepunkteten Hintergrund überlagert. Da p-Elemente in den übergreifenden Formaten mit einem Außenabstand nach unten versehen wurden, wird dieser über `margin: 0px` wieder zurückgesetzt (Codezeile 4). Zusätzlich werden Breite (Codezeile 5) und Innenabstand nach links angegeben (Codezeile 6), wobei sich die Breite eines HTML-Elements immer aus der Summe von `width` und `padding-left` ergibt. Das p-Element wird hier mit einer Breite von 180px dargestellt.

Über `font-size` wird die Schrift noch nach Layoutvorgabe auf 10 px sowie die Buchstaben über `text-transform: uppercase` auf Großbuchstaben gesetzt.

Das Ergebnis der gekachelten Hintergrundgrafik sehen Sie in Abb. 7–3.

Abb. 7–3
Dieser Effekt wird über eine 3 px mal 3 px große Hintergrundgrafik erzielt.

```
#copyright p {
    ...
}
```

Grund-lagen

Mehr über Kombinationsselektoren finden Sie in Kapitel 36.2.

Neu ist hier die Schreibweise im CSS-Code. Der ID-Selektor `#copyright` und der Elementselektor p (beide werden als **Einfachselektoren** bezeichnet) werden mit einem Leerzeichen getrennt notiert. Eine solche Kombination wird übergreifend als **Kombinationsselektor** (combinators) bezeichnet, speziell handelt es sich um einen **Nachfahrselektor** (descendant combinator). Die ganze Einheit `#copyright p` wird als **ein**

Selektor bezeichnet, auch wenn dieser wiederum aus weiteren Einfachselektoren besteht.

Über diese Schreibweise steuern Sie all jene p-Elemente, die innerhalb des div mit der id="copyright" vorkommen. Zusätzlich erhält diese Regel durch die Kombination der Einfachselektoren eine höhere Gewichtung.

Grundlagen

Mehr über die Gewichtung von CSS-Selektoren: Kapitel 37.2.

Das gleiche Prinzip kann für den Kopf angewendet werden:

```
#kopf {
   background-image: url('../img/hg-punkt.png');
}
```

Abb. 7–4
Die Punktegrafik hinterlegt ungewollt den ganzen Kopf.

Allerdings füllt die Hintergrundgrafik damit den ganzen Kopf, was so nicht gewollt ist (weshalb auch zuerst die einfache Hintergrundeinbindung beschrieben wird). Hier kommt die CSS-Eigenschaft background-repeat zum Einsatz.

```
#kopf {
   background-image: url('../img/hg-punkt.png');
   background-repeat: repeat-x;
}
```

background-repeat: repeat-x sorgt dafür, dass die oben beschriebene Kachelung nur in der horizontalen Richtung greift, über das Schlüsselwort repeat-y ist auch die Einschränkung auf die Vertikale möglich. no-repeat unterdrückt die Kachelung vollständig, was für das Einbinden einer Grafik als Wasserzeichen, also als durchschimmernde Hintergrundgrafik, eingesetzt wird.

Abb. 7–5
Wird die 3 × 3-Pixel-Grafik nur horizontal gekachelt, erscheint lediglich ein Saum an der oberen Browserkante.

Schaut man nach Einfügen des letzten CSS-Schnipsels auf den Browser, sieht man einen gezahnten Rand an der Oberkante, da sich die Punkte nur auf der x-Achse wiederholen. Damit es dem Layout entspricht, wird hierfür eine weitere Hintergrundgrafik erstellt.

Abb. 7–6
Für den Kopf wird eine andere Hintergrundgrafik ausgeschnitten.

Wie in Abb. 7–6 zu sehen, wird ein höherer Ausschnitt aus dem Layout geschnitten.

```
#kopf {
   background-image: url('../img/hg-kopf-punkte.png');
   background-repeat:  repeat-x;
}
```

Die neue Grafik in Kombination mit `background-repeat` führt zur gewünschten Darstellung.

Abb. 7–7
In der Horizontalen gekachelte Punkte sorgen für den Effekt im Seitenkopf.

Dies sind nur zwei Beispiele für Hintergrundgrafiken. Unter nebenstehenden Links finden Sie weitere umfangreiche Beispiele für die einzelnen CSS-Eigenschaften rund um Hintergrundgrafiken.

Hintergrundgrafiken zusammengefasst

→ Grafiken als Hintergründe sparen massiv Ladezeiten.
→ Die HTML-Struktur wird nicht durch Layoutelemente »gestört«.
→ Durch eine geschickte Kachelung können Layouteffekte leicht und elegant erzielt werden.
→ Sind Grafiken Informationsträger, müssen sie ins HTML!

WWW →

background-image:
www.h5c3.de/link-7-1

background-repeat:
www.h5c3.de/link-7-2

background-position:
www.h5c3.de/link-7-3

Listing →

Kapitel 7 Ergebnispaket:
www.h5c3.de/listing-7-2

8 Navigationselemente gestalten

Listing

Kapitel 8 Startpaket: www.h5c3.de/listing-8-1

Im modernen Webdesign hat sich die `ul`-Liste als **der** Königsweg für Navigationsstrukturen etabliert. Grundlagen zum Aufbau und zur Gestaltung von Listen im Inhaltsbereich finden Sie in Kapitel 13.

8.1 Hauptnavigation aufbauen

```
<nav id="navigation">
   <ul>
      <li><a href="#">Programm</a></li>
      <li><a href="#">Filme von A-Z</a></li>
      <li><a href="#" class="auswahl">Themen</a></li>
      <li><a href="#">Aktuelles</a></li>
   </ul>
</nav>
```

Die Hauptnavigation ist hier von `nav`-Tags umgeben. Das `nav`-Element ist neu in HTML5 und deklariert diesen Bereich eindeutig als Navigationsbereich. Darin befindet sich ein `ul`-Listenelement – jeder Menüpunkt wird durch einen Listeneintrag aufgebaut. Innerhalb des `li` werden die Links über `a`-Tags angelegt. Im `href`-Attribut werden später die eigentlichen Links angegeben, auf die das Linkelement verlinkt.

Das `href` sollte nicht einfach weggelassen werden, falls die verlinkte Seite noch nicht existiert, sondern mit einer Raute # versehen werden. Je nach Browser verhält sich das `a`-Element ohne ein `href`-Attribut nicht wie ein Link mit dem typischen Mouseover-Verhalten.

Grundsätzlich könnten die Links auch ohne das Listen-HTML innerhalb der `nav`-Tags stehen, allerdings ist die Bedienung von Listen für Screenreader-Nutzer so einfacher. Vor allem aber ist damit aber eine

HTML-Struktur geschaffen, die Sie gezielt aus dem CSS ansprechen können.

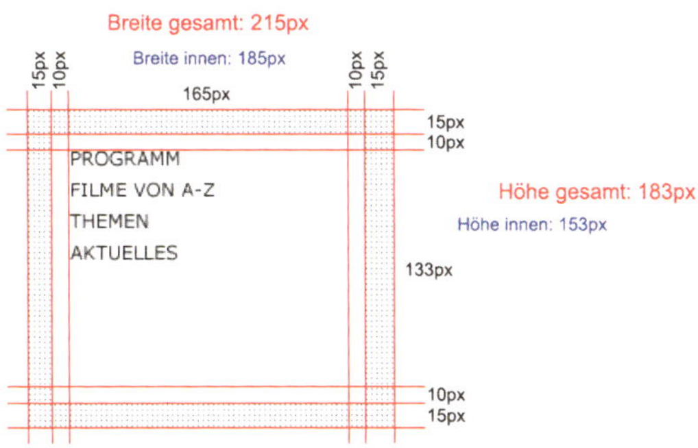

Abb. 8–1
Gesamthöhe und -breite ergeben sich aus inneren Ausdehnungen und diversen Abständen um den Text.

Zu Beginn steht auch hier das Ausmessen des Layouts. Im Laufe der Umsetzung werden jedoch lediglich die `165px` für die Breite, die `133px` für die Höhe sowie die `10px` um den Text und `15px` für den Punkterahmen verwendet. Die konkrete Darstellung der finalen Navigation ergibt sich somit aus der Summierung der verschiedenen Abstände.

In der nativen Darstellung sieht obiges HTML aus wie in Abb. 8–2 (1), das Orange stammt noch aus den Entwicklungsschritten der vorherigen Kapitel. Um die einzelnen Schritte besser nachvollziehen zu können, sind `nav`-, `ul`- und `a`-Elemente mit einem Umriss versehen (2). Dies dient der Veranschaulichung in diesem Workshop, ist aber auch einer von verschiedenen Wegen, sich die Dimensionen der Elemente im Entwicklungsprozess zu visualisieren. Gemäß der Bauanleitung eines schwedischen Möbelhauses kann die Navigation in kleinen Schritten aufgebaut werden.

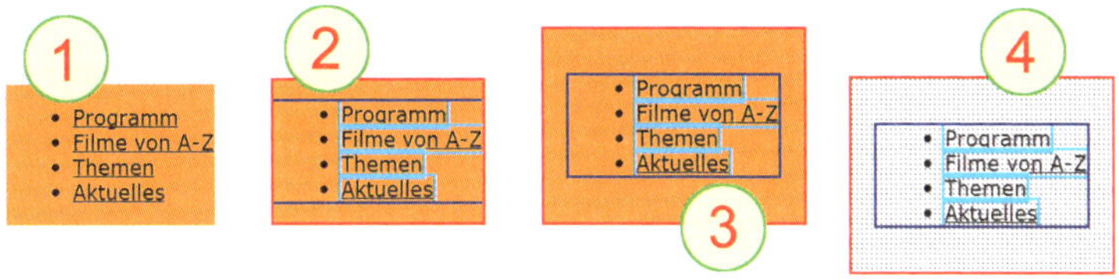

Abb. 8–2
Schrittweise entwickelt sich die Hauptnavigation: Zuerst werden Anpassungen am `nav`*-Element vorgenommen.*

nav-Element

(3) Festlegen des Innenabstands von `15px`, dort sollen später die Punkte der Hintergrundgrafik sichtbar werden: `padding: 15px`

(4) Einbinden der Hintergrundgrafik für den Punkterahmen:
`background-image: url('../img/hg-punkt.png')`

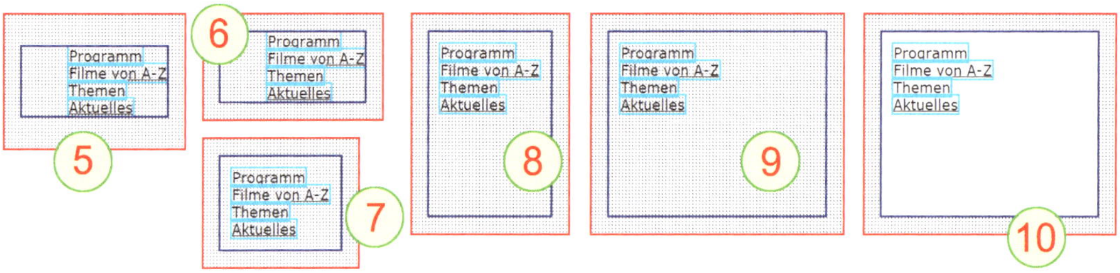

Abb. 8–3
Im nächsten Schritt wird die `ul` mit CSS versehen.

ul-Element

(5) Listenpunkte ausblenden: `list-style-type: none`

(6) Außenabstand aus den übergreifenden Formaten zurücksetzen: `margin: 0px`, Zeilenhöhe auf `line-height: 1em` setzen, auch diese wurde im Basistyle mit anderen Werten gesetzt.

(7) Innenabstand auf `10px` setzen, setzt gleichzeitig den linken Defaultwert von `40px` zurück, den eine ul hat: `padding: 10px`

(8) Mindesthöhe für die Liste vergeben: `min-height: 133px`

(9) Breite der Liste auf `width: 165px` setzen, mit dem `padding` der `ul` und des `nav` erhält die gesamte Box die endgültige Breite.

(10) Hintergrundfarbe der Liste auf Weiß setzen, um die Punkte im Hintergrund zu überdecken: `background-color: white`

Abb. 8–4
Schließlich werden die Links zu richtigen Navigationsflächen gemacht.

a-Element

(11) Blockeigenschaft zuweisen, damit der Link nicht nur über dem Text, sondern in der ganzen Breite klickbar ist: `display: block`. Am hellblauen Umriss ist zu sehen, dass der Link jetzt die volle Breite einnimmt. Der Umriss stört jetzt jedoch und wird gelöscht.

(12) Großbuchstaben einstellen: `text-transform: uppercase`

(13) Abstand zwischen den Links über einen unteren Außenabstand herstellen: `margin-bottom: 3px` (greift nur, weil der Link die block-Eigenschaft zugewiesen bekommen hat)

(14) Unterstreichung entfernen: `text-decoration: none`

Abb. 8–5
Zuletzt werden Styles für ausgewählte Links bzw. für den Mouseover-Effekt hinzugefügt.

(15) Für das Mouseover und den Fokusstatus (wenn man beim Durchtabben zum Link gelangt) wird eine rote Hintergrundfarbe und eine weiße Textfarbe dem betreffenden Link zugewiesen: `a:hover, a:focus, a.auswahl {color: white; background-color: #cc1511;}`. Der gleiche Style wird ebenfalls für den Link in der Navigation verwendet, der durch Hervorhebung sichtbar machen soll, auf welcher dazugehörigen Seite man sich gerade befindet.

(16) Der Text klebt am Rand des roten Hintergrundbalkens. Ein geringer Innenabstand löst dieses Problem: `padding: 2px`

Nach dem Entfernen der Linien zur Hervorhebung erscheint der Navigationsblock in seinem finalen Aussehen (17). Der vollständige CSS-Code sieht wie folgt aus:

```
#navigation {
   float: left;
   padding: 15px;
   background-image: url('../img/hg-punkt.png');
}
#navigation ul {
   list-style-type: none;
   margin: 0px;
   padding: 10px;
   min-height: 133px;
   width: 165px;
   background-color: white;
}
#navigation ul li a {
   display: block;
   text-transform: uppercase;
   margin-bottom: 3px;
   text-decoration: none;
   padding: 2px;
}
#navigation ul li a:hover,
#navigation ul li a:focus,
#navigation ul li a.auswahl {
   color: white;
   background-color: #cc1511;
}
```

Abb. 8–6
Beim Mouseover wechselt die Hintergrundfarbe fließend.

Sie sehen die Notation, in der die id `#navigation` (dies ist ein ID-Selektor) mit den Elementselektoren `ul`, `li` und `a` kombiniert wird. Diese Kombination führt auch hier zu einer höheren Spezifität der CSS-Regeln (siehe Kapitel 37.2). Werte für gleiche CSS-Eigenschaften aus den übergreifenden Formaten werden damit überschrieben, falls sie dort gesetzt sind.

Mit einer neuen CSS3-Eigenschaft (aus dem Modul »Transition«) wird ein Effekt für das Mouseover hinzugefügt (Abb. 8–6 (18)).

```
#navigation ul li a {
    -moz-transition: background-color 0.25s;
    -webkit-transition: background-color 0.25s;
    -o-transition: background-color 0.25s;
    -ms-transition: background-color 0.25s;
    transition: background-color 0.25s;
}
```

`transition` ist dafür zuständig, dass Zustände fließend ineinander übergehen. Beim Mouseover schaltet die Hintergrundfarbe der Links von weiß auf rot. Über `transition: background-color 0.25s` wird definiert, dass die Eigenschaft `background-color` innerhalb von 1/4 Sekunde von weiß auf rot wechselt, statt einfach umzuschalten, und fügt der Navigation einen dezenten Effekt hinzu.

Grund-lagen

Mehr über »Vendor-Präfixe«: Kapitel 40

Der Codeschnipsel sieht recht kompliziert aus, bei den ersten vier Zeilen (`-moz-`, `-webkit-`, `-o-` `und` `-ms-transition`) handelt es sich um browserspezifische Anweisungen, sogenannte Vendor-Präfixe. Sie müssen so angegeben werden, weil `transition` in der Standardschreibweise von den meisten Browsern noch nicht unterstützt wird

Bereits zuvor wurde eine Regel für den Selektor `#navigation ul li a` definiert. Im Ergebnispaket sind diese Regeln zusammengeführt.

Praxistipp
Ein `:hover` weist Nutzer auf einen Link hin. Davon profitieren jedoch nur Mausbenutzer. Definieren Sie eine solche Regel immer auch für die Pseudoklasse `:focus`, damit bedienen Sie Tastaturbenutzer in gleicher Weise mit einer guten Usability!

8.2 Quernavigationen gestalten

Die obere und untere Metanavigation werden schrittweise aufgebaut. Da hier eine gleiche Darstellung vorgesehen ist, werden die CSS-Regeln für beide Navigationsleisten in einem aufgebaut. Mit einer `class="metanavigation"` können beide Listen gleichzeitig gestaltet werden.

Abb. 8–7
Die Quernavigation ist für oben und unten identisch.

```
<nav class="meta-navigation">
   <ul>
      <li><a href="#">Start</a></li>
      <li><a href="#">Suche</a></li>
      <li><a href="#">Forum</a></li>
      <li><a href="#">Newsletter</a></li>
      <li><a href="#">Sitemap</a></li>
      <li><a href="#">Presse</a></li>
      <li><a href="#">Partner</a></li>
      <li><a href="#">Impressum</a></li>
      <li><a href="#">Kontakt</a></li>
   </ul>
</nav>
```

Ohne spezielles CSS sehen Sie die Navigation in Abb. 8–8 (1). Wesentliche CSS-Eigenschaften, wie in der Hauptnavigation verwendet, werden auch hier eingesetzt:

- `list-style-type: none` für die `ul` blendet die Listenbullets aus.
- `margin: 0px` und `padding: 0px` für die `ul` setzen Default-Innen- und Außenabstände zurück.
- `display: block` für die `a`-Tags vergrößert die Klickfläche und lässt eine bessere Steuerung der Abstände zu.
- `text-decoration: none` sorgt dafür, dass Links nicht unterstrichen sind.

```
.meta-navigation ul {
   list-style-type: none;
   margin: 0px;
   padding: 0px;
}
.meta-navigation ul li a {
   text-decoration: none;
   display: block;
}
```

Die oben aufgelisteten Eigenschaften werden zu Beginn eingefügt. Wie in Abb. 8–8 zu sehen, sind Listenpunkte Block-Elemente und werden untereinander dargestellt (2). Das `float` sorgt, wie in Kapitel 5.2 beschrieben, auch hier dafür, dass die Elemente nebeneinander »fließen« (Abb. 8–9 (3)).

Abb. 8–8
Schrittweise Umsetzung der Quernavigationen

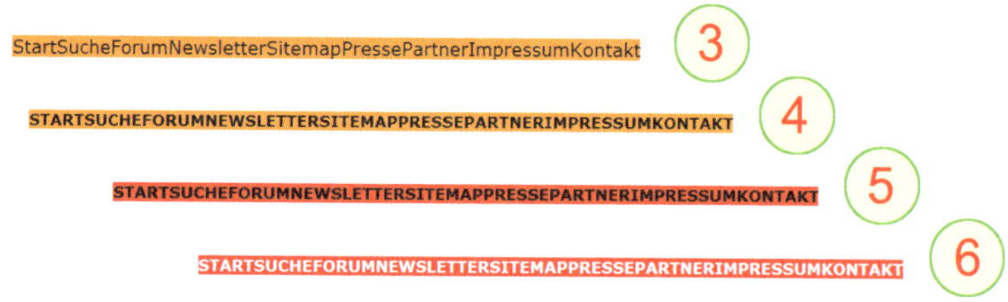

Abb. 8–9
Schrittweise werden ebenfalls die Farben und Schrifteigenschaften an das Layout angepasst.

```
.meta-navigation ul li {
   float: left;
}
```

Großbuchstaben, Fettung, Schriftgröße und Hintergrundfarbe könnten `nav`-, `ul`-, `li`- als auch den `a`-Tags zugewiesen werden. Um so allgemein wie möglich zu bleiben, erhält das `nav`-Tag in Abb. 8–9 (4) die Schrifteigenschaften. Die Hintergrundfarbe wird dem `nav`-Tag über `background-color` zugewiesen (5):

```
.meta-navigation {
   text-transform: uppercase;
   font-weight: bold;
   font-size: 10px;
   background-color: #cc1511;
}
```

Idealerweise erhalten Sie die Schriftinformationen in einem Styleguide, der mit dem Layout geliefert wird. Falls Ihnen die dazugehörige Photoshop-Datei zur Verfügung steht, können Sie dort die Texteigenschaften ermitteln. Liegt Ihnen diese nicht vor, hilft hier lediglich Experimentieren, um die Schrift im Layout nachzuempfinden.

Die weiße Schriftfarbe hingegen muss dem `a`-Tag zugewiesen werden, da Links eine übergeordnete Farbe nicht »erben«, diese also nicht übernommen wird (6):

```
.meta-navigation ul li a {
   color: white;
}
```

Wie in Abb. 8–10 unter (7) zu sehen ist, hat die Navigation noch nicht die gleiche Höhe wie das Logo. Um dies zu erreichen, wird den Links ein Innenabstand hinzugefügt, um sie auf die Höhe des Logos zu strecken. Gleichzeitig dient der Innenabstand nach links und rechts für etwas mehr Luft zwischen den Links. Dies bedeutet ein wenig Tüftelei, da man sich über das Verändern der Pixelwerte langsam den richtigen Abständen nähern muss:

```
.meta-navigation ul li a {
   padding: 4px 5px 3px 5px;
}
```

Abb. 8–10
Teil 2 des schrittweisen Aufbaus der Quernavigationen

In dieser Kurzschreibweise werden vier Werte angegeben, die auf den Innenabstand in der Reihenfolge oben – rechts – unten – links wirken (8).

Die Links in der Navigation sind über weiße Stricke voneinander getrennt. Hier bietet sich ein linker Rahmen am a-Tag an (9):

```
.meta-navigation ul li a {
   border-left: 2px solid white;
}
```

Selbstverständlich wird nicht für jede Eigenschaft eine eigene CSS-Regel geschrieben, sondern die bis hierher aufgestellten Deklarationen für die Links in einer Regel zusammengefasst:

```
.meta-navigation ul li a {
   text-decoration: none;
   display: block;
   color: white;
   padding: 4px 5px 3px 5px;
   border-left: 2px solid white;
}
```

Aktiven Link hervorheben

Zusätzlich sieht das Layout vor, dass ein ausgewählter Punkt in der Navigation invertiert dargestellt wird, also mit roter Textfarbe und weißem Hintergrund.

```
<li>
   <a href="#" class="auswahl">Sitemap</a>
</li>
```

Im HTML-Code wird der Link erweitert, der hervorgehoben sein soll, wenn man sich auf der Seite selbst befindet. Über `class="auswahl"` kann eine CSS-Regel für den ausgewählten Link definiert werden (Abb. 8–10 (10)):

```
.meta-navigation ul li a.auswahl {
   color: #cc1511;
   background-color: white;
}
```

Diese Regel kann ebenfalls für den Mouseover-Effekt verwendet werden. Über `:hover` und zusätzlich `:focus` für die Tastaturbedienung wird der Link in Rot mit weißem Hintergrund angezeigt, wenn die Maus darüberfährt beziehungsweise sich die Tabulatortaste an der Position des Links befindet.

```
.meta-navigation ul li a:hover,
.meta-navigation ul li a:focus,
.meta-navigation ul li a.auswahl {
   color: #cc1511;
   background-color: white;
}
```

Die Selektoren für das Mouseover beziehungsweise die Tabulatorposition werden mit der Regel für den ausgewählten Link kombiniert.

Grund-lagen

Kombination / Gruppierung von Selektoren: Kapitel 36.3

Achten Sie im Detail auf Folgendes: Die ausgewählte Seite wird über einen Klassenselektor `.auswahl` gesteuert, die anderen über sogenannte Pseudoklassen `:hover` und `:focus`. Die Selektoren unterscheiden sich lediglich durch vorstehenden Punkt oder Doppelpunkt, sind damit aber vollständig unterschiedliche Typen. Das Wesen von Pseudoklassen besteht darin, dass sie auf keine Struktur im HTML-Code zugreifen, sondern auf das Benutzerverhalten reagieren. Eine Kombination der unterschiedlichen Selektoren ist ohne Weiteres möglich und erfolgt über die Trennung mit `,`(Komma).

Schließlich erhalten die Quernavigationen auch den Übergangseffekt für das Mouseover – in dem Endpaket zu diesem Kapitel finden Sie das erweiterte CSS.

8.3 Funktionslinks gestalten

»Druckversion« und »Seitenanfang« werden ebenfalls als Liste aufgebaut:

```
<nav id="druck">
   <ul>
      <li><a href="#">Druckversion</a></li>
      <li><a href="#">Seitenanfang</a></li>
   </ul>
</nav>
```

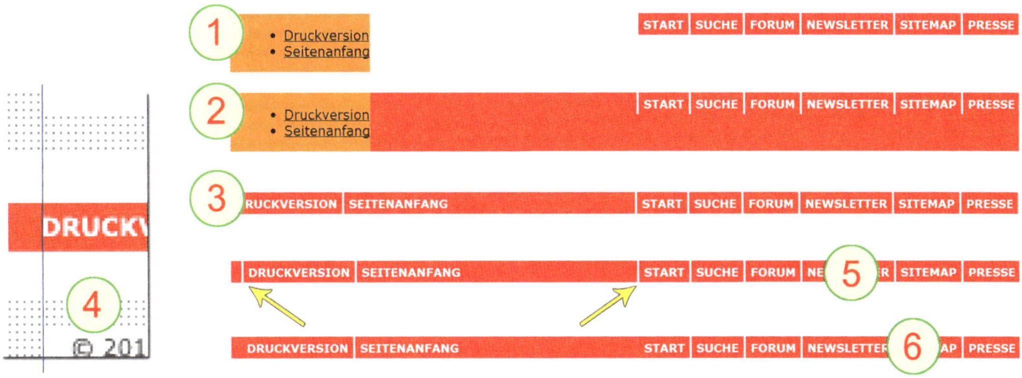

Abb. 8–11
Drucklink und Link zum Seitenanfang übernehmen das CSS der Quernavigationen.

Die Navigationsleiste rechts ist rot hinterlegt (1), dies wurde bereits bei der Gestaltung der Quernavigation im Kopf festgelegt. Da die Quernavigation die gleiche Klasse `meta-navigation` wie oben hat, greifen auch hier die definierten Regeln. Da im Fuß jedoch der komplette Balken einschließlich Drucklink und Quernavigation rot erscheint, wird dieser mit folgender CSS-Regel mit der roten Hintergrundfarbe versehen (2):

```
#fuss-oben {
   background-color: #cc1511;
}
```

Des Weiteren unterscheiden sich diese beiden Links optisch nicht von den beiden Quernavigationen. Statt hier neue CSS-Regeln zu erstellen, können alle bestehenden `nav.meta-navigation`-Regeln um Selektoren hierfür erweitert werden (3):

```
#druck,
nav.meta-navigation {
   background-color: #cc1511;
   text-transform: uppercase;
```

```
   font-weight: bold;
   font-size: 10px;
}
#druck ul,
nav.meta-navigation ul {
   list-style-type: none;
   margin: 0px;
   padding: 0px;
}
#druck ul li,
.meta-navigation ul li {
   float: left;
}
#druck  ul li a,
.meta-navigation ul li a {
   text-decoration: none;
   .
   .
```

Zwei Anpassungen sind für die Adaption an das Beispiellayout notwendig:

Der Text »Druckversion« steht im Layout bündig mit der rechten Kante des 15px breiten Punkterahmens (siehe (4) in Abb. 8–11). Hier hilft ein linker Innen- oder Außenabstand an der Liste, um den Text einzurücken. Da der Link selbst bereits einen 5px breiten linken Innenabstand hat, reichen hier 10px aus (5):

```
#druck ul {
   margin-left: 10px;
}
```

Die weißen Trenner zwischen den Links sind über einen linken Rahmen am a-Tag realisiert. Gerade nach dem Einfügen des linken Abstands am »Druckversion«-Link (5) wird deutlich, dass sich dort wie auch links vom »Start«-Link ein weißer Balken zu viel befindet. Hier bietet sich das in CSS3 neue :first-child an: Sowohl für die Drucklink-Seitenanfang-ul als auch in der Quernavigation wird über folgende Regel der Link im jeweils ersten li-Element mit einer linken border von 0px gesteuert, also zurückgesetzt (6):

```
#druck ul li:first-child a,
.meta-navigation ul li:first-child a {
   border-left: 0px;
}
```

Listing

Kapitel 8 Ergebnispaket: www.h5c3.de/listing-8-2

Die unterschiedlichen Navigationselemente sind damit umgesetzt. Das vollständige HTML und CSS steht unter nebenstehendem Link zur Verfügung.

9 Seitentypen anlegen

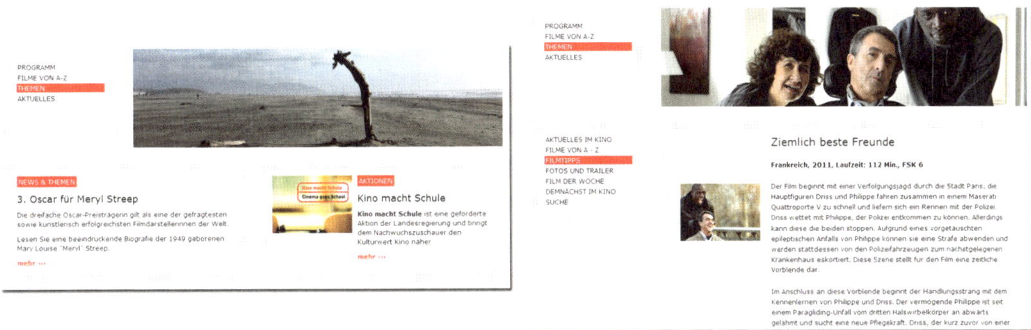

Abb. 9–1
Links Startseite, rechts Inhaltsseite. Die beiden Seitentypen unterscheiden sich durch ihre abweichende Flächenaufteilung.

Listing

Kapitel 9 Startpaket: www.h5c3.de/listing-9-1

Aus der Analyse des Layouts in Kapitel 2.3.2 haben sich zwei Seitentypen ergeben: Start- beziehungsweise Teaserseite sowie Inhalts- beziehungsweise Beitragsseite. Diese unterscheiden sich in der Flächenaufteilung, denn die Startseite hat vier einzelne Teaser, eine Beitragsseite dagegen einen linken Navigations- sowie den eigentlichen Inhaltsbereich.

Im Grundgerüst war bislang ein `div` mit der `id="inhalt"` für den Inhaltsbereich vorgesehen, noch ohne eine Differenzierung bezüglich des Seitentyps. Dieses `div` wird nun um eine `class` erweitert, entweder `class="startseite"`, wenn daraus eine Startseite werden soll, oder entsprechend `class="inhaltsseite"` für Beitragsseiten. In Kapitel 6 wurden übergreifende Formate definiert. Über die `class` im Inhalts-`div` und den Aufbau entsprechender Kombinationsselektoren können später bereichsübergreifende Formate definiert werden. Dies wird im Verlauf der nächsten beiden Kapitel deutlicher.

```
<div id="inhalt" class="startseite">
   <div class="teaser">Teaser 1</div>
   <div class="tcaser">Teaser 2</div>
   <div class="teaser">Teaser 3</div>
   <div class="teaser">Teaser 4</div>
</div>
```

Das erste Grundgerüst für die Startseite sieht so aus. Neben der `class` sind bereits vier `div`-Elemente für die einzelnen Teaser eingebaut, die im nächsten Kapitel sukzessive aufgebaut werden.

```
<div id="inhalt" class="inhaltsseite">
   <nav id="navigation-inhalt">
      Inhaltsnavigation
   </nav>
   <div id="haupt-inhalt">
      Hauptinhalt
   </div>
</div>
```

Listing

Kapitel 9 Ergebnispaket: www.h5c3.de/listing-9-2

Beim Grundgerüst für eine Inhaltsseite wird bereits ein `nav`-Element für die inhaltsbezogene Navigation vorgesehen sowie ein weiteres `div`, in dem dann der tatsächliche Inhalt platziert werden kann.

10 Startseite aufbauen

Der Aufbau der Startseite erfolgt in mehreren Schritten. Zunächst wird das Grundgerüst der Teaser mit dem grauen Punkterahmen aufgebaut. Der Aufbau ist für alle vier Teaser gleich und kann von daher in einem Schritt vorgenommen werden. Sobald der Rahmen für die Teaser steht, können diese mit Inhalt gefüllt werden, was im weiteren Verlauf dieses Kapitels auch geschieht.

Listing

Kapitel 10 Startpaket:
www.h5c3.de/listing-10-1

Abb. 10–1
Die Startseite zeichnet sich durch vier Teaser aus.

10.1 Bereiche für Teaser

Die Startseite besteht aus vier Kästen, die jeweils mit dem Punkterahmen umgeben sind. In der Hauptnavigation wurde dieser Rahmen über die Verschachtelung von `nav` und `ul` und entsprechende Abstände erzeugt (Kapitel 8.1). Für die Teaser kommen andere HTML-Elemente zum Einsatz. Das in HTML5 neue `section`-Element definiert zusammengehörige Bereiche, dort werden später die einzelnen Teaserinhalte eingefügt. Die umgebenden `div` sind für den Aufbau der Punkterahmen notwendig. Das HTML für die Teaser sieht wie folgt aus:

```
<div id="inhalt" class="startseite">
   <div class="teaser">
      <section>Teaser 1</section>
   </div>
   <div class="teaser">
      <section>Teaser 2</section>
   </div>
   <div class="teaser">
      <section>Teaser 3</section>
   </div>
   <div class="teaser">
      <section>Teaser 4</section>
   </div>
</div>
```

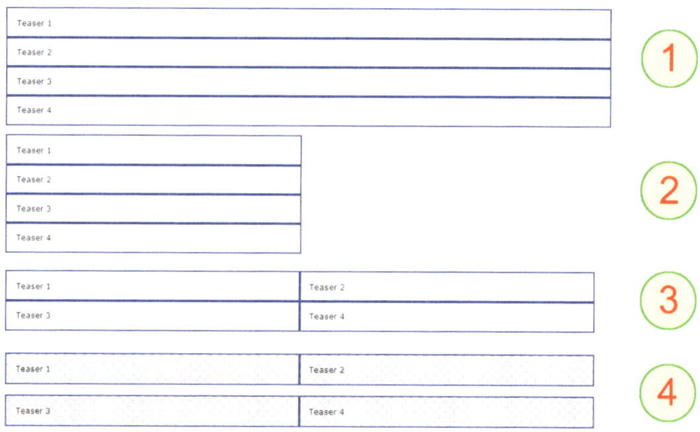

Abb. 10–2
Jede einzelne Eigenschaft verändert das Aussehen der Teaser.

Das Grunddesign eines Teasers wird schrittweise aufgebaut. Um die einzelnen Schritte besser nachvollziehen zu können, erhalten die Teaser einen blauen Umriss:

```
.teaser {
   outline: 2px solid blue;
}
```

Danach werden die CSS-Deklarationen im CSS-Code erfasst:

(1) Über `padding: 15px` wird eine Innenabstand eingefügt, der die Fläche für den Punkterahmen darstellen wird.

(2) Über `width: 428px` wird die Breite eines Teasers festgelegt. Das Layout sieht für die Teaser eine Breite von `458px` vor. Die `428px` ergeben sich daraus, dass `428px` + 2 × `15px` Innenabstand `padding` die gesamte Breite ergeben.

(3) Über `float: left` fließen die Teaser nach links. Da der dritte Teaser nicht mehr in die Breite des `body` passt, rutscht dieser in die nächste Zeile nach links.

(4) Die Abstände in der vertikalen Richtung werden über `margin-top: 25px` hergestellt. Außerdem wird der Hintergrund des `div`-Teaser-Elements mit den Punkten gefüllt, die auch für die Hauptnavigation verwendet wurden: `background-image: url('../img/hg-punkt.png')`

Die vollständige CSS-Regel sieht dann so aus:

```
.teaser {
   padding: 15px;
   width: 428px;
   float: left;
   margin-top: 25px;
   background-image: url('../img/hg-punkt.png');
}
```

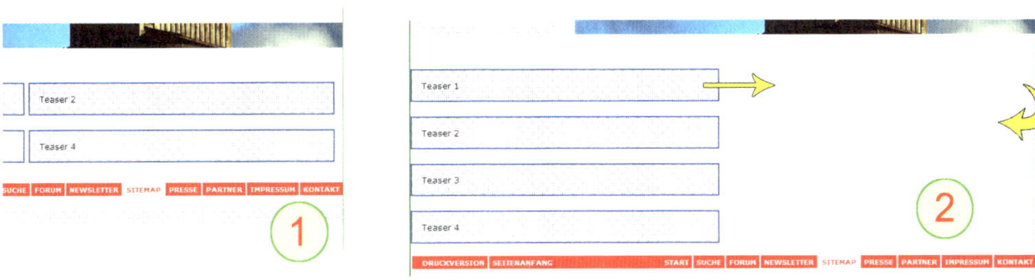

Abb. 10-3
Gefloatete Inhalte brechen um, wenn nicht ausreichend Platz vorhanden ist.

Was noch fehlt, ist der Abstand zwischen den Teasern. Laut Ausmaß liegen 25 px in der Mitte. Der Versuch, diesen über einen Außenabstand `margin` herzustellen, scheitert. Den Grund dafür sehen Sie hier:

```
.teaser {
   margin-right: 10px;
}
```

Dieser CSS-Schnipsel erzeugt, wie in Abb. 10–3 (1) zu sehen, eine Lücke nach rechts von 10 px. Allerdings stehen die rechten Teaser noch nicht bündig mit dem rechten Rand der Webseite. Im nächsten Schritt wird der Abstand vergrößert:

```
.teaser {
   margin-right: 25px;
}
```

Mit einem größeren rechten Abstand an den Teaserboxen stößt man allerdings auf ein rechnerisches Problem: Die Teaserbox hat eine Gesamtbreite von 458 px, multipliziert mit zwei benötigen beide Boxen zusammen eine Breite von 916 px. Die Breite des body ist auf 940 px gesetzt. 916 px + 2 × 25 px für den rechten Außenabstand benötigt jedoch eine Breite von mindestens 966 px – zu viel. Der zweite Teaser und auch alle folgenden rutschen in die nächste Zeile, was in Abb. 10–3 (2) der Pfeil symbolisieren soll.

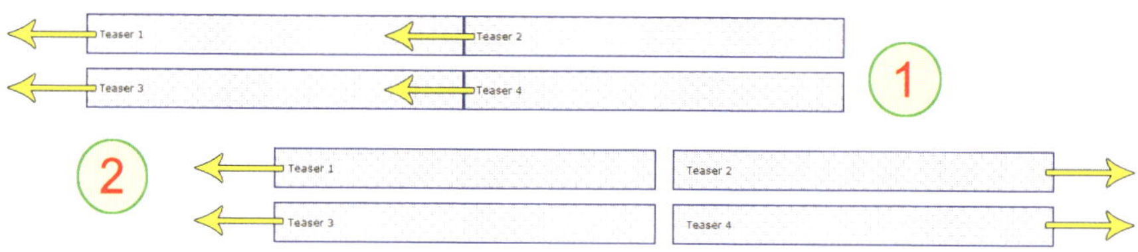

Abb. 10–4
float: left und *float: right*
im Wechsel

margin ist in diesem Kontext also nicht die geeignete Eigenschaft. Die gelben Pfeile in Abb. 10–4 (1) zeigen die float-Richtung an. Die Teaserboxen fließen nach links, nachfolgende Elemente umfließen diese dann rechts. Da die Breite durch den body gesetzt ist, bricht der dritte Teaser in die nächste Zeile um.

Der »Trick« an dieser Stelle ist es, für Teaser 2 und 4 ein float: right zu vergeben, wie in Abb. 10–4 (2) angedeutet. Diese Teaser fließen dann nach rechts, vor allem aber ergibt sich die Lücke dazwischen automatisch, ohne dass ein Abstand vergeben werden muss.

Um die rechten Teaser ansprechen können, erhalten diese eine weitere class:

```
<div class="teaser">Teaser 1</div>
<div class="teaser teaser-rechts">Teaser 2</div>
<div class="teaser">Teaser 3</div>
<div class="teaser teaser-rechts">Teaser 4</div>
```

Über class="teaser-rechts" kann nun der zweite und vierte Teaser gesteuert werden. Diese class kann ohne Weiteres mit class="teaser" kombiniert werden, ein Leerzeichen trennt die beiden class-Werte: class="teaser teaser-rechts". Dies stellt auch die **einzige** Möglichkeit dar, zwei Klassen in ein HTML-Element einzufügen. Das Attribut class (wie generell alle Attribute) darf pro HTML-Element nicht doppelt, sondern nur einmal gesetzt sein! Mit zwei class-Angaben haben Sie so die Möglichkeit, über verschiedene CSS-Regeln ein und dasselbe Element zu steuern.

```
.teaser-rechts {
   float: right;
}
```

Über diesen Code wird genau das erreicht, was in Abb. 10–4 (2) benötigt wird: Teaser 2 und 4 sind nun rechts gefloatet und »rutschen« an den rechten Rand des body, also der zentrierten Seite.

Um diese Darstellung browserübergreifend zu erzielen, ist man heute noch auf die Extraklassen in HTML angewiesen. In Zukunft kann über in CSS3 neu integrierte, sogenannte Strukturpseudoselektoren der gleiche Effekt erreicht werden, ohne dass ein zusätzliches class-Attribut notwendig ist. Strukturpseudoselektoren »finden« Elemente, die sich durch Wiederholungen im HTML-Code ergeben. Über :nth-child(even) wird jedes gerade beziehungsweise jedes zweite Element gefunden:

```
.teaser:nth-child(even) {
   float: right;
}
```

Dieser Codeschnipsel bewirkt das Gleiche wie die Regel, die über .teaser-rechts definiert ist, allerdings kann eben auf class="teaser-rechts" im HTML-Code verzichtet werden. Langfristig bedeutet dies, dass CSS noch deutlicher vom HTML getrennt werden kann. Das ist gut für ein schlankes HTML und löst gleichzeitig starre Abhängigkeiten zwischen HTML und CSS auf, womit das CSS-Design einfacher und effektiver wird.

Abb. 10–5
Auf der Teaserseite muss der Abstand zwischen Kopf und Teaserblöcken angepasst werden.

Nach diesen Schritten ist eine Korrektur für das div mit der id="inhalt" notwendig geworden. Die vertikalen Abstände zwischen den Teasern wurden über margin-top: 25px erzeugt. Das Grundgerüst selbst hat für die `id="inhalt"` jedoch schon einen Abstand nach oben von `25px`, der sich nun doppelt (Abb. 10–5 (1)). Selbst wenn man statt `margin-top` ein `margin-bottom` einsetzt, würde es unten zu einer Doppelung kommen, die korrigiert werden müsste.

Über `class="startseite"` kann der obere Abstand angepasst werden, damit dieser für Beitragsseiten erhalten bleibt. Das Ergebnis folgender CSS-Regel ist in Abb. 10–5 (2) zu sehen.

```
#inhalt.startseite {
   margin-top: 0px;
}
```

Werden `id` und `class` angesprochen, die beide in einem HTML-Element gesetzt sind, sieht die Schreibweise wie im Codeschnipsel aus: Nach der Raute `#` und dem Bezeichner der `id` folgt ohne Leerzeichen der Punkt `.` und der Bezeichner der `class`, über den dann dieses Element angesprochen wird.

Um dem generellen Aussehen der Teaserblöcke näherzukommen, wird das innen liegende `section` mit einer Mindesthöhe und einer weißen Hintergrundfarbe versehen sowie bereits Innenabstände eingefügt, damit die Teaserinhalte von Anfang an nicht am Punkterahmen kleben.

```
.teaser section  {
   min-height: 185px;
   background-color: white;
   padding: 10px 10px 5px 10px;
}
```

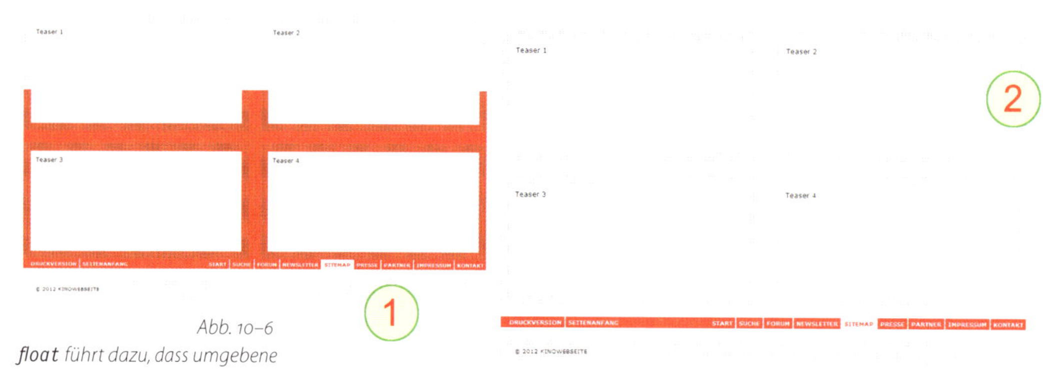

Abb. 10–6
`float` führt dazu, dass umgebene Block-Elemente ihre Höhe verlieren.

Nach Einfügen der Mindesthöhe `min-height` für die Teaserinhalte wird ein Problem sichtbar, wie in Abb. 10–6 (1) zu sehen: Das umgebende `div` mit der `id="inhalt"` verliert seine eigene Höhe, was durch das Floaten der Teaserblöcke verursacht wird. Das Rot der unteren Leiste reicht nun in den Inhaltsbereich hinein.

```
<div id="inhalt" class="startseite">
   .
   .
   .
   <div class="teaser">
      <section>
         Teaser 4
      </section>
   </div>
   <div class="float-ende"></div>
</div>
```

Das `float`-Verhalten muss aufgelöst werden. Vor dem schließenden `div` mit `id="inhalt"` muss ein clear-`div` eingefügt werden: `<div class="float-ende"></div>`. clear-`div` und die dazugehörende `class="float-ende"` wurde in Kapitel 5.3 vorgestellt. Danach verhält sich die Startseite mit den Teasern wie gewünscht, wie in Abb. 10–6 (2) zu sehen.

10.2 Textteaser aufbauen

Abb. 10–7
Einfacher Textteaser mit Link

```
<section>
   <hgroup>
      <h2>News & Themen</h2>
      <h1>3. Oscar für Meryl Streep</h1>
   </hgroup>
   <p>Die dreifache ...</p>
   <p>Lesen Sie eine ... "Meryl" Streep.
      <br>
      <a href="#">mehr</a>
   </p>
</section>
```

HTML bot in der Vergangenheit lediglich das `div`-Element, um zusammengehörige Bereiche zu bündeln. In diesem Codeschnipsel sehen Sie gleich zwei neue HTML5-Tags:

Grund-lagen →

Neue HTML5-Elemente zur Seitenstrukturierung: Kapitel 27.1

- `section`: gruppiert Inhalte
- `hgroup`: gruppiert Überschriften

Des Weiteren sind im Quelltext je eine `h1` und `h2` (Überschriften erster und zweiter Ordnung) zu sehen. Auf die Frage, wann welche Überschrift einer bestimmten Ordnung eingesetzt wird, erhalten Sie von zehn Entwicklern elf Antworten. Trotzdem können bestimmte Grundsätze verfolgt werden:

- Eine `h1` ist immer die Hauptüberschrift eines Beitrags und sollte nur einmal pro Webseite vorkommen.
- Ist eine Seite über `section`-, `article`- oder `aside`-Elemente strukturiert, kann ein solcher Bereich eine eigene `h1` haben, in HTML5 darf also mehr als eine `h1` pro Seite vorkommen.
- Eine schlüssige Reihenfolge `h1` → `h2` → `h3` kann eingehalten werden folgt auf eine `h1` eine `h3`, ist das zwar vielleicht unschön, aber kein Fehler.
- Je bedeutender eine Überschrift für die Webseite, umso höher ist die Überschriftenebene zu wählen.
- Je höher die Überschriftenebene, umso mehr Relevanz hat dies für Suchmaschinen.

Aus diesen Kriterien ergibt sich auch, dass im HTML-Code-Schnipsel oben die `h2` vor der `h1` steht. Der Inhalt der `h1` hat eine wesentlich höhere inhaltliche Bedeutung, von daher ist an dieser Stelle die verdrehte Reihenfolge vertretbar.

Grund-lagen →

Leere HTML Elemente: Kapitel 24.2.1

Das `br` (steht für »break«) fügt einen Zeilenumbruch ein, ist ein leeres HTML-Element und benötigt kein schließendes Tag.

Der Linktext »mehr« ist ohne den Text drumherum unbrauchbar. Solche Links sollten immer im Zusammenhang mit einem Text, wie hier mit dem Text im `p`-Element stehen, damit das Verständnis gewahrt bleibt (d. h. innerhalb des `p`-Elements, nicht außerhalb). Screenreader haben eine Funktion, sich alles Links der Seite vorlesen zu lassen. Steht das »mehr« nicht im `p`-Element, können Nutzer nicht feststellen, »wozu« es mehr gibt. Befindet sich das »mehr« hingegen innerhalb des `p`-Elements, kann der Link auf den darin stehenden Text bezogen werden.

Steht ein »mehr«-Link allein, sollte hier ein `title` zum Link gesetzt werden:

```
<a href="#" title="Mehr über 3. Oscar für Meryl Streep">mehr</a>
```

In Kapitel 6 wurden übergreifende Formate, d.h. Farb- und Schriftangaben definiert. Diese steuern bereits jetzt auch das Aussehen der Teaser (1). Die Aufgabe ist es nun, abweichende Eigenschaften herauszuarbeiten und ausschließlich für die Teaser anzugeben.

Abweichend erscheinen die Schriftgröße der `h1` sowie die rot-weiße Darstellung der `h2`. Aber auch die Zeilenhöhe der `p`-Elemente ist etwas geringer und der Link hat ebenfalls eine neue Darstellungsweise.

Schrittweise wird das Aussehen des HTML über das CSS an die Layoutvorlage angepasst.

Abb. 10–8
*Anpassung der **h2***

(1) Die übergreifenden Formate sorgen bereits für das Aussehen in Abb. 10–8.

(2) Über `font-size` wird die `h2` auf `12px` gesetzt, die Farben sind umgekehrt, die Schriftfarbe wird über `color: white` auf weiß, der Hintergrund über `background-color: #cc1511` auf den Rotwert gesetzt. Das Gefettete der Überschrift wird über `font-weight: normal;` zurückgenommen, der Text über `text-transform: uppercase` in Großbuchstaben gesetzt.

(3) Der Text klebt am Rand des roten Hintergrunds, über `padding` wird ein Abstand erzeugt. Außerdem läuft die `h2` als Block-Element noch über die ganze Breite. Über `display: inline-block` wird die `h2` zum Inline-Block-Element gemacht und nimmt nur noch jene Breite ein, die sie braucht – behält jedoch die Eigenschaft, Abstände einhalten zu können (siehe Kapitel 38.5). Über `margin-bottom` wird der untere Abstand auf `10px` gesetzt, dieser ist in Teasern geringer als auf normalen Beitragsseiten.

Abb. 10–9
Zeilenhöhe und Abstände werden so verändert, dass die Darstellung genau der Layoutvorlage entspricht.

(4) Abstände für `h1` und die Zeilenhöhe für `p` wird angepasst. Bei genauem Hinschauen sind die Unterschiede erkennbar. Die `h1` selbst ist ebenfalls kleiner als in den übergreifenden Formaten, sie wird auf eine `font-size: 18px` gesetzt. Auch der untere Abstand ist wie bei den `h2`-Elementen geringer, die Teaser werden damit insgesamt kompakter.

(5) Die `p`-Elemente haben ebenfalls einen geringen unteren Abstand mit `margin-bottom: 10px`. Die Zeilenhöhe hingegen ist etwas höher, was die Leserlichkeit verbessert: `line-height: 1.4em`.

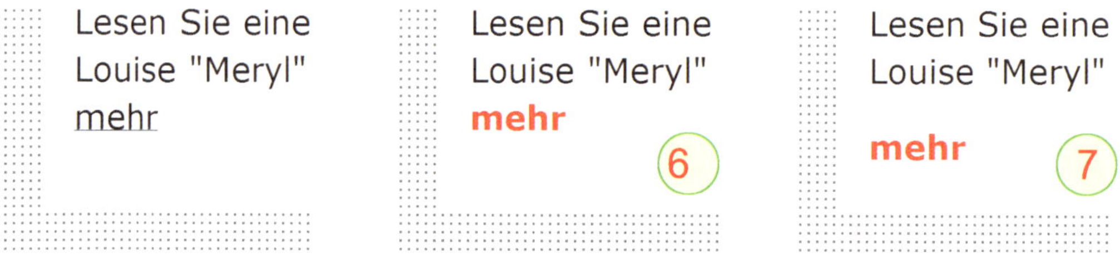

Abb. 10–10
Der Link wird eingefärbt und abgerückt.

(6) Schließlich wird der Link über `text-decoration: none` seiner Unterstreichung beraubt, über `color: #cc1511` rot eingefärbt und über `font-weight: bold` fett formatiert.

(7) Der mehr-Link ist im Layout mit einem Abstand zum Text vorgegeben. Aus Gründen der Barrierefreiheit sollte er innerhalb des `p` stehen und nicht durch ein eigenes `p`-Tag umschlossen sein, nur um einen Abstand zu erzielen. Der Link selbst, also das `a`-Element, ist ein Inline-Element und nimmt im Fließtext nach oben und unten keine Abstände ein. Inline-Block-Elemente tun dies hingegen, weshalb wie auch die h2 das `a`-Element über `display: inline-block` zu einem Inline-Block-Element verändert wird, damit es über `margin-top: 10px` einen Abstand zum Text einnehmen kann.

Abb. 10–11
Schrittweise erhält der Link seine roten Pfeile.

(8) Ähnlich wie die Punkterahmen oder die Hintergrundpunkte im Kopf wird der mehr-Link mit den Pfeilen versehen. Dies geschieht ebenfalls über eine Hintergrundgrafik. Dazu wird

(a) aus dem Layout eine Grafik geschnitten, welche alle drei Winkel hinter dem mehr-Link beinhaltet, und unter `hg-mehr-link.png` abgespeichert,
(b) die Grafik über `background-image: url(‚../img/hg-mehr-link.png')` referenziert,
(c) am Link nach rechts einen Innenabstand definiert, damit die Hintergrundgrafik Platz hat, angezeigt zu werden. Die Grafik selbst ist 16 px breit. Damit sie etwas Luft zum Text hat, wird der Abstand mit `padding-right: 20px` etwas größer gewählt,
(d) die Wiederholung der Hintergrundgrafik über `background-repeat: no-repeat` unterdrückt
(e) und schließlich über `background-position: center right` vertikal zentriert und rechts ausgerichtet.

Der vollständige CSS-Code sieht folgendermaßen aus:

```
.teaser h1 {
   font-size: 18px;
   margin-bottom: 10px;
}
.teaser h2 {
   font-size: 12px;
   color: white;
   background-color: #cc1511;
   padding: 3px;
   display: inline-block;
   font-weight: normal;
   margin-bottom: 10px;
   text-transform: uppercase;
}
.teaser p {
   line-height: 1.4em;
   margin-bottom: 10px;
}
.teaser p a {
   text-decoration: none;
   color:  #cc1511;
   font-weight: bold;
   margin-top: 10px;
   display: inline-block;
   background-image: url('../img/hg-mehr-link.png');
   padding-right: 20px;
   background-repeat: no-repeat;
   background-position: center right;
}
```

Alle CSS-Regeln sind mit `.teaser` eingeleitet. Damit bauen Sie einen Kombinationsselektor auf und beschränken die Regeln auf Elemente, die ausschließlich in Teasern vorkommen.

Bei Elementen, die sich ausschließlich in Teasern befinden, können Anweisungen keine Nebeneffekte auf HTML-Elemente außerhalb der `<div class="teaser">` haben.

Daraus ergibt sich auch, dass diese Anweisungen innerhalb der CSS-Datei im Bereich des Inhalts hinterlegt werden – ein eigenes Segment für die Teaser-Styles bietet sich hier an.

10.3 Teaser mit Bild

Grundlagen

Mehr über den Elementfluss: Kapitel 38.2

Bevor die Beispielumsetzung fortgesetzt wird, möchte ich eine weitere Möglichkeit der Positionierung vorstellen. In Kapitel 5 wurde beschrieben, wie Elemente durch Außen- oder Innenabstände (`margin` und `padding`) voneinander abgerückt werden können und damit das Layout sein Aussehen bekommt. Ebenfalls wurde `float` vorgestellt, um HTML-Elemente fließen zu lassen und damit Inhalte nebeneinander darzustellen. `float`, `margin` und `padding` sind Eigenschaften, die sich den Elementfluss zu Nutze machen, also darauf basieren, dass sich HTML-Elemente automatisch von links nach rechts und von oben nach unten anordnen.

Eine weitere CSS-Eigenschaft, um Elemente an eine bestimmte Stelle zu bewegen, ist `position`. Dabei sind für diese Art der Positionierung mehrere Angaben notwendig:

- `position` und eines der Schlüsselworte `static` (Standardwert), `relative`, `absolute` oder `fixed`
- eine konkrete Angabe der Position über `top`, `left`, `right` oder `bottom`

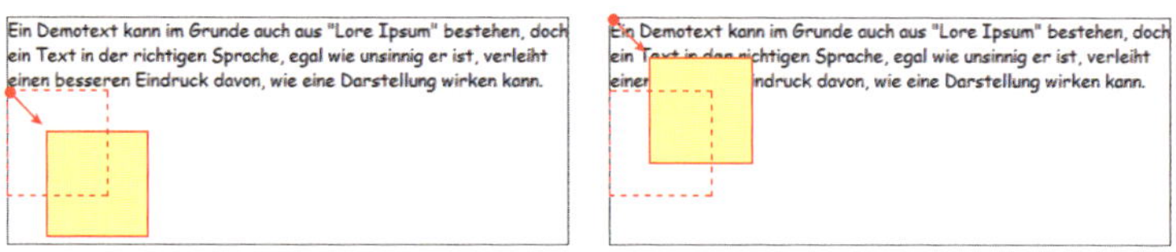

Abb. 10–12
Links `position: relative`, rechts `position: absolute`

Nicht nur die Notwendigkeit, dass mehrere Eigenschaften definiert werden müssen, macht den Einsatz von `position` nicht ganz einfach, auch das Verhalten ist gewöhnungsbedürftig – und zwar so sehr, dass ich schon für Firmen gearbeitet habe, in denen diese CSS-Eigenschaft verboten war. Bei `position` sind folgende Dinge zu beachten:

- Beim Standardwert `static` greift **keine** Positionierung über `top`, `left`, `right` oder `bottom`. Damit diese Werte Wirkung zeigen können, muss `position` einen Wert von `relative`, `absolute` oder `fixed` haben!

- `position: relative` legt fest, dass ein Element »in Bezug zu sich selbst« verschoben wird. `left: 10px` und `top: 10px` verschieben das Element 10 px von der linken oberen Ecke des Elements nach rechts und unten (siehe auch links in Abb. 10–12).
- `position: absolute` positioniert ein Element in Bezug auf das erste übergeordnete Element, welches selber einen `position`-Wert von `fixed`, `relative` oder `absolute` hat. Falls es ein solches Element nicht gibt, handelt es sich um den `body`.
- `position: fixed` positioniert ein Element in Bezug auf das Browserfenster.
- `absolute` und `fixed` lösen die Elemente aus dem Elementfluss heraus, hier kommt es zum »Stapeln« von Elementen und dadurch besteht stets die Gefahr von ungewollten Überlagerungen!

Dies ist nur ein sehr knapp gefasster Überblick. Unter nebenstehendem Link finden Sie einen ausführlichen Artikel sowie Quelltextbeispiele zum Download und Ausprobieren. Neben der Positionierung finden Sie dort auch die Beschreibung der CSS-Eigenschaft `z-index`, mit der die Reihenfolge des Stapelns gesteuert werden kann.

Ein detaillierter Artikel über `position`*: www.h5c3.de/link-10-1*

Die Frage, wann man welche Art der Positionierung einsetzt, ist nicht ohne Weiteres zu beantworten. `float`, `margin` und `padding` sind sicher vorzuziehen, da sie das Problem von Überlagerungen nicht haben. Gerade in normalen Beiträgen befinden Sie sich damit auf der sicheren Seite. Bei Teasern hingegen, die stets gleich aussehen und bei denen man das Layout unter Kontrolle haben möchte, bietet sich `position` an. Der folgende Bild-Text-Teaser verwendet `position: absolute`, um das Layout aufzubauen.

```
<div class="teaser teaser-mit-bild-links">
   <section>
      <hgroup>
         <h2>Aktionen</h2>
         <h1>Kino macht Schule</h1>
      </hgroup>
      <img src="img/kino-macht-schule.jpg" alt="">
      <p>
         <strong>Kino macht Schule</strong> ist eine
         geförderte Aktion der Landesregierung und bringt dem
         Nachwuchszuschauer den Kulturwert Kino näher
         <br>
         <a href="#" title="Mehr über Kino macht Schule">mehr</a></p>
   </section>
</div>
```

Bilder sollten wie Text behandelt werden und sind in einer guten HTML-Struktur hinter den Überschriften positioniert. Bei diesem konkreten Bild im Quellcode wird der Text der Überschrift wiederholt, ist von daher als Schmuckgrafik zu betrachten und das `alt`-Attribut bleibt deswegen leer.

Die Steuerung dieses Teasers erfolgt über `class="teaser-mit-bild-links"`.

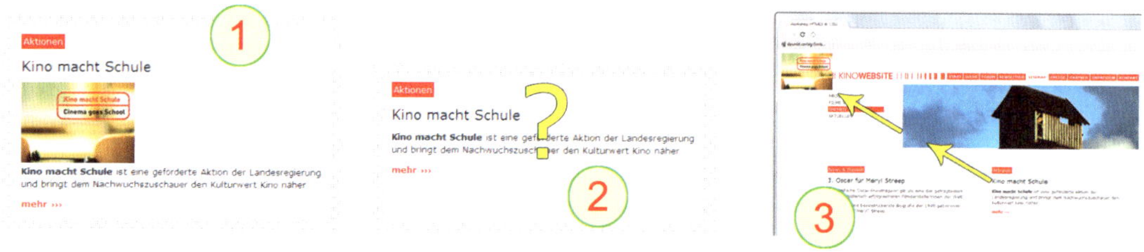

Abb. 10–13
Schrittweise wird der Text-Bild-Teaser mit absolut positioniertem Bild aufgebaut.

Abb. 10–13 (1) zeigt die Darstellung des HTML. Über das CSS, das für den einfachen Textteaser geschrieben wurde, sind Überschriften und Link bereits mit einem Grundstyle versehen.

```
.teaser-mit-bild-links img {
   position: absolute;
   left: 10px;
   top: 10px;
}
```

Im ersten Schritt wird das Bild mit der CSS-Eigenschaft `position: absolute` versehen. Es soll 10 px von der linken oberen Ecke des Teasers angezeigt werden. Bei (2) ist nun das zu beobachten, was ich oben als »nicht ganz einfach« bezeichnet habe: Das Bild scheint verschwunden zu sein! Das ist es natürlich nicht, sondern befindet sich lediglich links oben am Browserrand, wie (3) zeigt.

Ursache dafür ist, dass sich eine absolute Positionierung stets auf das nächste übergeordnete Elternelement bezieht, das selber positioniert ist.

Abb. 10–14
Weiter mit dem schrittweisen Aufbau des Text-Bild-Teasers

```
.teaser-mit-bild-links section {
   position: relative;
}
```

Über diese CSS-Regel wird das `section` zum Bezugselement gemacht. `position: relative` bewirkt an dieser Stelle lediglich, dass das »Element an sich« positioniert ist. Da hier keine Werte für `top`, `left` und so weiter vergeben sind, bleibt das `section` auch dort, wo es ist.

In Abb. 10–14 (4) sieht man das Ergebnis: Das Bild ist jetzt im Teaser zu sehen, da sich die absolute Positionierung nun auf das `section` bezieht, allerdings überlagert es den Text. »Elemente werden aus dem Elementfluss gelöst« meint genau diesen Effekt, HTML-Element werden »gestapelt«.

Um die Überlagerungen zu beseitigen, gibt es verschiedene Möglichkeiten. Man könnte Überschrift, Text und Link nun auch positionieren oder mit Abständen versehen. Mit folgender Anweisung benötigt man allerdings nur eine Deklaration, um zum Ziel zu kommen:

```
.teaser-mit-bild-links section {
   padding-left: 170px;
}
```

Mit dieser CSS-Regel wird der linke Innenabstand des Teasers auf 170 px gesetzt. Damit werden alle Texte eingerückt, stehen zusätzlich bündig auf einer Linie und der Platz für das Bild ist damit »reserviert«, eine Überlagerung also ausgeschlossen. Unter Abb. 10–14 (5) ist der fertige Text-Bild-Teaser zu sehen.

Entsprechend der Text-Bild-Einheit, in der das Bild links positioniert ist, wird über folgenden Quelltext eine Einheit mit Bild rechts vorbereitet.

```
<div class="teaser teaser-mit-bild-rechts">
   <section>
      <hgroup>
         <h2>Intern</h2>
         <h1>Ökologisch Kino genießen</h1>
      </hgroup>
      <img src="img/steckdosen.jpg" alt="">
      <p>
         ...
      </p>
   </section>
</div>
```

Bis auf den Inhalt sind die HTML-Elemente unverändert, lediglich die `class="teaser-mit-bild-rechts"` unterscheidet sich vom vorherigen Quelltext. Dies wird auch hier als Angelpunkt verwendet, um das Layout aufzubauen. In Abb. 10–15 (1) ist die Ausgangssituation zu sehen.

Abb. 10–15
Entwicklung des Text-Bild-Teasers mit Bild rechts

```
.teaser-mit-bild-rechts img {
   position: absolute;
   right: 10px;
   top: 10px;
}
.teaser-mit-bild-rechts section {
   position: relative;
}
```

Die Schritte sind die gleichen wie bei dem ersten Bild-Teaser. Wesentlicher Unterschied ist, dass die Position nicht über `left: 10px`, sondern über `right: 10px` gesteuert wird – Bezugspunkt für die Positionierung des Bildes ist damit die rechte obere Ecke des `section`-Elements. In Abb. 10–15 (2) ist nun sichtbar, dass sich die Grafik rechts oben befindet, aber wieder den Text überlagert.

```
.teaser-mit-bild-rechts section {
   position: relative;
   padding-right: 170px;
}
```

Listing

Kapitel 10 Ergebnispaket: www.h5c3.de/listing-10-2

Die Regel wird um einen Innenabstand rechts `padding-right` erweitert und reserviert in diesem Teaser rechts den Platz für das Bild. Abb. 10–15 (3) zeigt das Ergebnis.

11 Inhalte aufbauen und gestalten

Abb. 11–1
Der Inhaltsbereich ist noch mit Platzhaltern versehen.

```
<div id="inhalt" class="inhaltsseite">
   <nav id="navigation-inhalt">
      <ul>
         <li><a href="#">Aktuelles im Kino</a></li>
         <li><a href="#">Filme von A - Z</a></li>
         <li><a class="auswahl" href="#">Filmtipps</a></li>
         <li><a href="#">Fotos und Trailer</a></li>
         <li><a href="#">Film der Woche</a></li>
         <li><a href="#">Demnächst im Kino</a></li>
         <li><a href="#">Suche</a></li>
      </ul>
   </nav>
   <div id="haupt-inhalt">
      Hauptinhalt
   </div>
   <div class="float-ende"></div>
</div>
```

Listing

Kapitel 11 Startpaket: www.h5c3.de/listing-11-1

In Kapitel 9 wurde bereits das Grundgerüst für eine Inhaltsseite angelegt. Dieses wird nun mit der Inhaltsnavigation sowie dem eigentlichen

Inhalt »gefüllt«. Der HTML-Code für die Inhaltsnavigation ist vergleichbar der Hauptnavigation aufgebaut.

```
#navigation-inhalt,
#navigation {
   float: left;
   padding: 15px;
   background-image: url('../img/hg-punkt.png');
}
#navigation-inhalt ul,
#navigation ul {
   ...
}
#navigation-inhalt ul li a,
#navigation ul li a {
   ...
}
#navigation-inhalt ul li a:hover,
#navigation-inhalt ul li a:focus,
#navigation-inhalt ul li a.auswahl,
#navigation ul li a:hover,
#navigation ul li a:focus,
#navigation ul li a.auswahl {
   ...
}
```

Die Navigationsleiste im Inhalt hat dieselbe Darstellung wie die Hauptnavigation. Von daher muss das Rad nicht neu erfunden werden, die bereits existierenden CSS-Regeln werden um die `id #navigation-inhalt` ergänzt. Sowohl die Breite – der Punkterahmen ist identisch – als auch das `float: left` können genutzt werden, um die Inhaltsnavigation nach links fließen zu lassen.

```
<div id="haupt-inhalt">
   <section>
      Hauptinhalt
   </section >
</div>
```

Vom HTML-Code her unterscheidet sich der Rahmen des Hauptinhalts kaum von einem Teaser. Der eigentliche Inhalt wird durch ein `div` mit der `id="haupt-inhalt"` umschlossen, darüber wird auch der Punkterahmen realisiert. Der Inhaltsbereich ist über das `section` als eine logische Einheit definiert. Dies kann für alle Inhaltsseiten verwendet werden. Allerdings werden im weiteren Verlauf auch reine Beitragsseiten vorkommen, die besser mit einem `article` aufgebaut sind. Von daher wird eine zweite Variante vorbereitet, die spezieller auf redaktionelle Artikel ausgerichtet ist.

```
<div id="haupt-inhalt">
   <article>
      Hauptinhalt
   </article>
</div>
```

Für diese HTML-Schnipsel wird das dazugehörige CSS aufgesetzt:

```
1  #haupt-inhalt {
2     width: 665px;
3     padding: 15px;
4     background-image: url('../img/punkt-rahmen.png');
5     float: right;
6  }
7  #haupt-inhalt section,
8  #haupt-inhalt article {
9     padding: 10px ;
10    background-color: white;
11    min-height: 200px;
12 }
```

In Codezeile 2 wird die Breite des Inhalts definiert, ein Innenabstand (Codezeile 3) eingefügt, der Platz für den Punkterahmen reserviert, und die Grafik dazu in Codezeile 4 angegeben. Der ganze Inhalt wird über Codezeile 5 angewiesen, nach rechts zu fließen. In der Kombination fließt die Navigation nun an die linke Kante des Inhaltsbereichs, die vom `body`-Element bestimmt wird. Der Inhalt richtet sich selbst an der rechten Kante aus. Die Lücke zwischen Navigation und Hauptinhalt entsteht automatisch.

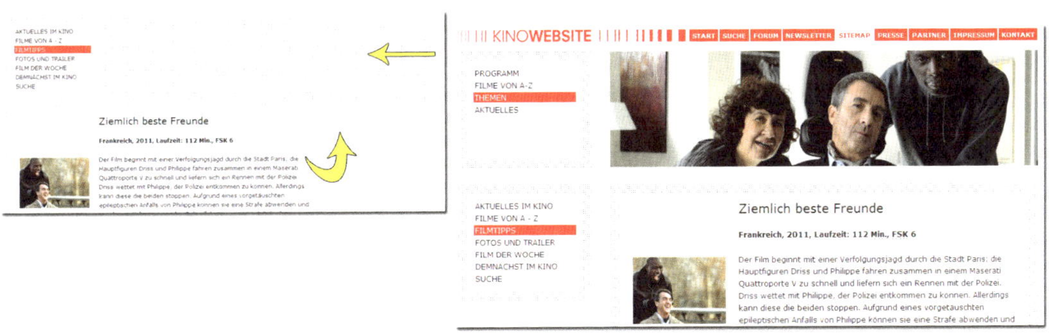

Abb. 11–2
*Das **`float`** hat mehrere Auswirkungen: Die Navigation »schrumpft« auf die Größe, die durch die **`ul`** bestimmt ist, und fließt nach links, der Inhalt dagegen fließt nach rechts*

11.1 Einfache Beitragsseite aufbauen

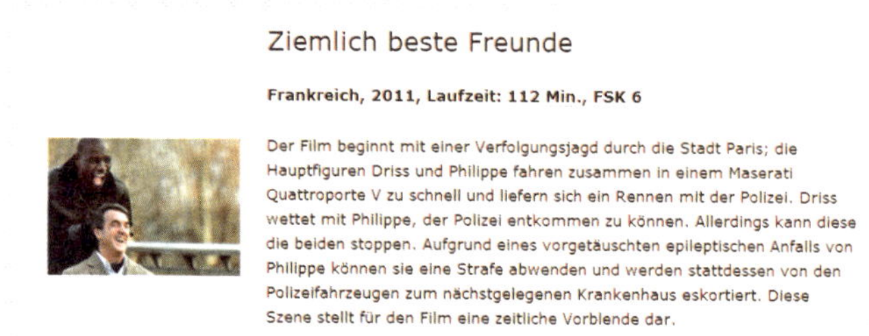

Abb. 11–3
Beitragsseiten bestehen aus einem Kopfbereich und mehreren Text-Bild-Abschnitten.

```
<article class="beitrag">
   <header>
      <h1>Ziemlich beste Freunde</h1>
      <p><strong>Frankreich, 2011, Laufzeit: 112 <abbr title="Minuten">Min.</abbr>,
            <abbr title="Freiwillige Selbstkontrolle der Filmwirtschaft">FSK</abbr> 6
         </strong></p>
   </header>
   <p><img src="img/dries-und-philippe.png"
           alt="Driss fährt Philippe rasant durch den Park">
      Der Film beginnt mit einer Verfolgungsjagd durch die Stadt Paris ...</p>
   ...
   <footer>
      <table>
         <tr>
            <th><span><span>Regie</span></span></th>
            <td lang="fr">Olivier Nakache, Éric Toledano</td>
         </tr>
         ...
      </table>
   </footer>
</article>
```

Beitragsseiten können seit HTML5 besser strukturiert werden. Die neuen Elemente `article`, `header` und `footer` gliedern den Beitrag in Abschnitte. Dabei umschließt `article` den kompletten Beitrag, die anderen Elemente strukturieren dann den Beitrag in sich. `header` dient dazu, einen Kopf über einem Artikel zu definieren, und lässt neben Überschriften andere Element zu. `footer` bündelt Informationen, die sich auf den Artikel beziehen. In Blogs könnten das Autorname und Datum des Blogeintrags sein, in der Beispielumsetzung ist eine Tabelle zu sehen, welche die Mitwirkenden am Film zeigt.

Der eigentliche Inhalt wird über `p`-Elemente strukturiert, die Bilder befinden sich jeweils innerhalb der `p`-Tags. Daraus ergibt sich eine Text-Bild-Einheit, die später über das CSS angesteuert werden kann.

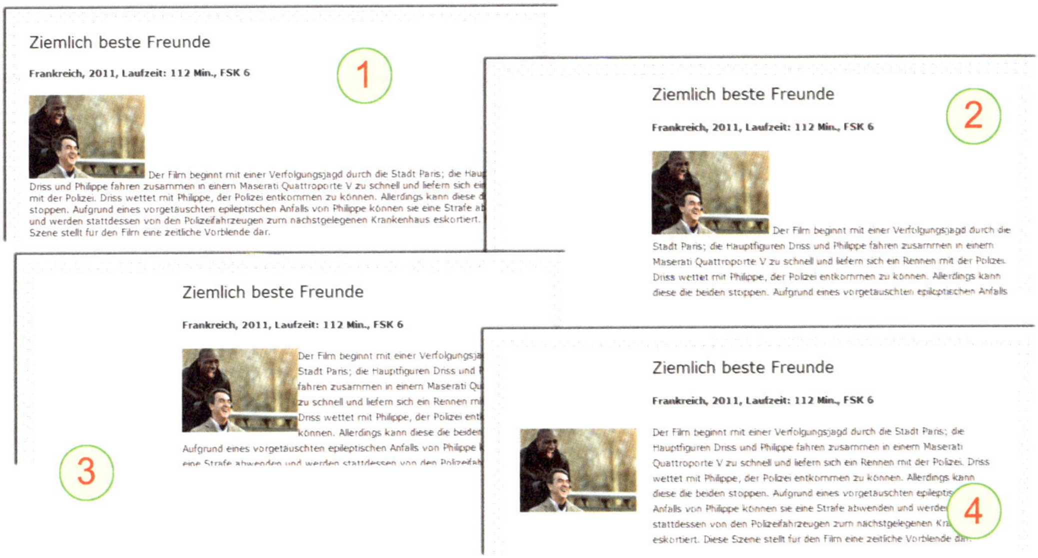

Abb. 11–4
Das HTML wird schrittweise über das CSS mit dem fertigen Layout versehen.

```
1  #haupt-inhalt p,
2  #haupt-inhalt blockquote,
3  #haupt-inhalt ol,
4  #haupt-inhalt ul {
5     line-height: 1.6em;
6  }
7  #haupt-inhalt article.beitrag {
8     padding-left: 190px;
0  }
10 #haupt-inhalt article p {
11    padding-right: 20px;
12 }
13 #haupt-inhalt article p img {
14    float: left;
15    margin-left: -170px;
16    margin-top: 5px;
17 }
```

Die Gestaltung des Beitrags erfolgt mit wenigen Schritten.

(1) Ohne CSS-Anweisungen fließt das Bild im Text. Ein anschauliches Beispiel dafür ist in Kapitel 38.7 in Abb. 38–9 zu sehen. Dort wird auch deutlich, dass das Bild die Höhe der Zeile bestimmt, in der es sich befindet.

(2) Vergleichbar zu den übergreifenden Formaten in Kapitel 6 wird eine CSS-Regel (Codezeile 1–6) definiert, die für alle Beiträge gelten soll. Über den Kombinationsselektor `#haupt-inhalt p` werden diese jedoch auf den Inhalt beschränkt. Für Textblöcke (p-Ele-

mente), Zitate (`blockquote`-Elemente) und Listen (`ul` und `ol`) wird die Zeilenhöhe auf 1.6 em gesetzt, um die Lesbarkeit zu verbessern. `1.6em` entspricht `160%` und ist eine relative Maßeinheit. Falls Nutzer die Seite per Textzoom vergrößern, wird auch die Zeilenhöhe entsprechend größer, was bei einer Pixel-Angabe so nicht der Fall wäre. Zusätzlich wird ein linker Innenabstand `padding-left` (Codezeile 7–9) definiert, der alle Elemente der Seite vom linken Rand der Seite einrückt. Um diese Einrückung jedoch nur für Beitragsseiten dieser Art zu bewirken, wurde das `article`-Tag vorher mit einer `class="beitrag"` versehen. So wirkt der linke Abstand nicht für andere Inhaltsseiten, wie beispielsweise in Kapitel 11.3 für Videoseiten, die ebenfalls das `article`-Tag einsetzen.

(3) Dem Bild wird ein `float:left` zugewiesen, wodurch der Text das Bild umfließt. Da die CSS-Regel über die `#haupt-inhalt article p img` definiert, sind ausschließlich Bilder betroffen, die im Inhaltsbereich innerhalb eines `article` in Textparagrafen vorkommen. So können HTML-Elemente gezielt gesteuert werden, ohne dass ein zusätzliches `class`-Attribut für das `img`-Element vergeben werden muss.

Grund-lagen →

Mehr zum Elementfluss: Kapitel 38.2

(4) Die Fläche links ist frei, so kann das Bild dort »hineingezogen« werden. Über einen negativen Außenabstand für `margin-left` wird das Bild nach links positioniert. Anders als bei der Bildpositionierung über `position`, die für die Teaser eingesetzt wurde, hat `margin` und `padding` Einfluss auf den Elementfluss. Die durch das Bild frei werdende Fläche wird automatisch vom Text aufgefüllt. Abschließend wird über `margin-top: 5px` das Bild noch feinjustiert und mit der Oberkante des Textes auf eine Höhe gesetzt.

Bildgrößen vereinheitlichen

Die verwendeten Bilder im Inhalt haben alle eine Größe von 150×105 px. Nicht immer bekommen Sie Bilder in gleicher Größe geliefert, diese sollten für eine Website aber vereinheitlicht werden. Das sorgt einerseits für eine homogene Darstellung, außerdem vereinfacht es das CSS-Design, wenn Sie nicht zehn verschiedene Bildgrößen platzieren müssen.

Akronyme in HTML unterstützen die Verständlichkeit von Inhalten.

Im HTML-Quelltext sehen Sie außerdem, dass das FSK von einem `abbr`-Tag umschlossen ist. Dieses dient für Abkürzungen und Akronyme, im `title` des `abbr` ist dann die Bedeutung hinterlegt. Damit werden dem Besucher unbekannte Abkürzungen vermittelt, was für das Verständnis einer Seite hilfreich ist und gleichzeitig eine Anforderung der Barrierefreiheit erfüllt, Inhalte verständlich zu präsentieren.

```
abbr {
   border-bottom: 1px dashed #999;
   cursor: help;
}
```

Um auf die `title`-Information hinzuweisen, wird diese Regel definiert. Sie führt dazu, dass Abkürzungen mit einer leichten Unterstrichelung dargestellt werden – dies soll auf die versteckte Erklärung hinweisen. Zusätzlich wird über `cursor: help` das Aussehen des Cursors verändert: Es wird ein Fragezeichen anzeigt, im Falle der CSS-Eigenschaft `cursor` allerdings nur dann, wenn man sich mit der Maus über dem `abbr` befindet. Da diese Regel nicht nur im Inhaltsbereich, sondern überall greifen soll, wird diese nun den zentralen Formaten hinzugefügt.

Workshop

Der richtige Umgang mit Abkürzungen und Akronymen.ist ein Aspekt der Barrierefreiheit: mehr dazu in Kapitel 17.6.

Abb. 11–5
Steigerung der Verständlichkeit durch Auszeichnung von Akronymen und Abkürzungen

Der Quelltext der Beitragsseite hat am Ende eine Tabelle. Im Endpaket ist das CSS für diese Tabelle zu finden, die Gestaltung von Tabellen über CSS wird noch ausführlich in Kapitel 14 beschrieben.

11.2 Text-Bild-Bausteine unterschiedlich gestalten

Im Beispiellayout sind Text-Bild-Bausteine durch ein gleichbleibendes Layout geprägt. Gerade bei Bild-Text-Kombinationen gibt es jedoch viele Varianten. Eine kleine Auswahl davon ist hier vorgestellt, obwohl sie so nicht in das Beispiellayout passen würde.

Nicht nur die visuellen Varianten erweisen sich als vielfältig, auch die Möglichkeiten der Umsetzung sind sehr unterschiedlich, wie in den nächsten Beispielen zu sehen sein wird. Das CSS ist nicht immer bis zur letzten Eigenschaft erklärt, jedoch finden Sie unter nebenstehendem Link die Quelltexte zu den Beispielen und es bietet sich an, damit »herumzuspielen«, einzelne Werte zu verändern und zu beobachten, wo sich etwas verändert.

Listing

Text-Bild-Bausteine: www.h5c3.de/listing-11-2

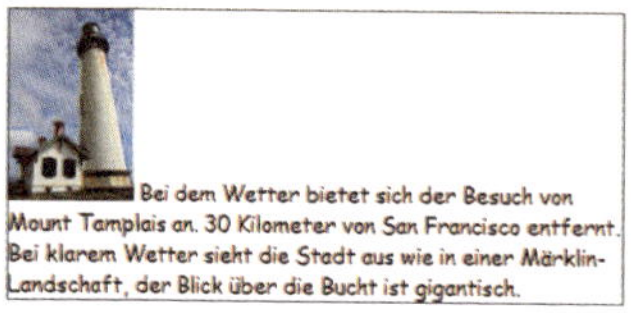

Abb. 11–6
*Ausgangssituation: Das **img**-Element verhält sich wie ein Inline-Element und bestimmt hier die Höhe der ersten Zeile.*

```
<!-- HTML -->
<p>
   <img src="leuchtturm.jpg" alt="Leuchtturm">
   Bei dem Wetter bietet sich der Besuch von Mount ...
</p>

/* CSS */
p {
   border: 1px solid #333333;
   background-color: #eeeeee;
   width: 500px;
}
```

Ausgangsquellcode ist ein einfaches `p`-Element mit Grafik und Text. Das `p` bekommt einen dunkelgrauen 1 px-Rahmen und eine hellgraue Hintergrundfarbe, es wird zusätzlich auf eine Breite von `500px` gesetzt.

Abb. 11–7
*Neben dem Innenabstand am **p** sorgt das **margin** am **img** dafür, dass der Text Abstand zur Grafik bekommt.*

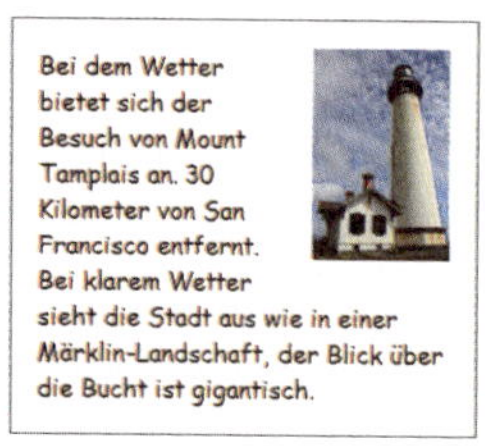


```
p {
   padding: 20px;
   width: 300px;
}
p img {
   float: right;
   margin: 0px 0px 10px 20px;
}
```

Die häufigste Variante ist wahrscheinlich das Floating von Bildern. Über `float: right` fließt das Bild in Abb. 11–7 nach rechts, der Text selbst umfließt das Bild links und auch unter diesem her, falls der Text lang genug ist. Damit Bild und Text nicht am Rand kleben, wird dem `p`-Element noch einen Innenabstand `padding` von `20px` zugewiesen. Zur Veranschaulichung wurde in Abb. 11–7 die Breite des `p`-Elements kleiner gesetzt als in der Ausgangssituation, damit der Text auch unter das Bild läuft.

Abb. 11–8
*Absolut positionierte Elemente überlagern andere Elemente: links der Kasten ohne, in der Mitte mit **padding-left**, rechts oben das CSS für die Grafik in beiden Kästen.*

```
p {
   padding: 20px;
   /* padding-left: 140px; */
   width: 200px;
   position: relative;
}
```

```
p {
   padding: 20px;
   padding-left: 140px;
   width: 200px;
   position: relative;
}
```

```
p img {
   position: absolute;
   left: 20px;
   bottom: 20px;
   border: 1px solid #333;
}
```

In Abb. 11–8 wird eine absolute Positionierung eingesetzt. Damit die Positionierung in Bezug auf das p-Element greift, muss dieses mit einem `position: relative` versehen werden. Über `position: absolute` wird das Bild dann absolut innerhalb des p-Elements positioniert. `left` sagt, dass es von links, `bottom`, dass es von unten aus positioniert wird – Bezugspunkt ist also die linke untere Ecke des p-Elements. `position` selbst nimmt HTML-Elemente aus dem Elementfluss heraus. Damit der Text nicht hinter dem Bild liegt, wird dem `p` noch ein `padding-left: 140px` vergeben, womit der Platz für das Bild »reserviert« und der Text eingerückt ist.

```
p {
   border: 10px solid silver;
   border-radius: 30px;
   padding: 20px;
   width: 320px;
}
p img {
   border: 10px solid #333;
   border-radius: 20px;
   float: left;
   margin: 0px 20px 20px 0px;
}
```

Abb. 11–9
Auch wenn sich »rund« und Ecken widersprechen, hat sich diese Begrifflichkeit im Webdesign gefestigt.

In Abb. 11–9 wurde für das Bild wieder `float` verwendet, allerdings diesmal `left`: Damit fließt das Bild nach links, der Text umfließt es dann rechts. Die Besonderheit an diesem Beispiel stellen allerdings die »runden« Ecken dar, die seit CSS3 möglich sind und mittlerweile von den meisten aktuellen Browsern unterstützt werden; lediglich der Internet Explorer 8 kann abgerundete Ecken nicht darstellen. Die Rundung wird über `border-radius` erzeugt, der px-Wert steuert den Grad der Rundung. In Kombination mit den dicken Rahmen entsteht so ein hübscher Retro-Style.

WWW

Für ältere Browser können »runde« Ecken« über CSS3 PIE generiert werden: www.h5c3.de/link-11-1

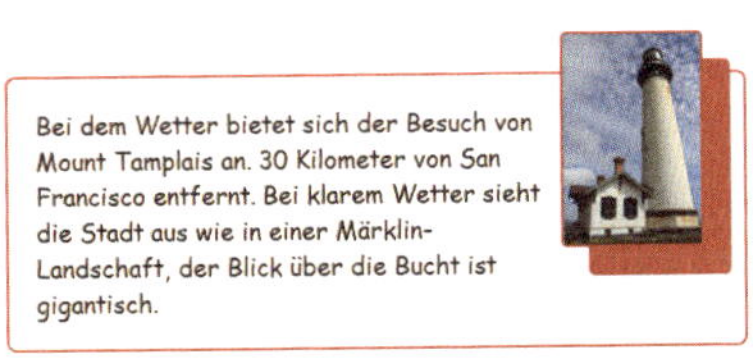


```
p {
   border: 2px solid firebrick;
   padding: 20px;
   border-radius: 8px;
}
p img {
   border: 2px solid firebrick;
   float: right;
   margin: 0px 10px;
   position: relative;
   bottom: 50px;
   border-radius: 5px;
   box-shadow: firebrick 20px 20px 0px;
}
```

Abb. 11–10
`box-shadow` gehört auch zu den neuen CSS3-Eigenschaften.

In Abb. 11–10 ist die Rahmenstärke wieder zurückgenommen und »feuersteinrot« als Farbe gewählt. Hier fließt das Bild per `float: right` nach rechts. Zusätzlich wird das Bild mit einer relativen Positionierung nach oben aus dem `p`-Element »geschoben«. `position: relative` bedeutet immer relativ zu sich selbst. `bottom: 50px` besagt 50 px relativ von unten, das Bild wandert damit nach oben.

Ein zweiter Effekt in Abb. 11–10 ist der Schattenwurfs des Bildes. Dieser wird über `box-shadow` erzeugt. Der erste Parameter `firebrick` ist der dunkelrote Farbwert, der erste px-Wert definiert die x-Achse, der zweite die y-Achse, wodurch die Ausrichtung des Schattens bestimmt wird. Hier sind auch negative Werte möglich, der Schatten würde dann oben bzw. links sichtbar werden. Der dritte px-Wert definiert eine Unschärfe des Schattens. Da dieser hier auf `0px` steht, ist der Schatten scharf und hat klare Konturen.

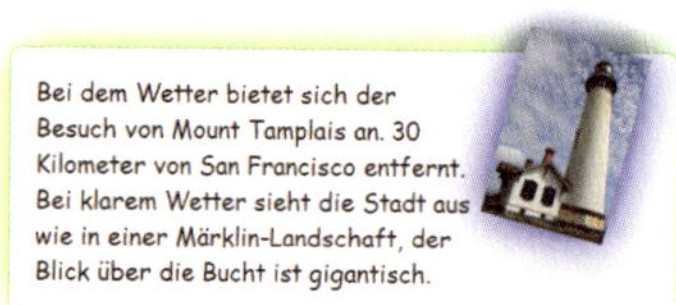


```
p {
    margin: 150px;
    padding: 20px;
    border: 1px solid yellowgreen;
    border-radius: 10px;
    box-shadow: yellowgreen 0px 0px 40px;
}
p {
    margin: -30px 20px 0px;
    float: right;
    box-shadow: darkblue 0px 0px 40px;
    -webkit-transform: rotate(15deg);
    -moz-transform: rotate(15deg);
    -o-transform: rotate(15deg);
    -ms-transform: rotate(15deg);
    transform: rotate(15deg);
}
```

Abb. 11–11
`transform` wird ohne Browser-Präfix noch nicht unterstützt: Für Safari und Chrome (`-webkit-`), Firefox (`-moz-`), Opera (`-o-`) und Internet Explorer (`-ms-`) müssen die hier in Klammern angegebenen Präfixe vorangestellt werden. Darunter wird dann, um für die Zukunft vorzubauen, die standardkonforme Notation eingefügt.

Der Schatten aus dem vorherigen Beispiel wird übernommen und auch für das `p`-Element definiert. Hier gibt es 0 px-Werte für x- und y-Achse, im Grunde liegt der Schatten direkt unter dem Bild. Allerdings ist jeweils ein dritter px-Wert für die Unschärfe gesetzt, die Schatten sind unscharf und »verschwimmen« nach allen vier Seiten.

WWW

Schöne neue CSS3-Welt. Auf diesen Seiten sehen Sie eine Auswahl neuer CSS-Eigenschaften. Die vollständige CSS-Referenz finden Sie unter: www.css-wiki.com

Der Leuchtturm in Abb. 11–11 ist über eine »Transformation« mit einer Rotation versehen. CSS3 sieht zu diesem Zweck zwar auch die Eigenschaft `rotate` vor, diese wird allerdings noch nicht unterstützt, auch mit Vendor-Präfix nicht. Hier kommt die `transform`-Eigenschaft zum Tragen. Über den Wert `rotate()` und eine Grad-Zahl wird der Winkel der Drehung angegeben. Auch hier ist die Browserunterstützung noch nicht sonderlich gut und es werden die Vendor-Präfixe benötigt, damit Safari, Google Chrome, Firefox, Opera und Internet Explorer 9 den Effekt zeigen. Gleichzeitig ist dies ein gutes Beispiel dafür, wie rudimentär manche CSS3-Eigenschaften noch sind. Google Chrome 19 unterstützt zwar die Unschärfe des Schattens wie auch die Rotation des Bildes, in der Kombination verliert ein gedrehtes Element im Google-Browser dann jedoch den Schatten.

```
p {
   padding: 20px;
   border-radius: 10px;
   -webkit-transform: skew(-10deg,0deg);
   -moz-transform: skew(-10deg,0deg);
   -o-transform: skew(-10deg,0deg);
   -ms-transform: skew(-10deg,0deg);
   transform: skew(-10deg,0deg);
}
p {
   float: left;
   margin: 0px 50px;
   border-radius: 5px;
   border: 1px solid #333;
   -webkit-transform: skew(20deg,0deg);
   -moz-transform: skew(20deg,0deg);
   -o-transform: skew(20deg,0deg);
   -ms-transform: skew(20deg,0deg);
   transform: skew(20deg,0deg);
}
```

Abb. 11–12
In der Vorschau links oben ist das Bild selbst noch nicht mit `transform` gesteuert. Die Vorschau darunter zeigt das in die Gegenrichtung geneigte Bild.

Auch wenn viele CSS3-Eigenschaften heute nur teilweise unterstützt werden, möchte ich trotzdem ein Gefühl davon vermitteln, was in Zukunft möglich sein wird. Über `transform` und den Parameter `skew()` können HTML-Elemente »windschief« gesetzt werden, sodass sie die Anmutung einer Neigung oder Stauchung bekommen. In Abb. 11–12 wird das p-Element um –10 Grad in der x-Achse geneigt, in der y-Achse ist keine Neigung angegeben beziehungsweise der Gradwert `0deg`.

Das Bild wäre ohne eine ausdrückliche Deklaration genauso gekippt wie das p-Element selbst und auch der Text darin. Über das `transform: skew(20deg,0deg)` wird das Bild allerdings in die gegenläufige Richtung gekippt.

In Abb. 11–13 wird mit CSS3-Eigenschaften ein 3D-Effekt erzeugt. Durch die Kombination von `perspective: 150px` für das Elternelement und transform: `rotateY(-50deg)` für das Kindelement entsteht der Eindruck einer perspektivischen Drehung. Es sind Drehungen bis zu 360° sowohl um die x- als auch y-Achse möglich und über `backface-visibility` kann bestimmt werden, ob ein gedrehtes HTML-Element von der Rückseite sichtbar ist oder nicht – in der Tat sehr spannende Eigenschaften, die vor allem Flash ersetzen können. Allerdings wird es noch eine Weile dauern, bis diese Eigenschaften browserübergreifend eingesetzt werden können.

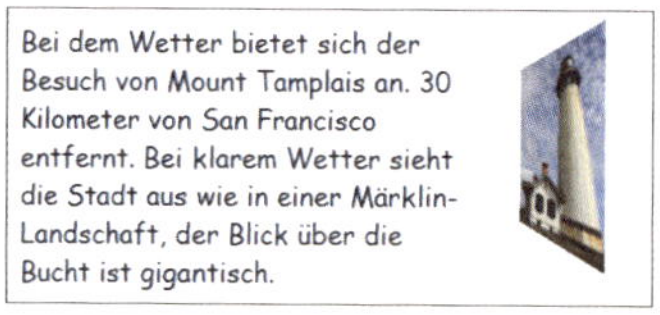

Abb. 11–13
Sowohl Internet Explorer 8 + 9 als auch Opera unterstützen weder `perspective` *noch den Wert* `rotateY` *für* `transform`*. Die Browser-Präfixe sind hier nur für die Webkit-Browser (*`-webkit-`*) und Firefox (*`-moz-`*) angegeben.*

```
p {
    padding: 10px;
    background-color: transparent;
    -webkit-perspective: 150px;
    -moz-perspective: 150px;
    perspective: 150px;
}
p img {
    float: right;
    margin: 20px;
    -webkit-transform: rotateY(-50deg);
    -moz-transform: rotateY(-50deg);
    transform: rotateY(-50deg);
}
```

11.3 Video/Audio einbinden

Abb. 11–14
Direkte Videoeinbindung über das `video`*-Element*

`video`- und `audio`-Elemente sind wahrscheinlich zwei der wichtigsten Neuerungen in HTML5. Gerade in Zeiten von YouTube & Co. sind multimediale Inhalte aus dem Web nicht mehr wegzudenken. Das Dilemma bestand in der Vergangenheit darin, dass die Einbindung von Videos oder Audios nur über eine komplizierte Einbindung per `object`- `param` und `embed`-Tags möglich und dann immer noch zusätzlich ein Flash-Plug-in notwendig war, um Medien abspielen zu können. Langfristig werden diese neuen Tags ein Flash-Plug-in überflüssig machen.

Die Browserunterstützung von `video`- und `audio`-Elementen erweist sich mit Ausnahme des Internet Explorer 8 mittlerweile als gut. Positiv ist zudem, dass auf diese Elemente auch CSS-Eigenschaften, beispielsweise runde Ecken oder Schlagschatten, angewendet werden können, um die Multimediainhalte zusätzlich ansprechender zu präsentieren.

Es wäre allerdings zu schön, wenn sich deren Einbindung auch noch als einfach erweisen würde. Leider haben sich die Browserhersteller bislang auf kein einheitliches Dateiformat geeinigt, sodass die Video- bzw. Audio-Datei noch in mehreren Formaten hinterlegt werden muss, damit alle Browser etwas anzeigen können.

```
<video controls preload poster="img/lilos-cafe-route66.jpg">
   <source src="media/route66.mp4" type="video/mp4">
   <source src="media/route66.ogv" type="video/ogg">
</video>
```

Die Einbindung eines Videos im Beispiellayout erfolgt über das `video`-Element. Hier stehen verschiedene Attribute zur Verfügung. Einige davon sind leere Attribute, die einfach weggelassen werden, wenn die Funktion nicht gewollt ist.

Grundlagen

Leere HTML-Attribute: Kapitel 24.3.1

- `controls`: sorgt dafür, dass das Video eine Bedienleiste erhält. Benötigt man keine Bedienelemente, wird das `controls`-Attribut einfach weggelassen (leeres Attribut).
- `autoplay`: startet das Video automatisch beim Laden der Seite (leeres Attribut).
- `loop`: spielt ein Video in einer Endlosschleife ab (leeres Attribut).
- poster: referenziert eine Grafik, die als Startbild verwendet wird. Ohne Grafik bleibt der Player zu Beginn schwarz.
- `width` und `height`: Breiten- und Höhenangaben für das Video. Allerdings fügt sich das Video mit seinen eigenen Proportionen in den vorgegebenen Platz ein, mit diesen Werten wird lediglich die reservierte Fläche für das Video-Element angegeben. Beide Eigenschaften können auch über CSS gesteuert werden.
- `preload`: steuert, ob die Videodatei beim Laden der Seite vorgeladen wird oder nicht beziehungsweise ob nur Metadaten des Videos geladen werden (mögliche Werte: `auto`, `metadata`, `none`).

Innerhalb des `video`-Tags wird über das `source`-Tag die eigentliche Mediendatei angegeben und diese über das `src`-Attribut referenziert. Zusätzlich kann über das Attribut `type` die Codierung der Videodatei angegeben werden; allerdings sind die Browser so intelligent, dass sie das Medienformat automatisch erkennen.

Im Quelltext sehen Sie zwei Angaben von `source`. So wie die Browser das Medienformat automatisch erkennen, so verwenden sie auch automatisch jene Datei, die sie darstellen können. Alle weiteren `source`-Tags werden ignoriert, sobald der Browser eine verwendbare Datei gefunden hat. Im Folgenden die Medienformate und Browserunterstützung im Detail:

- `type="video/mp4"`: gibt an, dass eine MP4-Datei vorliegt (das Videoformat selbst wird als H.264-Codec bezeichnet). Wird von Internet Explorer 9, Safari und Google Chrome angezeigt.
- `type="video/ogg"`: der Typ für eine Ogg-Vorbis-Containerdatei und ein Alternativformat zu MP4. Wird von Firefox, Opera und ebenfalls Google Chrome unterstützt.

```
audio,
video {
   box-shadow: gray 5px 5px 5px;
   border-radius: 5px;
}
```

Für das Beispiellayout wird für `video`- und `audio`-Elemente ein leichter Schlagschatten über `box-shadow` und die Ecken über `border-radius` definiert.

Für Abwärtskompatibilität sorgen

Abb. 11–15
Älteren Browsern kann das Video zum Download angeboten werden.

```
<video controls preload poster="img/lilos-cafe-route66.jpg">
   <source src="media/route66.mp4" type="video/mp4">
   <source src="media/route66.ogv" type="video/ogg">
   <p>Ihr Browser unterstützt die direkte Anzeige von Videos nicht.<br>
      Das Video zum Download: <a href="media/route66.mp4">
         Route 66 - An American (bad)Dream</a>
   </p>
</video>
```

Anwender von älteren Browsern bekommen das HTML zu sehen, welches von den betreffenden Browsern verstanden wird – in diesem Fall das `p`-Element, das innerhalb der `video`-Tags geschachtelt ist.

In zahlreichen Beispielen im Internet zum `video-Element` finden Sie die Fallback-Information »Ihr Browser unterstützt kein HTML5« oder Vergleichbares. Das ist nicht nett! Zum guten Stil gehört, ein »echtes« Fallback anzubieten, wie zum Beispiel einen Link zu der Video-Datei anzugeben, sodass sich der Nutzer das Video zumindest herunterladen kann.

Zusätzlich finden Sie im Quelltext unten zwei wichtige Angaben: das Dateiformat sowie die Dateigröße. Damit wissen Nutzer, was sie beim Klick auf den Link erwartet.

Alternativ besteht die Möglichkeit, einen Flash-Player zu implementieren, womit Videos auch in alten Browsern direkt angesehen werden können. Auch dieser wird dann innerhalb der `video`-Tags notiert. Eine beispielhafte Umsetzung finden Sie im Ergebnispaket.

Abb. 11–16
*Das Aussehen der Bedienelemente hängt vom Browser ab. Hier die Bedienleiste eines **audio**-Elements in Opera.*

```
<audio controls>
   <source src="media/route_66_soundtrack.mp3">
   <source src="media/route_66_soundtrack.ogg">
   <p>Das Audio zum Download: <a href="media/route_66_soundtrack.mp3">
         Soundtrack Route 66 (MP3, 44MB)</a></p>
</audio>
```

Die Einbindung von Audio-Dateien ist mit der von Videos vergleichbar. Auch hier unterstützen die verschiedenen Browser unterschiedliche Formate, die daher parallel angegeben werden müssen. Eine Übersicht, welcher Browser welches Audioformat unterstützt, finden Sie unter nebenstehendem Link.

WWW

Unterstützte Medienformate für video- und audio-Elemente: www.h5c3.de/link-11-2

controls-Attribut ist ein Muss!
Egal ob Audios oder Videos: Bieten Sie immer die Bedienleiste an. Nutzer sollten jederzeit die Möglichkeit haben, das Abspielen einer Datei selbst zu steuern! Auch dies ist ein wichtiger Grundgedanke der Barrierefreiheit.

Listing

Kapitel 11 Ergebnispaket: www.h5c3.de/listing-11-3

12 Formulare gestalten

Listing

Kapitel 12 Startpaket: www.h5c3.de/listing-12-1

Vergleichbar zu den übergreifenden CSS-Formaten (Kapitel 6) bietet es sich auch hier an, generelle Styles für Formularelemente zu vergeben, bevor man ein konkretes Formular aufbaut. Damit stellen Sie sicher, dass Formulare auf der ganzen Webseite einheitlich aussehen, und müssen später spezielle Varianten nur noch für den entsprechenden Einsatz erweitern. Allerdings treten schnell verschiedene Sonderfälle auf, sodass in diesem Kapitel ein Mix aus übergreifenden Formaten und speziellen Styles für bestimmte Situationen entsteht.

12.1 Beispielseite aufbauen

www

Alle Formularelemente im Detail: www.h5c3.de/link-12-1

Für die übergreifenden Styles wird eine Beispielseite angelegt, auf der alle Typen der Formularelemente vorkommen. Unter nebenstehendem Link finden Sie alle Elemente im Detail beschrieben, in Kapitel 27.4 wird dann umfangreich auf das `form`-Element eingegangen. An dieser Stelle des Workshops steht vor allem das Formular als Ganzes sowie seine Gestaltung im Fokus. Das Formular wird mit dem Grundgerüst einer Inhaltsseite (Kapitel 9) aufgebaut und ist von einem `section` umschlossen. Die Formularelemente sind vom `form`-Tag umgeben (Zeile 2 und 19 im folgenden HTML-Code), wodurch der Browser erst weiß, dass er alle Eingaben, die innerhalb des `form` gemacht werden, auch versenden kann.

```
1  <section>
2     <form method="get" action="zielseite.php">
3        <input name="vorname">
4        <input name="nachname">
5        <input name="plz" type="text" maxlength="5">
6        <input name="ort" type="text">
7        <input name="farbe" type="radio" value="rot">
8        <input name="farbe" type="radio" value="gelb">
```

```
9        <input name="farbe" type="radio" value="blau">
10       <input name="agb" type="checkbox" value="ja">
11       <textarea name="kommentar"></textarea>
12       <select name="speise">
13          <option>Ihre Auswahl</option>
14          <option value="1">Pizza</option>
15          <option value="2">Pasta</option>
16          <option value="3">Carne</option>
17       </select>
18       <input type="submit" value="Jetzt absenden!">
19    </form>
20 </section>
```

Der HTML-Code im Detail:

- Jedes Formularelement benötigt das Attribut `name`. Dies ist der Schlüssel, mit dem die Eingabe an die Zielseite gesendet wird.
- **Codezeilen 3–6:** Hat ein `input`-Feld kein `type`-Attribut, ist es seit HTML5 automatisch ein sogenanntes einzeiliges Eingabefeld, kurz Textfeld genannt. In Zeile 5 und 6 ist `type="text"` gesetzt, was rein technisch betrachtet zu den Feldern in Codezeile 3 und 4 keinen Unterschied macht, allerdings wird damit der Quelltext besser lesbar. In den älteren Standards war `type` eine Pflichtangabe, `type="text"` musste auch bei einfachen Textfeldern explizit gesetzt werden. In Codezeile 5 wird die Länge der Eingabe über `maxlength="5"` auf fünf Zeichen begrenzt.
- **Codezeilen 7–9:** Über das Attribut `type="radio"` wird ein `input`-Feld zum Radiobutton gemacht. Radiobuttons dienen einer Entweder-oder-Auswahl. Damit die Felder miteinander korrespondieren, besitzen sie alle das gleiche `name`-Attribut. Zusätzlich muss das `value`-Attribut gesetzt sein, der Wert der ausgewählten Radiobox wird dann mit dem Wert von `name` übergeben.
- **Codezeile 10:** Über `type="checkbox"` wird ein `input`-Feld zur Checkbox gemacht. Soll mit der angeklickten Box ein spezieller Wert übergeben werden, kann das `value`-Attribut gesetzt werden. Falls dieses nicht gesetzt ist, wird `on` mit dem `name` übergeben.
- **Codezeile 11:** `textarea` erzeugt ein mehrzeiliges Eingabefeld. Im Gegensatz zum `input`-Feld benötigt `textarea` immer ein schließendes Tag.
- **Codezeilen 12 und 17:** Das `select`-Tag erzeugt eine Auswahlliste, auch »Dropdown« genannt. Es umschließt alle `option`-Tags.
- **Codezeilen 13–16:** `option`-Tags erzeugen jeweils einen Eintrag in der Auswahlliste. Ohne `value`-Attribut wird der Eintrag übergeben, ansonsten der Wert des `value`.
- **Codezeile 18:** Über das Attribut `type="submit"` wird ein Absendebutton erzeugt. Dieser kann über `value` mit einem eigenen Text ver-

Grundlagen

*Details zum **form**-Tag: Kapitel 27.4*

sehen werden, ohne `value` erscheint ein Standardtext »Submit« oder »Daten senden«, was vom Browser abhängt.

Abb. 12–1
Das »nackte« Formular ist so noch nicht bedienbar.

Die Darstellung in Abb. 12–1 zeigt die Ausgabe des HTML-Codes. Damit Nutzer wissen, was sie eingeben müssen, werden die Felder im nächsten Schritt beschriftet. Laut W3C soll für Textfelder (`input` mit dem `type`-Attribut `text` oder `password`, `select`-Boxen (`select`) und mehrzeilige Eingabefelder (`textarea`) die Beschriftung vor dem Feld stehen, im Fall von Radio- und Checkboxen (`input` mit dem `type` `radio` oder `checkbox`) dahinter.

```
Vorname: <input name="vorname">
Nachname: <input name="nachname">
PLZ: <input name="plz" type="text" maxlength="5">
Ort: <input name="ort" type="text">
<input name="farbe" type="radio" value="rot"> Rot
<input name="farbe" type="radio" value="gelb"> Gelb
<input name="farbe" type="radio" value="blau"> Blau
<input name="agb" type="checkbox" value="ja"> AGB gelesen?
Anmerkung: <textarea name="kommentar"></textarea>
Speise:
<select name="speise">
   <option>Ihre Auswahl</option>
   <option value="1">Pizza</option>
   <option value="2">Pasta</option>
   <option value="3">Carne</option>
</select>
```

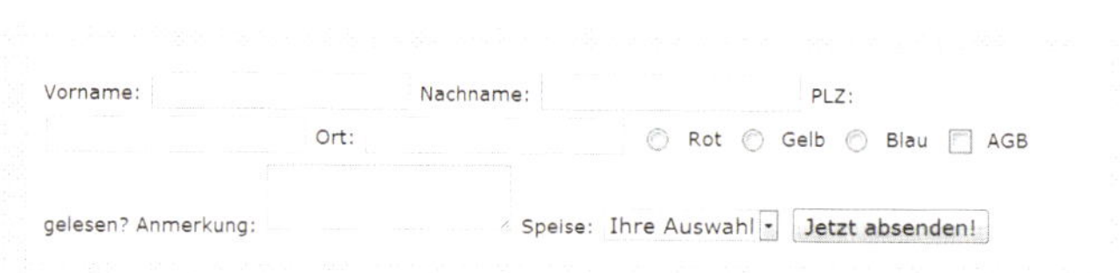

Abb. 12–2
Erst mit Texten wird das Formular gebrauchstüchtig.

Rein optisch stehen Formularfeld und Beschriftung jetzt nah zusammen, technisch gibt es jedoch keine Verbindung von Beschriftung und Feld. Diese wird über das `label`-Element hergestellt, die einzelnen Formularfelder bekommen damit ein Art »Türschild«.

```
1  <label for="city">Ort:</label>
2  <input name="ort" type="text" id="city">
3
4  <input name="farbe" type="radio" value="rot" id="color-1">
5  <label for="color-1">Rot</label>
6
7  <input name="farbe" type="radio" value="gelb" id="color-2">
8  <label for="color-2">Gelb</label>
9
10 <input name="farbe" type="radio" value="blau" id="color-3">
11 <label for="color-3">Blau</label>
12
```

Die korrekte Verbindung wird über die Attribute `for` im `label`-Element hergestellt, das Formularelement mit einer korrespondierenden `id` versehen. Dies ist einer der Gründe dafür, dass eine `id` pro Webseite nur einmal vergeben werden darf. Wäre eine `id` doppelt vergeben, wüsste das `label` nicht, auf welches Formularfeld es sich bezieht – eine fehlerhafte Eingabe kann dann die Folge sein.

In Codezeile 1 und 2 steht das `label` vor dem Feld, die Verbindung wird über `id="city"` hergestellt – grundsätzlich könnte dies aber auch `id="ort"` sein. Werte von `id` und `class` dürfen durchaus gleich sein. Vorsicht ist jedoch bei den Radioboxen geboten. Damit jede einzelne Radiobox korrekt mit dem `label` verknüpft ist, müssen hier unterschiedliche `id`-Werte vergeben werden, auch wenn das `name`-Attribut der drei Radioboxen gleich ist.

Richtig gesetzte `label` sind für blinde Nutzer, die mit dem Screenreader surfen, die einzige Möglichkeit, die Felder eindeutig zu identifizieren, doch nicht nur diese Benutzergruppe profitiert davon. Wenn Felder »gelabelt« sind, können Sie auf die Beschriftung klicken und der Cursor springt damit ins Feld. Auch Radio- und Checkboxen können mit einem Klick auf das `label`-Element aktiviert werden, die Klickfläche für diese kleinen Boxen wird damit erheblich vergrößert.

Abb. 12–3
Links: Ein Klick auf das `label` setzt den Cursor in das Feld. Rechts: Ein Klick auf das `label` aktiviert und deaktiviert die verknüpfte Checkbox.

Die HTML-Struktur des Formulars ist funktional fertig und kann bereits Daten versenden. Optisch betrachtet ist sie noch nicht wirklich attraktiv. Wie in Abb. 12–2 zu sehen, sind Formularelemente Inline-Elemente und laufen wie normaler Text. Um dem Formular eine brauchbare HTML-Struktur zu geben, werden die einzelnen Feld-`label`-Einheiten über `p`-Elemente strukturiert. Damit die drei Radioboxen zusammenbleiben, werden diese nur von einem `p` umschlossen, ebenfalls werden PLZ und Ort-Felder mit einem `p` zusammengefasst.

```
<p>
   <label for="last">Nachname:</label>
   <input name="nachname" id="last">
</p>
<p>
   <label for="zip">PLZ:</label>
   <input name="plz" type="text" maxlength="5" id="zip">
   <label for="city">Ort:</label>
   <input name="ort" type="text" id="city">
</p>
```

Durch die `p`-Elemente bekommt die Darstellung bereits eine gewisse Form, allerdings befinden sich die Eingabefelder durch die unterschiedliche Länge der Beschriftungen nicht auf einer Linie (siehe Abb. 12–4 (1)).

Um auch eine optische Struktur zu erhalten, wird den `label`-Elementen eine Breite `width: 140px` zugewiesen. Da `label` Inline-Elemente sind, greift hier `width` nicht. Erst durch ein `display: block` oder ein `float: left` beziehungsweise `right` gewinnen Inline-Elemente die Fähigkeit, eine definierte Fläche einzunehmen. Die Beschriftungen sollen links neben den Eingabefeldern stehen, von daher bietet sich hier ein `float: left` an.

```
1  /* Formulare */
2  label {
3     width: 140px;
4     float: left;
5     text-transform: uppercase;
6     margin-top: 2px;
7  }
```

Mit dieser Regel wird den `label` einerseits die Breitenfähigkeit verliehen, gleichzeitig fließen diese damit nach links. Die Gelegenheit wird genutzt, die `label` auf Großbuchstaben zu setzen (Codezeile 5). In Abb. 12–4 (2) ist zu sehen, wie die Eingabefelder durch die breitendefinierten `label` auf eine vertikale Linie rücken.

Abb. 12–4
Schrittweise werden die Textfelder bezüglich der Einrückung vereinheitlicht (1)+(2), danach die Beschriftung auf die richtige Zeilenhöhe feinjustiert (3)+(4).

Beim Ausfüllen der Felder (Abb. 12–4 (3)) wird deutlich, dass `label` und Eingabetext leicht verrutscht sind. Dies rührt daher, dass das `label` eine geringere Höhe als das Textfeld hat. Um beide Texte auf eine Linie zu bringen, erhält das `label` zusätzlich einen oberen Abstand `margin-top: 2px` (siehe Abb. 12–4 (4)), im CSS-Code oben in Zeile 6.

Allerdings führt diese generelle `label`-CSS-Regel dazu, dass die `label` für PLZ, Ort sowie Radio- und Checkboxen ebenfalls eine feste Breite einnehmen. Vor allem im Fall der Radioboxen kommt es zu einem »zerschossenen« Layout (Abb. 12–5 (1)): Alle drei `label` fließen nach links, die drei Radioboxen stehen zusammen rechts daneben, was sicher nicht gewollt ist.

Abb. 12–5
Unbeabsichtigte Darstellung von PLZ und Ort sowie bei Radio- und Checkboxen

Um das Problem zu lösen, wird die `label`-Anweisung auf die Eingabefelder beschränkt, die eine Breite von 140 px einnehmen sollen. Man könnte eine `class` für die entsprechenden `label` vergeben oder alternativ jenen `p`-Elementen ein `class`-Attribut hinzufügen, in denen die `label` vorkommen. Die CSS-Regel kann dann über einen Kombinationsselektor aufgebaut werden. Hier wird letztere Variante gewählt – den Grund dafür erkennen Sie weiter unten.

```
<p class="standard-zeile">
   <label for="first">Vorname:</label>
   <input name="vorname" id="first">
</p>
<p class="standard-zeile">
   <label for="last">Nachname:</label>
   <input name="nachname" id="last">
</p>
```

```
1 label {
2     text-transform: uppercase;
3 }
4 p.standard-zeile label {
5     width: 140px;
6     float: left;
7     margin-top: 2px;
8 }
```

Die `label`-Regel mit der Breitenangabe wird auf die Klasse `standard-zeile` beschränkt. Da jedoch alle `label`-Elemente mit Großbuchstaben angezeigt werden sollen, bleibt die generelle `label`-Regel für Großbuchstaben bestehen (CSS-Codezeile 1–3). In Abb. 12–5 (2) ist der Effekt der neu eingeführten `class standard-zeile` zu sehen, nur die `label` für Vornamen und Nachname nehmen jetzt die feste Breite ein.

Je nach erwarteter Eingabe können die Felder zu klein sein, vor allem ist die `textarea` in ihrem Ursprungszustand sehr begrenzt, sodass man den Nutzern die Eingabe vereinfacht, wenn diese etwas größer angelegt werden.

```
p.standard-zeile input {
    width: 240px;
}
p.standard-zeile textarea {
    width: 380px;
    height: 100px;
}
p.standard-zeile select {
    width: 246px;
}
```

Hier erklärt sich auch, warum oben die `class="standard-zeile"` vergeben wurde. Diese kann ebenfalls verwendet werden, um die gewünschten `input`-Felder zu steuern, und spart damit eine Extra-`class` im HTML-Code. Eine generelle Breitenangabe für `input`-Felder würde allerdings dazu führen, dass auch Radio- und Checkboxen diese Breite annehmen – und für die Felder von PLZ und Ort ist die Standardbreite sicher ebenfalls nicht gewünscht.

Nebenbei wird die `select`-Box auf die gleiche Breite gesetzt. Wie im CSS-Code zu sehen, benötigt diese eine andere Breite als die `input`-Felder. Am Ende dieses Kapitels erfahren Sie den Grund dafür … 100 px sind nämlich leider nicht immer 100 px.

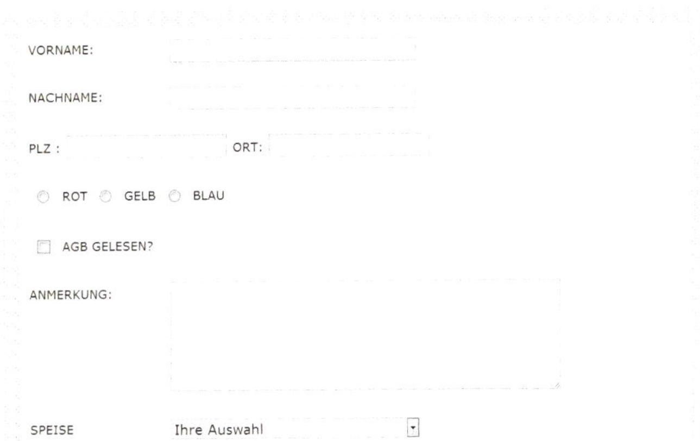

Abb. 12–6
Die Label stützen das Layout und die ersten beiden Textfelder, das mehrzeilige Eingabefeld und die Selectbox nehmen die definierte Breite ein.

Ein in der Praxis täglicher »Sonderfall« ist die Darstellung von PLZ und Ort, denn hier wird die Ausspielung fast immer in einer Zeile erwartet. Im HTML-Code wurden die beiden `label`-`input`-Einheiten bereits in einem `p`-Element zusammengefasst. Um die Felder konkret steuern zu können, erhält auch dieses `p`-Element eine Sonderklasse. Da hier die einzelnen `label` eine unterschiedliche Breite einnehmen werden, kommt man nicht umhin, zusätzlich eigene `class`-Attribute zu vergeben.

```
<p class="plz-ort-zeile">
   <label for="zip" class="plz-label">PLZ /</label>
   <input name="plz" type="text" maxlength="5" id="zip">
   <label for="city" class="ort-label">Ort:</label>
   <input name="ort" type="text" id="city">
</p>
```

Hinter der PLZ wird der Doppelpunkt durch einen Schrägstrich gesetzt, da die `label` später direkt hintereinander angezeigt werden.

```
p.plz-ort-zeile label {
   float: left;
}
p label.plz-label {
   width: 35px;
}
p label.ort-label {
   width: 105px;
}
#zip {
   width: 68px;
}
#city {
   width: 163px;
}
```

Auch hier werden die `label` links gefloatet (Codezeile 2), was dazu führt, dass diese nun beide links stehen. Was in Abb. 12–5 bei den Radioboxen noch unschön aussah, ist hier ein willkommener Effekt.

Für die `label` werden Breiten vergeben (Codezeilen 5 und 8), die kumulierte Breite beider `label` »schiebt« die Eingabefelder auf die gleiche Linie wie die anderen Felder. Hier gibt es keinen Rechenweg, um die konkreten Werte zu ermitteln: Da hilft nur das Spielen mit den Pixelwerten und die optische Kontrolle.

Schließlich wird noch die Breite von PLZ und Ort-Feld definiert (Codezeile 10–15). Da die Felder im HTML-Code durch die `for-id`-Verknüpfung bereits jeweils eine `id` haben, kann diese direkt angesprochen werden. Hier wird die Breite so gewählt, dass PLZ- und Ort-Textfeld gemeinsam auf eine gleiche Breite kommen wie die einzelnen Felder darüber. Auch hier hilft nur das Probieren, welche Werte passend sind. Das Ergebnis sehen Sie in Abb. 12–7.

Um die Radio- und Checkboxen auf eine Linie mit den anderen Eingabefeldern zu bringen, werden die umschließenden `p`-Tags mit einer weiteren individuellen `class` versehen.

```
<p class="box-zeile">
   <input name="agb" type="checkbox" value="ja" id="agb">
   <label for="agb">AGB gelesen?</label>
</p>
```

```
p.box-zeile {
   padding-left: 140px;
}
```

Über diese `class="box-zeile"` wird ein linker Innenabstand `padding-left: 140px` definiert. Dies entspricht der Breite der `label` und führt dazu, dass die Klickboxen auf einer Linie mit den normalen Textfeldern stehen – das Ergebnis ist in Abb. 12–7 zu sehen.

Abb. 12–7
Der Innenabstand bringt die Radio- und Checkboxen auf eine Linie.

```
<p class="submit-zeile">
   <input type="submit" value="Jetzt absenden!">
</p>
```

Abschließend erhält das p-Tag, welches den Sendebutton umschließt, ebenfalls eine individuelle `class="submit-zeile"`; hierüber kann dann auch der Button mit einem eigenen Style versehen werden.

```
1  p.submit-zeile {
2     padding-left: 140px;
3  }
4  p.submit-zeile input {
5     color: white;
6     background-color: #cc1511;
7     border: 1px solid #cc1511;
8     width: 246px;
9     font-weight: 700;
10    box-shadow: #222 2px 2px 3px;
11 }
```

Die Schriftfarbe wird auf Weiß gesetzt (Codezeile 5), der Hintergrund auf Rot (Codezeile 6). In gleicher Farbe wird ein Rahmen gesetzt (Codezeile 7) – ohne eine Rahmendefinition hätte der Button eine unschöne Umrandung. Für einen leichten 3D-Effekt wird schließlich noch ein Schlagschatten gesetzt (Codezeile 10). Das vollständige Formular sehen Sie in Abb. 12–8.

Abb. 12–8
Das fertige Formular umfasst alle Grundelemente, die nun für sämtliche andere Formulare übernommen werden können.

12.2 Login-Formular für die Startseite

Abb. 12–9
Hier die Layoutvorlage aus dem Screendesign

Die bisher beschriebenen Formularelementblöcke können nun für verschiedene Formulare beliebig zusammengestellt werden. Auf der Startseite des Beispiellayouts ist ein Login-Formular mit zwei Eingabfeldern, einer Checkbox und einem Absendebutton zu sehen und wird dort in einer Teaserbox angezeigt. Für dieses Formular werden die entsprechenden Blöcke aus dem Standardformular übernommen, die `id`- und `for`-Attribute angepasst sowie Beschriftung, also die `label`, richtig vergeben. Das Formular wird in den HTML-Rahmen eines Teasers eingebaut.

```
<div class="teaser">
   <section>
      <form method="get" action="login.php">
         <fieldset>
            <legend>Login</legend>
            <p class="standard-zeile">
               <label for="username">Benutzername</label>
               <input name="username" type="text" id="username"
                      placeholder="Ihr Benutzername" autofocus>
            </p>
            <p class="standard-zeile">
               <label for="password">Passwort</label>
               <input name="password" type="password" id="password">
            </p>
            <p class="box-zeile">
               <input name="merken" type="checkbox" id="merken">
               <label for="merken">angemeldet bleiben</label>
            </p>
         </fieldset>
         <p class="submit-zeile">
            <input type="submit" value="Einloggen">
         </p>
      </form>
   </section>
</div>
```

Zusätzlich sehen Sie im Quelltext neue Elemente:

- **Codezeile 4 und 19:** `fieldset` ist ein Formularstrukturelement und bündelt zusammengehörige Formularelemente. Gerade große Formulare können über mehrere `fieldset`-Elemente gegliedert werden.
- **Codezeile 5:** `legend` ist eine Art Überschrift für über `fieldset` gebündelte Felder.
- **Codezeile 9:** `placeholder` wird als Platzhaltertext im Feld selbst angezeigt und verschwindet bei der Eingabe, dient der Verbesserung der Bedienbarkeit.
- **Codezeile 9:** `autofocus` sorgt dafür, dass beim Laden der Seite der Cursor in das Feld springt, damit direkt mit der Eingabe begonnen werden kann. Darf nur einmal pro Seite eingesetzt werden.
- **Codezeile 13:** Das `input`-Feld hat den `type="password"`, was bei der Eingabe keine Buchstaben anzeigt, sondern Bullets, welche die Eingabe symbolisieren. Man beachte die englische Schreibweise von »password« mit d am Ende.

`placeholder` und `autofocus` sind neu in HTML5 und werden noch nicht von allen Browsern unterstützt. Die Ideen dahinter sind nicht neu, allerdings mussten diese bislang über JavaScript programmiert werden. Browserübergreifende Fallback-Lösungen finden Sie unter nebenstehendem Link.

JavaScript-Fallbacks für placeholder und autofocus: www.h5c3.de/link-12-2

Abweichend von der Vorlage wird der Buttontext statt mit »Senden« mit »Einloggen« versehen, damit die eigentliche Aufgabe des Formulars eindeutiger wird. Je klarer die Beschriftungen, umso geringer ist die Fehlerquote beim Verwenden von Formularen durch die Nutzer.

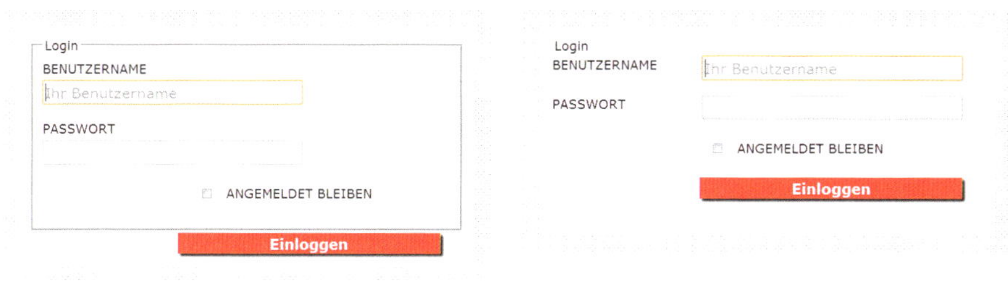

Abb. 12–10
Schrittweise wird das Formular an die Startseite adaptiert.

In Abb. 12–10 links ist die Darstellung des HTML-Codes mit den bislang erstellten Formularstyles zu sehen. Der gepunktete Rahmen selbst stammt vom Grundgerüst der Teaser. Darin ist ein grauer Rahmen zu sehen – als Auswirkung des `fieldset`. Felder werden auch optisch gebündelt dargestellt und erzeugen dadurch einen zusätzlichen Abstand. Der Text des `legend`-Elements wird auf dem `fieldset`-Rahmen angezeigt.

Die Eingabefelder werden nicht neben, sondern unterhalb der `label`-Elemente angezeigt. Dies liegt daran, dass ein Teaser schmaler als eine Inhaltsseite ist. `label`-Breite und Feldbreite passen nicht in eine Zeile, das Feld bricht in die nächste Zeile um.

```
1 .teaser fieldset {
2    border: 0px solid;
3    padding: 0px;
4    margin: 0px;
5 }
```

Da sich das Formular innerhalb eines Teasers befindet, werden die CSS-Regeln über einen Kombinationsselektor aufgebaut, der mit der `class teaser` eingeleitet wird. Damit gelten diese nur für Teaser, d.h. nur für die Startseite, und beeinflussen keine anderen Formulare.

Über die Codezeile 2 wird der Rahmen des `fieldset` zurückgesetzt, optisch beißt er sich mit dem Punkterahmen. Zusätzlich werden in Codezeile 3 und 4 die Abstände zurückgesetzt, welche `fieldset` »von Haus aus« hat. In Abb. 12–10 rechts sieht man bereits, dass der Wegfall des Abstands ausgereicht hat, dass `label` und Eingabefeld nun wieder in eine Zeile passen.

```
1  .teaser legend {
2     color: white;
3     background-color: #cc1511;
4     text-transform: uppercase;
5     padding: 2px 5px;
6  }
7  .teaser .standard-zeile input {
8     width: 160px;
9  }
10 .teaser .box-zeile label {
11    text-transform: none;
12 }
```

Dem `legend` wird der Startseite entsprechend eine weiße Textfarbe (Codezeile 2) und rote Hintergrundfarbe (Codezeile 3) zugeordnet, zusätzlich wird es auch auf Großbuchstaben gesetzt (Codezeile 4) und ein kleiner Innenabstand vergeben. Die CSS-Regel ist der für die `h2`-Überschriften in den Teasern ähnlich.

Über die Codezeilen 7–9 wird die Breite der Eingabefelder an den Teaser beziehungsweise die Layoutvorlage angepasst. Zusätzlich soll die Beschriftung »angemeldet bleiben« nicht mit Großbuchstaben angezeigt werden. Über die Codezeile 11 wird die »Textransformation« aus den Formular-Standardstyles überschrieben: Der Wert `none` besagt, dass auf den Text keine Veränderung wirkt – er wird angezeigt, wie er im Quelltext steht. Das Ergebnis dieser drei CSS-Regeln ist in Abb. 12–11 zu sehen.

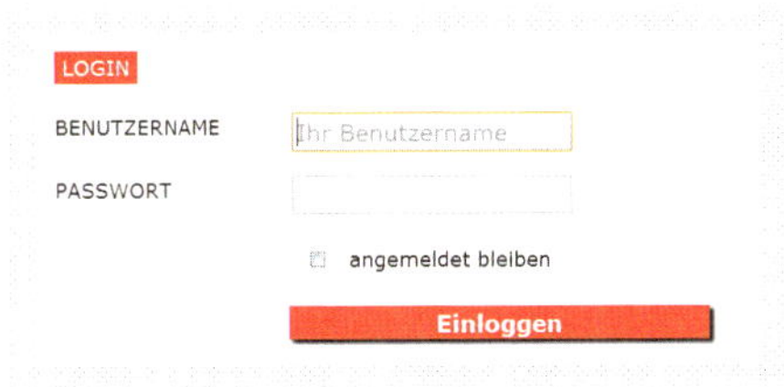

Abb. 12–11
Weitere Anpassungen des Login-Formulars

```
1  .teaser .submit-zeile input {
2     color: #222222;
3     background-color: #f5f5f5;
4     border: 1px solid #999;
5     border-radius:4px;
6     width: 160px;
7     font-weight: 400;
8     text-transform: uppercase;
9     margin-left: 4px;
10 }
```

Für Beitragsseiten stellt der rote Button ein passendes Gestaltungselement dar. Das Rot des Absendebuttons und der Überschriften in den Teasern könnte für die Startseite etwas zu viel des Guten sein. Aus diesem Grund werden über die letzte CSS-Regel, die auf Buttons in Teasern beschränkt ist, diese zu dezenteren, grauen Buttons. Hier werden Schrift- und Hintergrundfarbe (Codezeile 2 und 3) gesetzt, leichte runde Ecken definiert (Codezeile 5), die Breite angepasst, die Textfettung auf normal gesetzt – der Wert 400 entspricht dem Schlüsselwort `normal` (Codezeile 7) – und der Text auf Großbuchstaben gesetzt. Das Ergebnis ist in Abb. 12–12 zu sehen.

Abb. 12–12
Das für die Startseite angepasste Login-Formular

12.3 Schlechte CSS-Unterstützung von Formularelementen

Eine browser- und vor allem betriebssystemübergreifende, 100 % einheitliche Darstellung mit Standardformularelementen ist kaum möglich. Das liegt darin begründet, dass Formularelemente die Schnittstelle zwischen Browser und Betriebssystem sind und vom Letzteren das Aussehen der »Bedienelemente« stark beeinflusst wird.

Buttons sehen von daher auf dem Mac anders aus als auf dem PC, aber auch zwischen Windows NT und Windows 7 erscheinen Bedienelemente unterschiedlich. Zusätzlich bieten vor allem ältere Browser oft nur eine eingeschränkte CSS-Unterstützung.

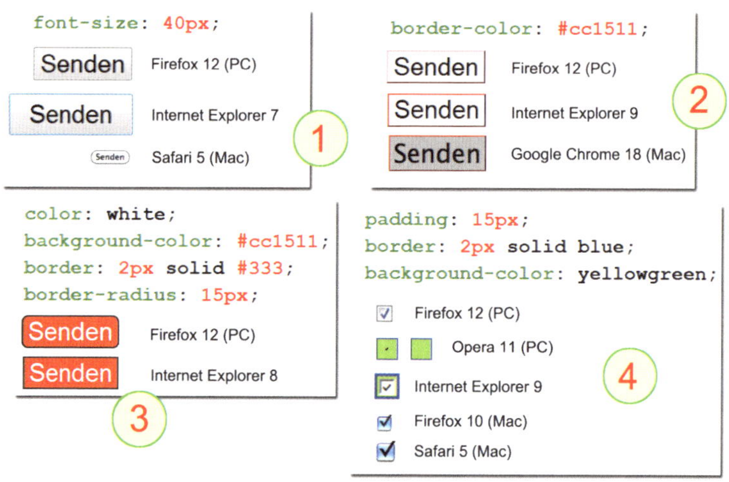

Abb. 12–13
Der CSS-Support ist von Browser zu Browser sehr unterschiedlich.

Die Abb. 12–13 liefert nur einen kleinen Eindruck dieses Dilemmas; die CSS-Eigenschaften in den jeweiligen Blöcken werden von den unterschiedlichen Browser nicht einheitlich interpretiert:

(1) Die Darstellung im Internet Explorer 7 nimmt standardmäßig mehr Platz ein, hier sind die Innenabstände vor allem nach links und rechts größer. Der Safari auf dem Mac lässt sich von einer Schriftgrößendefinition nicht beeindrucken, dafür aber dann, wenn beispielsweise ein Rahmen definiert wird.

(2) Ein Rahmen wird von Firefox und Internet Explorer anders dargestellt. Wie der Safari auf dem Mac ignoriert der Google Chrome auch eine `font-size`, es sei denn, es ist ein Rahmenfarbe definiert (wie in diesem Beispiel). Abweichend ist hier auch die Hintergrundfarbe.

(3) Runde Ecken werden vom Internet Explorer 8 generell nicht unterstützt, von daher auch nicht bei Buttons.

(4) Gerade bei Checkboxen wird die Verwunderung noch größer. Firefox, Safari und Google Chrome ignorieren Rahmen und Hintergrundfarbe. Deutlich wird an diesem Beispiel, wie unterschiedlich Boxen auf PC und Mac angezeigt werden. Opera weicht hier von der Darstellung völlig ab: Die Checkbox ist als solche nur schwer zu identifizieren, vor allem wenn sie nicht aktiviert ist (die rechte der beiden Boxen).

»Form follows function«
Dieser Gestaltungsleitsatz besagt, dass sich die Darstellung nach der Funktion richten soll und nicht umgekehrt. Auch wenn die Möglichkeiten über CSS weitreichend sind, sollte ein Formular immer sein eigentliches Aussehen behalten. Jede allzu abweichende Darstellung verschlechtert die Bedienung und damit die Benutzbarkeit einer Webseite.

Listing

Kapitel 12 Ergebnispaket: www.h5c3.de/listing-12-2

13 Mit Listen im Inhalt arbeiten

Listing

Kapitel 13 Startpaket: www.h5c3.de/listing-13-1

Listen wurden bereits im Rahmen der Navigationselemente behandelt und haben dort eine wichtige Bedeutung für eine gute Seitenstruktur. Des Weiteren dienen Listen als Strukturelement für Inhalte. Der HTML-Aufbau ist verhältnismäßig einfach, in der Praxis wird häufig das Ursprungsaussehen belassen. Trotzdem bietet CSS vielfältige Möglichkeiten, Listen ansprechend und inhaltsunterstreichend zu gestalten.

Dabei stehen zwei Grundelemente zur Verfügung: `ul` (»unordered list«) zur Aufbereitung von ungeordneten Listen, beispielsweise den Zutaten eines Rezepts, sowie `ol` (»ordered list«) für Listen, die zwingend eine feste Reihenfolge erfordern, wie die einzelnen Schritte einer Wegbeschreibung. Eine weitere Variante sind noch Definitionslisten mit `dl`-, `dt`- und `dd`-Tags; da diese in der Praxis aber nur selten eingesetzt werden, sind sie in diesem Buch nicht weiter behandelt.

Beide Grundelemente werden mit einem öffnenden und einem schließenden Tag erfasst und für beide Varianten ist `li` das Tag, welches die einzelnen Listenpunkte erzeugt. Das `li`-Element benötigt in HTML5

```
<hgroup>
   <h2> Oscar-Preisträger Bester Film </h2>
   <h3> 1991-2000</h3>
</hgroup>
<ol start="1991" class="oscar">
   <li>Der mit dem Wolf tanzt</li>
   <li>Das Schweigen der Lämmer</li>
   <li>Erbarmungslos</li>
   <li>Schindlers Liste</li>
   <li>Forrest Gump</li>
   <li>Braveheart</li>
   <li>Der englische Patient</li>
   <li>Titanic</li>
   <li>Shakespeare in Love</li>
   <li>American Beauty</li>
</ol>
```

nicht zwingend ein schließendes Tag, allerdings ist Quelltext einfacher zu lesen, wenn dieses eingesetzt wird.

Die Nummerierung selbst wird über den Browser gesetzt, ohne dass diese im Quelltext erscheint. Nicht über CSS, sondern nur in HTML kann über das Attribut `start` (Codezeile 5) der erste Wert für die Aufzählung gesetzt werden, hier 1991. HTML5 bietet das leere Attribut `reversed`, über das die Zählung umgekehrt werden kann. Leider wird dies bislang nur von Google Chrome unterstützt. Über `type` kann in HTML zusätzlich das Zählzeichen angegeben werden; allerdings bietet CSS eine entsprechende Möglichkeit, die wesentlich mehr Varianten bietet als die Steuerung über HTML selbst.

In der Defaultdarstellung sind Listen nicht sonderlich hübsch (Abb. 13–1 (1)). Mit einfachen Mitteln kann die Darstellung von Listen jedoch ansprechender gestaltet werden.

Abb. 13–1
Schrittweise erhält die Liste eine ansprechende Darstellung.

(2) Über `padding` schaffen Sie ein wenig mehr Luft in der Liste.

(3) Über das `li`-Element fügen Sie per `border-top: 1px dashed #999999` eine Trennlinie zwischen den Listeneinträgen ein.

(4) Ein Problem ist, dass am Ende der Liste eine Linie fehlt. Neue Strukturpseudoklassen in CSS3 bieten hier die Lösung: Über `li:last-child` sprechen Sie das letzte Element unter gleichen an und können für den letzten Listenpunkt eine `border-bottom: 1px dashed #999999` vergeben. In der Vergangenheit musste hier im HTML-Code beispielsweise im letzten `li`-Tag eine zusätzliche `class="last"` eingefügt werden, über die dann der letzte Listenpunkt speziell gestylt wurde. Mit Strukturpseudoklassen ist ein Eingriff in das HTML zukünftig hinfällig.

Abb. 13–2
Über strukturelle Pseudoattribute können iterierende Farben vergeben werden.

(5) Eine wechselnde Darstellung der Listenpunkte erzeugen Sie über `li:nth-of-type(even)`. Damit wird jedes zweite `li`-Element mit einer Hintergrundfarbe, im Beispiel Grau, versehen. Auch hierbei handelt es sich um eine Strukturpseudoklasse.

Listing

Kapitel 13 Ergebnispaket: www.h5c3.de/listing-13-2

(6) Möchten Sie, dass die Hintergrundfarbe mit dem ersten Listenpunkt beginnt bzw. wie im Beispiel die weiß gebliebenen Listeneinträge gelb eingefärbt werden, kommt `li:nth-of-type(odd)` zum Einsatz.

(7) `even` und `odd` sind Schlüsselwörter, die Sie mit konkreten Zahlen ersetzen können und damit die Schrittweite der Iteration (die Wiederholung der Schritte) steuern. Über `li:nth-of-type(3n)`, `li:nth-of-type(3n+1)` und `li:nth-of-type(3n+2)` werden drei Farben gesetzt – die Zahl 3 vor dem `n` (dieses `n` muss so im CSS-Code notiert werden) legt dabei die Schrittweite fest, der zweite Parameter den Startpunkt für die Wiederholung.

WWW

CSS-Varianten für Listen: www.h5c3.de/link-13-1

Listen sind echte HTML-Urgesteine und über CSS relativ einfach zu gestalten. Weitere Beispiele finden Sie auf der Begleithomepage.

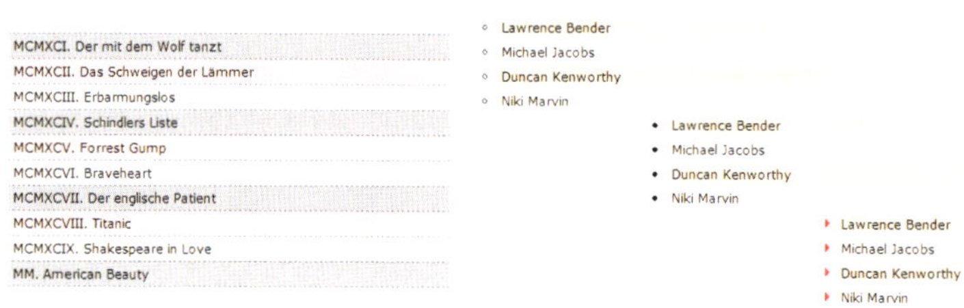

Abb. 13–3
Weitere Beispiele auf der Homepage www.h5c3.de

14 Datentabellen gestalten

Eine Datentabelle ist ein weiteres Strukturelement, um Inhalte mit einer sinnvollen HTML-Semantik zu gestalten. Kriterium für den Einsatz einer Datentabelle ist nicht ein gewünschtes Layout, sondern dass es sich um Daten handelt, die in Beziehung zueinander stehen beziehungsweise die nach bestimmten Merkmalen strukturiert werden können.

Grund-lagen

Tabellenelemente im Überblick: Kapitel 27.6

Abb. 14–1
Die Layoutvorlage zeigt eine Datentabelle.

Das Beispiellayout sieht eine Seite mit einem einzelnen Adressdatensatz vor. Diese wird mit einer einfachen Datentabelle aufgebaut: Kopfzeilen sind links, diese wären bei allen Datensätzen gleich, die Daten selbst werden rechts angezeigt.

Anhand der Stabs- und Besetzungsdaten des Films wird eine Datentabelle nach diesem Muster aufgebaut.

Listing

Kapitel 14 Startpaket: www.h5c3.de/listing-14-1

```
<table>
   <caption>Stab und Besetzung</caption>
   <tr>
      <th scope="row">Regie</th>
      <td lang="fr">Olivier Nakache, Éric Toledano</td>
   </tr>
   <tr>
      <th scope="row">Drehbuch</th>
      <td lang="fr">Olivier Nakache, Éric Toledano</td>
   </tr>
   .
   .
   .
   <tr>
      <th scope="row">Besetzung</th>
      <td lang="fr">François Cluzet (Philippe),<br>
         Omar Sy (Driss),<br>
         Anne Le Ny (Yvonne)</td>
   </tr>
</table>
```

Das `table`-Tag umschließt jede Tabelle und muss sowohl mit einem öffnenden als auch einem schließenden Tag im HTML-Code stehen.

Als erstes Element in einer Tabelle sollte eine `caption` eingesetzt werden, die den Inhalt der Tabelle mit einer Überschrift versieht. Wichtig ist, dass diese direkt dem öffnenden `table`-Tag folgt und **vor** allen weiteren Elementen steht.

Jede Tabelle wird zeilenweise aufgebaut, jede einzelne Zeile mit einem `tr` umschlossen, jede einzelne Zelle über ein `td` definiert.

Das `th`-Tag dient Kopfzellen und definiert den Inhalt der Spalte beziehungsweise Zeile, die sie betiteln. `th`-Elemente werden rein optisch fett und zentriert dargestellt, was selten so gewollt ist. Dies sollte jedoch kein Grund sein, darauf zu verzichten. Gerade für Nutzer von Vorlesegeräten ist diese Semantik essenziell, die Kopfzelle wird jeweils vor dem Inhalt der einzelnen Zelle mitgelesen.

Kopfzellen der Tabellen müssen sich dabei nicht zwingend oben befinden, sie können auch wie in diesem Beispiel links positioniert sein, ebenso am rechten Rand oder auch unten. Guter Stil ist die Angabe, auf welche Zellen sich ein `th` bezieht. Über das Attribut `scope` wird definiert, ob die danebenliegende Reihe (`scope="row"`) oder die darunter befindliche Spalte (`scope="col"`) gemeint ist.

Nebenbei können Sie in diesem Quelltext ein Beispiel für eine Sprachauszeichnung per `lang`-Attribut sehen. In der Praxis wird gerne ein `span` um ein anderssprachiges Wort gesetzt. Ist eine brauchbare HTML-Struktur vorhanden wie hier das `td`, kann die Sprache darüber definiert und auf ein zusätzliches `span` verzichtet werden.

```
1  #haupt-inhalt table {
2     font-size: 11px;
3  }
4  #haupt-inhalt caption {
5     font-size: 18px;
6     text-align: left;
7     text-transform: uppercase;
8  }
9  #haupt-inhalt table th {
10    text-align: left;
11    text-transform: uppercase;
12    color: #666;
13    font-weight: normal;
14    min-width: 120px;
15 }
16 #haupt-inhalt table th,
17 #haupt-inhalt table td {
18    padding: 10px 10px 0px 0px;
19    vertical-align: top;
20 }
```

Die Gestaltung der einfachen Tabelle ist überschaubar. Die Schriftgröße wird im Vergleich zum Haupttext etwas reduziert (Codezeile 2), die Tabellenüberschrift bekommt eine größere Schrift, wird links ausgerichtet und auf Großbuchstaben umgestellt (Codezeile 5–7).

Die Kopfzellen `th` selbst bekommen eine Mindestbreite (Codezeile 14), damit sie unabhängig vom Inhalt stabil in der Darstellung erscheinen. Sie werden ähnlich wie die `caption` nach links ausgerichtet und die Schrifteigenschaften an das Layout angepasst (Codezeile 10–13). In der Codezeile 19 wird die vertikale Ausrichtung nach oben gesetzt. In Abb. 14–4 ist zu sehen, wie sich Inhalte ohne diese Anweisung verhalten.

14.1 Komplexe Tabellen

Was im Bespiellayout fehlt, ist eine Wochenübersicht der Filme, die man auf einer solchen Website erwarten würde. Auch dies ist ein Teil des Entwickleralltags. Ein Layout umfasst selten alle möglichen Seiten eines Angebots und so sind Sie bei machen Seiten gefordert, die Idee des Grundlayouts zu übernehmen.

Listing

Das dazugehörige HTML finden Sie unter: www.h5c3.de/listing-14-2

Kinoprogramm für die Woche vom 22. - 28. März 2012

Tag	**Montag**	**Dienstag**	**Mittwoch**	**Donnerstag**	**Freitag**	**Samstag**	**Sonntag**
15:00					Fünf Freunde	Fünf Freunde	Fünf Freunde
17:30	Hugo Cabret	Hugo Cabret	Hugo Cabret	Hugo Cabret	Hugo Cabret	Hugo Cabret	Hugo Cabret
20:00	Die Eiserne Lady	Die Eiserne Lady	Die Eiserne Lady	Die Eiserne Lady	Die Eiserne Lady	Die Eiserne Lady	Die Eiserne Lady
22:00	Unser Leben	Unser Leben	Unser Leben	Unser Leben	Unser Leben	Unser Leben	Unser Leben
23:45			Preview				
Anzahl Filme	3	3	4	3	3	5	5

Abb. 14–2 Kompakte Tabelle ohne CSS

In Abb. 14–2 sehen Sie eine zweidimensionale Tabelle in der Darstellung ohne irgendein CSS: einmal mit Kopfzellen oben für die Tage und dann Kopfzellen links für die Uhrzeiten. Hier werden `scope="col"` und `scope="row"` für die richtige Zuweisung in den Kopfzellen vergeben.

Neu in der Tabelle ist der Einsatz von `thead`, `tfoot` und `tbody` (siehe HTML des Download-Quelltextes). Darüber werden einzelne Zeilen umschlossen und erhalten damit eine besondere Funktion innerhalb der Tabelle. Diese Aufteilung ist nicht notwendig; ohne diese verstehen Browser die ganze Tabelle als `tbody`.

Die Reihenfolge `thead`, `tfoot` und `tbody` ist nicht zufällig, sondern der Einsatz von `tfoot` verpflichtet genau zu dieser Ordnung: `tfoot` muss vor `tbody` notiert werden, sonst greift diese Struktur nicht.

Sinnvoll ist eine solche Gliederung für lange Tabellen. In der Browserdarstellung verändert dies nichts, dafür **aber** im Ausdruck der Seite. Tabellenkopf und Tabellenfuß werden pro Seite im Ausdruck oben respektive unten mit ausgedruckt. So ist die Strukturierung auch noch auf der zehnten Seite des Ausdrucks zu verstehen.

Tiefergehende Informationen gibt es unter www.h5c3.de/link-14-1

Dies wird allerdings nur von Firefox und dem Internet Explorer ab der Version 8 zuverlässig unterstützt. Da ein Teil der Nutzer davon profitiert, die anderen Browser davon aber nicht beeinträchtigt werden, sollte ein solches Feature auch verwendet werden.

14.2 Kinoprogramm-Tabelle Schritt für Schritt gestalten

Tabellen sind aus HTML-Sicht verhältnismäßig langweilig, aus Sicht des CSS aber sehr interessant, da die Tabellenstruktur bereits viele »Ankerpunkte« bietet, sodass oft auch ohne das Hinzufügen diverser `class`- oder `id`-Attribute eine solide Steuerung der einzelnen Elemente möglich ist.

Rahmen machen Tabellen auch visuell zu dem, was sie strukturell sind. Im ersten Schritt wird für alle `th`- und `td`-Elemente ein dünner Rahmen gesetzt. Zusätzlich sorgt ein Innenabstand `padding` dafür, dass die Daten etwas luftiger dargestellt werden:

```
th,
td {
   border: 1px solid #dddddd;
   padding: 5px;
}
```

Freitag	Samstag	Sonntag
Fünf Freunde	Fünf Freunde	Fünf Freunde
Hugo Cabret	Hugo Cabret	Hugo Cabret

Freitag	Samstag	Sonntag
Fünf Freunde	Fünf Freunde	Fünf Freunde
Hugo Cabret	Hugo Cabret	Hugo Cabret

Abb. 14–3
Ohne spezielle Angabe haben die Zellen Abstand zueinander, rechts ist `border-collapse: collapse` gesetzt.

In der Vorschau in Abb. 14–3 links wird nun sichtbar, wie sich die Rahmen verhalten. Zwischen den einzelnen Zellen sind Abstände von `2px` zu beobachten. Dies kann gewollt sein. Möchte man nur einfache Linien zwischen den Zellen, kommt `border-collapse: collapse` zum Einsatz. Darüber werden die Zwischenräume »abgeschaltet«.

```
table {
   border-collapse: collapse;
}
```

Hugo Cabret	Star Wars 3D: Episode 1 - Die dunkle Bedrohung	Hugo Cabret
Die Eiserne Lady	Preview	Die Eiserne Lady

Hugo Cabret	Star Wars 3D: Episode 1 - Die dunkle Bedrohung	Hugo Cabret
Die Eiserne Lady	Preview	Die Eiserne Lady

Abb. 14–4
*Tabellen zentrieren Inhalte in der vertikalen Dimension. Rechts ist **`vertical-align: top`** gesetzt.*

Tabellenzellen stellen Inhalte vertikal zentriert dar. Gerade bei sehr unterschiedlichen Textlängen in nebeneinanderstehenden Zellen kann es zu einem »Kraut und Rüben«-Aussehen kommen. `vertical-align: top` bewirkt, dass alle Zelleninhalte oben ausgerichtet angezeigt werden. Damit ist das Aussehen der Tabelle »beruhigt«.

```
th,
td {
   vertical-align: top;
}
```

`caption` und `th` haben die Eigenschaft, dass die Inhalte zentriert und fett dargestellt werden. Auch dies ist häufig nicht gewollt:

```
caption {
   text-align: left;
}
th {
   text-align: left;
}
```

Kinoprogramm für die Woche vom 22. - 28. März 2012

Tag	Montag	Dienstag	Mittwoch	Donnerstag	Freitag	Samstag	Sonntag
15:00					Fünf Freunde	Fünf Freunde	Fünf Freunde
17:30	Hugo Cabret	Hugo Cabret	Hugo Cabret	Hugo Cabret	Hugo Cabret	Hugo Cabret	Hugo Cabret
20:00	Die Eiserne Lady	Die Eiserne Lady	Die Eiserne Lady	Die Eiserne Lady	Die Eiserne Lady	Die Eiserne Lady	Die Eiserne Lady
22:00	Unser Leben	Unser Leben	Unser Leben	Unser Leben	Unser Leben	Unser Leben	Unser Leben
23:45			Preview				
Anzahl Filme	3	3	4	3	3	5	5

Abb. 14–5
Die unschöne Defaultdarstellung ist zwar »behoben«, nun jedoch jede optische Struktur verloren.

Die bisherigen Maßnahmen haben zwar eine einheitliche Darstellung erzeugt, allerdings sind damit auch alle hervorstechenden Merkmale verschwunden, die eine gute Orientierung möglich gemacht hatten. Nun, modernes Webdesign macht oft genau dies: Standardverhalten deaktivieren, um das eigene daraufzusetzen.

Über CSS wird schrittweise die zurückgesetzte optische Struktur zum Layout passend wieder aufgebaut. Recht einfach ist die Hervorhebung der Kopfzellen:

```
th {
   background-color: #CB160F;
   color: white;
   text-transform: uppercase;
}
```

Mit dieser einfachen Regel werden die Kopfzellen rot hinterlegt, dabei wurde das Rot aus dem Layout übernommen. Um für ausreichende Kontraste zu sorgen, wird der Text weiß gefärbt.

Für diese komplexe Tabelle liegt kein Layout vor. Die einfache Tabelle in Abb. 14–1 zeigt Großbuchstaben für die Kopfzellen, dies wird für diese Programmtabelle übernommen.

Es liegt nahe, die Wochentage im HTML-Code in Großbuchstaben zu schreiben. Allerdings erschwert dies das Auffinden von Text für Suchmaschinen, da Worte in Großbuchstaben als Abkürzungen verstanden werden könnten. Suchmaschinen »sehen« bei Webseiten nur das HTML – was CSS mit den Seiten macht, interessiert sie nicht. Von daher werden Groß- und Kleinbuchstaben über das CSS »simuliert«, das HTML bleibt damit für Suchmaschinen korrekt aufgebaut.

Der Wert `uppercase` für `text-transform` ist sicher der am häufigsten verwendete Wert, da Großbuchstaben gerne für Variationen im Layout verwendet werden. Der Einsatz sollte sich auf wenig Text beschränken; lange Passagen ausschließlich in Groß- oder Kleinbuchstaben sind schlechter lesbar.

Kinoprogramm für die Woche vom 22. - 28. März 2012

TAG	MONTAG	DIENSTAG	MITTWOCH	DONNERSTAG	FREITAG	SAMSTAG	SONNTAG
15:00					Fünf Freunde	Fünf Freunde	Fünf Freunde
17:30	Hugo Cabret	Hugo Cabret	Hugo Cabret	Hugo Cabret	Hugo Cabret	Hugo Cabret	Hugo Cabret
20:00	Die Eiserne Lady	Die Eiserne Lady	Die Eiserne Lady	Die Eiserne Lady	Die Eiserne Lady	Die Eiserne Lady	Die Eiserne Lady

Abb. 14–6 Rot hinterlegte Kopfzellen unterstreichen wieder die Tabellenstruktur

Die Uhrzeiten sind durch das generelle Zurücksetzen linksbündig, doch im konkreten Beispiel könnten diese rechts ausgerichtet eine bessere Orientierung bieten.

Als »Schnittstelle« aus dem CSS würde sich nun das `th`-Element anbieten, um darin befindliche Text rechtsbündig zu setzen. Allerdings sollen nur die Uhrzeiten, nicht die Wochentage rechts ausgerichtet werden.

```
th[scope="row"]{
   text-align: right;
}
```

Abb. 14–7
Der Attributselektor (`scope="row"`) »findet« die Zellen mit diesem Attribut.

Zu diesem Zweck bieten sich sogenannte **Attributselektoren** an, die HTML-Elemente mit bestimmten Attributen finden und steuern. Beim HTML-Aufbau der Tabelle wurde die Zuweisung der Uhrzeit-Zellen mit `scope` berücksichtigt: `<th scope="row">15:00</th>`. Über CSS kann nun das `scope`-Attribut »überprüft« werden. Hat dieses den Wert `row`, greift die Deklaration, dass Text in der Zelle rechts ausgerichtet wird.

Dies ist ein Beispiel für Attributselektoren. Es wurde durch das Gleichzeichen `=` **genau** auf `row` untersucht. Wird zwischen Attribut und Suchbegriff ein `*=` notiert, muss der Suchbegriff nicht genau, sondern kann unter anderem im `title` vorkommen, wie folgender Code zeigt.

```
#inhalt .programm td[title*="Spezial"] {
   outline: 2px solid hsl(2,93%,50%);
   cursor: help;
}
```

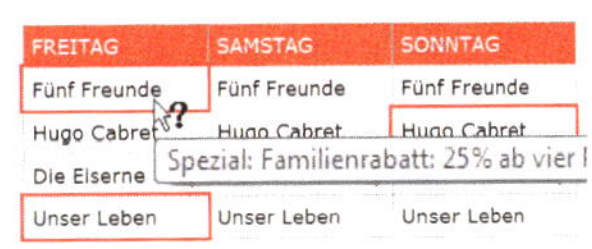

Abb. 14–8
Per `cursor: help` verwandelt sich die Maus beim Überfahren der Zelle in ein Fragezeichen.

Im Quelltext sind verschiedene Zellen mit einem `title`-Attribut versehen, das unterschiedliche Specials ankündigt: `"Spezial: Original mit Untertitel"` oder `"Spezial: Halber Preis"`. Hier wird nun das `title`-Attribut auf das Wort `Spezial` »untersucht«. Durch die Schreibweise `*=` wird eine sogenannte Sternchensuche ausgeführt: Es reicht aus, wenn die Zeichenkette `Spezial` irgendwo in dem Wert des Attributs `title` vorkommt. Groß- und Kleinschreibung des Attributwerts werden allerdings dabei berücksichtigt.

Über die CSS-Regel oben wird für Zellen mit `title*="Spezial"` über `outline` ein Umriss gesetzt. Zusätzlich wird der Cursor mit einer anderen Darstellung versehen: Beim Überfahren mit der Maus erscheint über `cursor:help` ein Fragezeichen am Mauszeiger, der auf eine weitere Information hinweist.

```
#inhalt .programm td:empty {
   background-color: #eeeeee;
}
```

Schließlich sollen die gefüllten Zellen deutlicher hervorgehoben werden. Dies geschieht dadurch, dass die leeren ausgegraut werden. Über das Pseudoattribut `:empty` werden nur die leeren Zellen angesprochen und erhalten eine graue Hintergrundfarbe. In Abb. 14–9 sind graue Zellen in den 15:00- und 23:45-Zeilen zu sehen.

Gerade ein Kinoprogramm ist ein gutes Beispiel für Tabellen, die wahrscheinlich so gut wie nie von Hand geschrieben, sondern aus Datenbanken generiert werden. Mit CSS 2.1 war die obige Methode, leere Zellen aus dem CSS heraus zu erkennen, noch nicht möglich. Hier waren die Programmierer gefordert, a) den Inhalt einer Zelle zu überprüfen, b) in das HTML eine CSS-Klasse einfügen, wenn sie leer ist, sowie c) sich mit den Frontendentwicklern abzustimmen, welche Klasse eingesetzt wurde. Mit CSS3 entfällt in Zukunft dieser Programmieraufwand: Mit nur einer Zeile im CSS-Code können Frontendentwickler unabhängig von der Programmierung ein Layout steuern – sowohl der Programmieraufwand der Datenbankentwickler als auch die notwendige Koordination entfällt damit ersatzlos.

Listing

Kapitel 14 Ergebnispaket: www.h5c3.de/listing-14-3

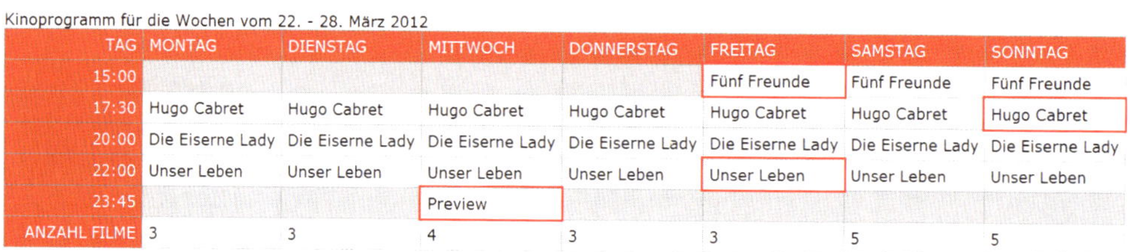

Kinoprogramm für die Wochen vom 22. - 28. März 2012

TAG	MONTAG	DIENSTAG	MITTWOCH	DONNERSTAG	FREITAG	SAMSTAG	SONNTAG
15:00					Fünf Freunde	Fünf Freunde	Fünf Freunde
17:30	Hugo Cabret	Hugo Cabret	Hugo Cabret	Hugo Cabret	Hugo Cabret	Hugo Cabret	Hugo Cabret
20:00	Die Eiserne Lady	Die Eiserne Lady	Die Eiserne Lady	Die Eiserne Lady	Die Eiserne Lady	Die Eiserne Lady	Die Eiserne Lady
22:00	Unser Leben	Unser Leben	Unser Leben	Unser Leben	Unser Leben	Unser Leben	Unser Leben
23:45			Preview				
ANZAHL FILME	3	3	4	3	3	5	5

Abb. 14–9
Die Tabelle hat mit dem CSS-Design wieder eine optische Struktur.

HTML-Tabellenelemente nur für Datentabellen

Tabellenelemente wurden früher verwendet, um ein stabiles Layout aufzubauen. Diese Technik wird heute als »Layout-Tabelle« bezeichnet, gehört jedoch der Vergangenheit an und ist nur noch auf alten oder schlechten Webseiten zu finden.

15 Responsive Design: Mobile Endgeräte und Media Queries

Genau genommen sind Layouts für Smartphones und Media Queries nicht voneinander abhängig, sondern beides eigenständige Themen. Ein Layout für kleine Geräte kann auch ohne Media Queries optimiert und Letztere können auch für den normalen Browser eingesetzt werden, um beispielsweise auf bestimmte Fenstergrößen zu reagieren.

WWW

Responsive Design bei Wikipedia: www.h5c3.de/link-15-1

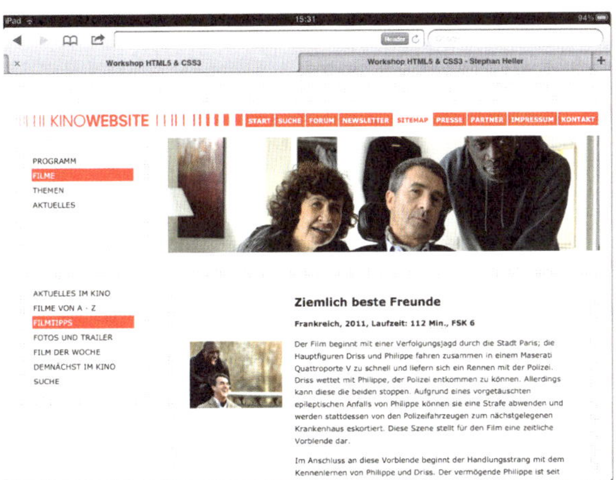

Abb. 15–1 Landscape- und Portrait-Ansicht auf dem iPad

Unter »Responsive Design« oder »Responsive Website Design« wird genau diese Kombination verstanden, nämlich ein Webdesign für ein mobiles Endgerät explizit über den Weg der Media Queries zu entwickeln. »Responsive« meint, dass auf bestimmte Geräteeigenschaften »geantwortet« wird.

Das Beispiellayout liefert keine spezielle Ansicht für ein mobiles Gerät. Die Ansicht im iPad zeigt jedoch, dass in der »Portrait«-Ansicht (Hochformatansicht im Gegensatz zu »Landscape« für die Queransicht) der Text im Inhalt recht klein wird und die Leserlichkeit stark beeinträchtigt ist.

Das ist darin begründet, dass mobile Endgeräte Webseiten nicht mit den Pixelangaben darstellen, wie sie vorgegeben sind, sondern die Seiten automatisch auf die Displaygröße skalieren.

Listing→

Kapitel 15 Startpaket: www.h5c3.de/listing-15-1

Die Verkleinerung ist beim Hochformat stärker und führt daher zu der Überlegung, die Inhaltsnavigation nicht neben, sondern über dem Inhalt anzuzeigen und den Inhalt für die Portrait-Ansicht über die ganze Breite laufen zu lassen. Dabei sollte die Inhaltsnavigation so ähnlich aussehen wie die obere und untere Quernavigation.

```
@media screen and (max-device-width: 768px) and (orientation: portrait) {
    ...
}
```

Dies ist der eigentliche Media Querie, über den spezielle CSS-Regeln für mobile Endgeräte hinterlegt werden können. Über die Angabe des Medientyps `screen` werden Bildschirme angesprochen und über das `and` eine »Bedingung« verknüpft, in diesem Fall die Bildschirmeigenschaft `max-device-width` abgefragt. Diese Abfrage »findet« alle Geräte, die eine maximale Breite von `768px` haben, was exakt die Breite des iPads ist, aber auch kleinere Smartphones erfüllen diese »Regel«.

WWW→

Liste der verschiedenen Media Queries: www.h5c3.de/link-15-2

Über das zweite `and` wird eine weitere Bedingung hinzugefügt, `orientation: portrait` ermittelt dabei die Geräte, die in der Portrait-Ansicht gehalten werden. Wird der Tablet-PC oder das Smartphone quer gehalten, liefert `orientation: landscape` eine gültige Einschränkung.

Damit ist im Grunde der Media Query fertig. Innerhalb der geschweiften Klammern können nun alle CSS-Regeln hinterlegt werden, die greifen sollen, wenn die Webseite mit dem Tablet in der Hochkantversion angesehen wird. Im Einzelnen finden nun folgende Umbauarbeiten statt:

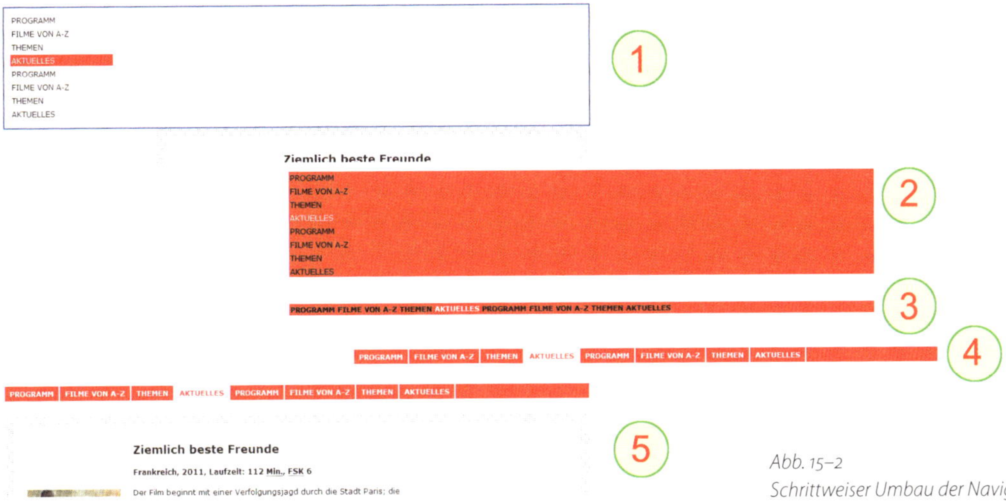

Abb. 15–2
Schrittweiser Umbau der Navigation

(1) Für die Navigation im Inhaltsbereich wird das `float` zurückgesetzt, Navigation und Inhalt werden damit wieder untereinander angezeigt. Über `background: #fff` wird ein weißer Hintergrund gesetzt und damit der Punkterahmen der Navigation »überschrieben«. Zuletzt wird über `padding` der Innenabstand auf `0px` gesetzt, der vorher für die Darstellung der Punkte notwendig war.

```
@media screen and (max-device-width: 768px) and (orientation: portrait) {
   #navigation-inhalt {
      float: none;
      background: #fff;
      padding: 0px;
   }
```

(2) Die Breite der Navigation wird auf `auto` gesetzt, damit nimmt die Liste wieder 100 % der verfügbaren Breite ein, was dem Standardverhalten des Block-Elements `ul` entspricht. Ebenfalls wird der Innenabstand der Listen auf `0px` gesetzt, da der Punkterahmen wegfällt und der Abstand überflüssig geworden ist. Über `min-height` wird die Mindesthöhe auf `25px` gesetzt, da die Links, wenn sie später nebeneinanderstehen, nicht mehr die bislang benötigte Höhe der Box benötigen. Die ganze Navigationseinheit wird mit der roten Hintergrundfarbe versehen.

```
   #navigation-inhalt ul {
      width: auto;
      padding: 0px;
      min-height: 25px;
      background-color: #cc1511;
   }
```

(3) Die Listeneinträge `li` werden nun links gefloatet. Das führt dazu, dass diese nicht mehr wie Block-Elemente untereinander, sondern nebeneinander angezeigt werden. Zusätzlich wird die Schrift etwas kleiner, aber auch fetter gesetzt (`700` entspricht `bold`). Die Schrifteigenschaften hätten auch der `ul` zugewiesen werden können.

```
#navigation-inhalt ul li {
   float: left;
   font-size: 11px;
   font-weight: 700;
}
```

(4) Die einzelnen Links erhalten noch einen Innenabstand, damit diese nicht aneinanderkleben. Entsprechend den Quernavigationen werden normale Links weiß eingefärbt, der ausgewählte Link bekommt einen weißen Hintergrund und rote Schrift. Zusätzlich werden die Links mit einem weißen rechten Rahmen voneinander getrennt.

```
#navigation-inhalt ul li a {
   padding: 6px 8px;
   border-left: 2px solid white;
   color: white;
}
#navigation-inhalt ul li a.auswahl {
   color: #cc1511;
   background-color: white;
}
```

(5) Dem Inhalt, der sonst nach rechts fließt, wird die Fließeigenschaft über `float: none` ebenfalls entzogen. Die Breite wird auf `auto` gesetzt und damit nun die Breite eingenommen, die verfügbar ist. Ein oberer Außenabstand `margin-top` sorgt dafür, dass der Inhalt nicht direkt unter der Navigation hängt.

```
#haupt-inhalt {
   float: none;
   width: auto;
   margin-top: 25px;
}
```

(6) Zuletzt wird die Schriftgröße für den Inhaltsbereich angehoben. Damit ist schließlich eine bessere Lesbarkeit erreicht. Die zweite geschweifte Klammer im folgenden Quellcode ist die schließende Klammer des Media Querie. Alle CSS-Regeln, die danach folgen, gelten nun wieder für alle Geräte.

```
    #inhalt {
        font-size: 140%;
    }
}
```

Listing

Kapitel 15 Ergebnispaket: www.h5c3.de/listing-15-2

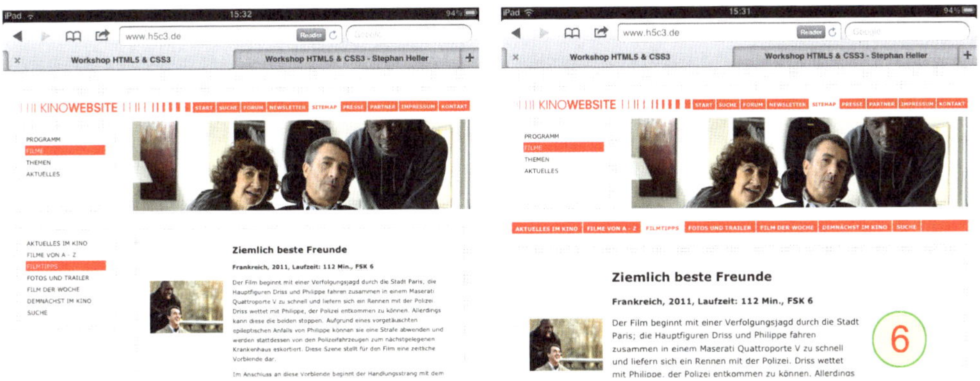

Abb. 15–3
Nach dem Umbau hat der Inhalt die volle Pad-Breite.

WWW

Gerätegröße und Orientierung über CSS erkennen: www.h5c3.de/link-15-3

60 Beispiele für Responsive Website Design (engl.): www.h5c3.de/link-15-4

16 Druckausgabe

Listing

Kapitel 16 Startpaket: www.h5c3.de/listing-16-1

Druckversionen einer Website werden nicht selten stiefmütterlich behandelt. Oft sind diese schon im Konzept oder im Screendesign »vergessen« worden, sodass sie für viele Projekte erst gar nicht angefertigt werden. Falls doch, liegt es häufig im Ermessen der Frontendentwickler, wie diese aussehen sollen.

Dazu kommt, dass die Realisierung einer Druckversion keinen sonderlichen Spaß macht. Zwar gibt es einige CSS-Eigenschaften für den Ausdruck und in CSS3 sind noch ein paar hinzugekommen, aber selbst viele CSS 2.1-Eigenschaften werden auch von aktuellen Browsern nur mäßig unterstützt.

Für den Aufbau eines Druck-CSS gibt es verschiedene Ansätze:

- Über ein zweites `link`-Tag im `head` des HTML wird eine separate CSS-Datei mit Druckanweisungen eingebunden.
- Über die `@media`-Regel wird in der CSS-Datei ein Bereich für den Seitendruck definiert.

Grund-lagen

Übersicht der Mediatypen: Kapitel 26.3.1

Für beide Varianten ist zusätzlich relevant, welcher Medientyp (auch Mediatyp genannt) angegeben wird (egal ob im `link`-Tag oder in der `@media`-Regel):

- **Mit Medientyp `all` oder `print`:** Der generelle Style wird auch für den Druck verwendet, der Druckstyle ergänzt dann nur noch das Haupt-CSS mit Regeln, die das Layout für den Ausdruck optimieren.
- **Ohne Medientyp `all` oder `print`:** Der Druckstyle steuert den Ausdruck eigenständig. Das CSS muss vollständig nachgebaut werden, von daher ist diese Variante sicherlich aufwändiger.

Welche Strategie man einschlägt, ist auch hier Geschmacksache. Ich persönlich ziehe es vor, mit nur einer CSS-Datei zu arbeiten und am Ende der Datei einen Bereich für das Druck-CSS vorzusehen, welches den Hauptstyle ergänzt. Damit bleibt zusammen, was zusammengehört – und gerade bei kleinen Projekten ist einer übermäßige Aufteilung von Code auf mehrere Dateien eher arbeitserschwerend.

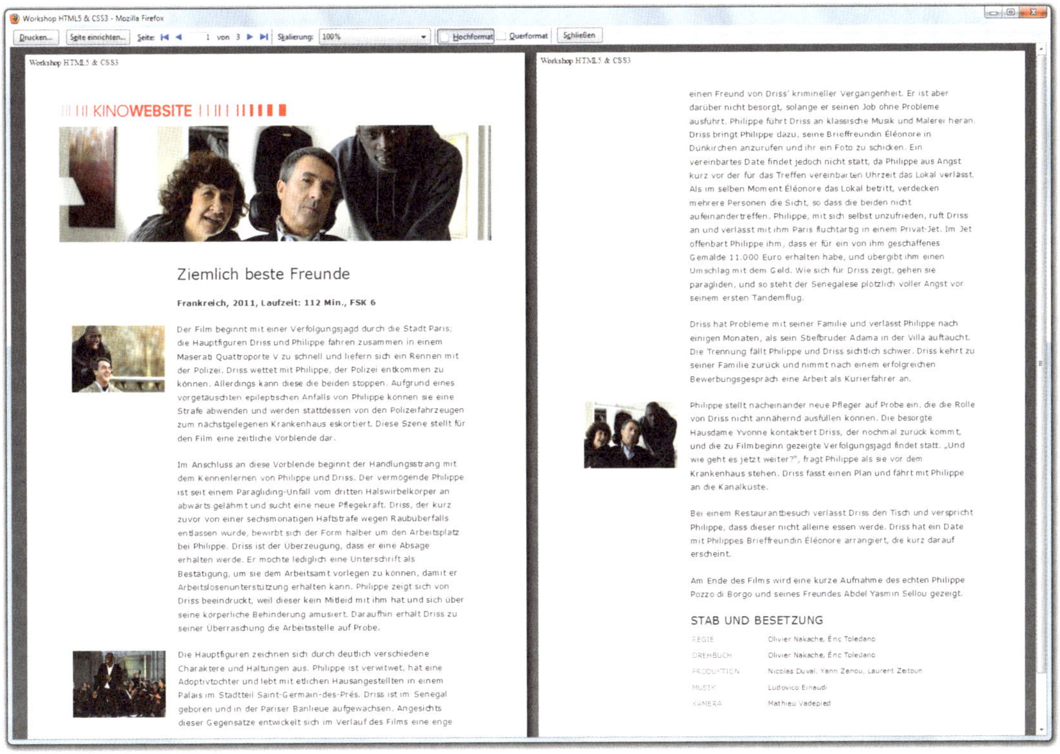

Abb. 16–1
Für den Ausdruck werden interaktive Elemente der Webseite ausgeblendet.

Beim Druckstyle steht über allem die Frage: Was ist auf einem Papierausdruck sinnlos, was auf der Webseite unverzichtbar erscheint? Im Wesentlichen sind es Links, also auch Navigationselemente, daneben große Abstände für eine Flächenaufteilung oder auch Werbeblöcke, die auf dem Papier nichts verloren haben.

```
@media print {
   body {
      font-size: 10pt;
   }
   h1,
   .teaser h1 {
      font-size: 18pt;
   }
   h2 {
      font-size: 14pt;
   }
```

```
    #kopf {
        padding-top: 0px;
        background-image: none;
    }
    .meta-navigation,
    #navigation,
    #navigation-inhalt,
    #inhalt .teaser a,
    #druck {
        display: none;
    }
    #inhalt * {
        background-image: none;
    }
    #inhalt .teaser {
        float: none;
        min-height: inherit;
        margin: 0px;
    }
    section {
        padding: 0px;
        min-height: inherit;
    }
    #key-visual,
    #haupt-inhalt {
        float: left;
        max-width: 100%;
        padding: 0px;
    }
    #copyright {
        background-image: none;
        padding: 10px 0px 0px;
        border-top: 1px solid #999;
    }
    #copyright p {
        padding: 0px;
    }
}
```

Wesentliche Maßnahmen für einen Druckstyle

Für die Ausgabe auf dem Bildschirm wurden Schriftgrößen mit relativen Maßen angegeben, um die Nutzer nicht der Möglichkeit zu berauben, die Darstellung an eigene Bedürfnisse anzupassen. Die Herangehensweise für den Ausdruck ist anders: Hier wird der Druck 1:1 ausgegeben, auch wenn Nutzer die Schriftgröße verändert haben, Vergrößerungen sind beim Ausdrucken über andere Browserfunktionalitäten veränderbar.

Schriftgrößen werden von daher absolut angegeben und für den Druck auf Papier optimiert, wie im Quellcode beispielhaft für `body`, `h1` und `h2` umgesetzt. In der Regel kann die Schrift etwas kleiner sein, ohne die Lesbarkeit zu verschlechtern.

Des Weiteren werden mit diesem CSS über `display: none` Navigationsbereiche ausgeblendet. Ebenfalls werden Hintergrundgrafiken deaktiviert (`background-image: none`), denn diese verschwenden nur unnötig Tinte, wenn der Druck von Hintergrundfarben beim Nutzer aktiviert ist. Die Abstände, die im Screendesign für die Punkterahmen vorgesehen sind, werden auf `0px` gesetzt, damit der Text im Druck die volle Fläche einnehmen kann.

Der Inhalt selbst wird auf `100%` begrenzt, damit dieser die ganze Breite auf dem Papier einnimmt. Die Teaser selbst floaten im Druck nicht und werden dadurch untereinander dargestellt. Das Copyright wird ebenfalls der Hintergrundpunkte beraubt. Als Abschluss, um ein minimales Layout im Druck zu haben, wird eine dünne Linie über das Copyright gesetzt.

Listing

Kapitel 16 Ergebnispaket: www.h5c3.de/listing-16-2

Problematisch ist die Druckversion für Internet Explorer bis zu Version 8, da neue HTML5-Elemente erst mit der Version 9 unterstützt werden. In Kapitel 19.2.1 wird beschrieben, wie über JavaScript der Einsatz von HTML5-Tags ermöglicht wird. Ob diese Lösung reicht, hängt davon ab, ob Ihre Webseite **ausschließlich mit aktiviertem JavaScript** laufen soll oder die Darstellung auch **ohne JavaScript** garantiert sein muss. In letzterem Fall bleibt Ihnen nur, die Browser-Kompatibilität herzustellen, indem Sie HTML5-Tags durch »altes« HTML nachbauen. Dies ist in Kapitel 19.2.2 beschrieben.

Praxistipp

Zur Entwicklung von Druckstyles bietet sich die Druckvorschau des Browsers an, statt jede Änderung auf Papier zu testen.

Sobald der Druckstyle weitgehend umgesetzt ist, muss der richtige Druck getestet werden, da die Druckvorschau von dem, was tatsächlich aus dem Drucker herauskommt, abweicht.

Hier kann allerdings der Druck in ein PDF umgeleitet werden, dies entspricht dann zu 100 % dem Papierdruck und spart damit wertvolles Papier, das nach dem Probedruck erfahrungsgemäß in der Tonne landet.

17 Barrierefreiheit

Wie bereits am Anfang erwähnt, ist Barrierefreiheit nichts, was man im Nachhinein auf einer Webseite einbauen kann. Im Gegenteil: Wenn man am Ende der Entwicklung Aspekte der Barrierefreiheit implementieren möchte, ist das mit erheblichem Aufwand verbunden, falls man nicht sogar an Grenzen stößt, die den nachträglichen Einbau unmöglich machen. Barrierefreiheit beginnt folglich mit dem ersten Stück Quellcode, das geschrieben wird, und ist kein »Add-on«, das am Ende hinzukommt. Ein paar wenige, aber essenzielle Aspekte in HTML sind Teil einer barrierefreien Webseite:

Listing

Kapitel 17 Startpaket: www.h5c3.de/listing-17-1

- Eindeutiger und aussagekräftiger `title` jeder einzelnen Webseite
- Zielgerichteter Einsatz von echten HTML-Überschriften
- Sinnvoll gefülltes `alt`-Attribut für Bilder
- Inhaltsbezogener Einsatz von HTML-Elementen
- Eingabefelder sind korrekt im `label` verknüpft.
- Eine Seite ist auch ohne JavaScript bedienbar.

Barrierefreiheit wird landläufig auch als »behindertengerechtes« Internet bezeichnet, was man so nicht stehen lassen kann. Im Englischen wird von Accessibility gesprochen, was dem eigentlichen Kern näherkommt, nämlich der Zugänglichkeit einer Seite. Jede Maßnahme, die für eine bessere Bedienbarkeit einer Webseite ergriffen wird, ist also ein Schritt in Richtung Barrierefreiheit!

Die Frage steht im Raum: Wem nützt Barrierefreiheit? Die Antwort ist einfach:

- Jedem!

In Kundengesprächen mache ich das nicht mehr sonderlich zum Thema. Selbst wenn das Thema auf den Tisch kommt, ist die adäquate Frage: Soll die Seite suchmaschinenoptimiert sein? Diese Frage wurde bislang noch nicht verneint. Die Frage nach Barrierefreiheit wird hingegen von

Entscheidungsträgern gerne mal als lästig empfunden und schnell mit einer geringeren Priorität bewertet.

Dies mag sich etwas »geschummelt« anhören. Da sich Suchmaschinenoptimierung und Barrierefreiheit in vielen Teilen überschneiden, ist dies für mich eine vertretbare Ungenauigkeit. Trotzdem gibt es Maßnahmen der Barrierefreiheit, die auf bestimmte Betroffenengruppen zugeschnitten sind. Dies sind unter anderem:

- Blinde, Sehbehinderte und Menschen mit einer »normalen« Alterssehschwäche sowie Farbenblinde
- Gehörlose
- Behinderungen, welche die Bedienung der Maus nicht zulassen (beispielsweise Lähmung)
- etc.

Die Liste kann unbegrenzt fortgesetzt werden, da jeder Mensch mehr oder weniger von einem individuellen Handicap betroffen ist. Vor Jahren wurde unter Barrierefreiheit verstanden, dass eine Textversion für jene angeboten wurde, die mit der eigentlichen Seite nicht klarkamen. Erfahrungsgemäß werden solche Parallelversionen jedoch nicht mitgepflegt und verkümmern, ganz abgesehen davon, dass die Inhalte nicht gleichwertig zur Verfügung stehen.

Daraus ergibt sich ein Ansatz: Eins für alle! Solange eine Webseite standardisiert aufgebaut ist und auf Flash oder Java-Plug-ins verzichtet, sind die technischen Voraussetzungen für die Barrierefreiheit geschaffen.

Zusätzlich können mit wenig Aufwand ein paar Features in die Webseite eingebaut werden, die großen Nutzen haben und ganz nebenbei von einem guten Stil zeugen.

17.1 Verstecke Texte

Hiervon profitieren vor allem Nutzer von Vorleseprogrammen. Versteckte Texte sollen die Orientierung auf der Webseite vereinfachen, da der Gesamtüberblick wie auf dem Monitor nicht gegeben ist.

```
<li><a href="#">Programm</a></li>
<li><a href="#">Filme von A-Z</a></li>
<li>Ausgewählte Seite:
   <a href="#" class="auswahl">Themen</a></li>
<li><a href="#">Aktuelles</a></li>
```

In der Hauptnavigation ist der ausgewählte Link »Themen« rot hinterlegt. Diese »rote« Information wird nur von Sehenden wahrgenommen, Blinden bleibt hier diese essenzielle Information vorenthalten. Als Text wird dem Link »Ausgewählte Seite:« vorangestellt, womit eine Orientierung auch ohne Farbwahrnehmung möglich ist (siehe Abb. 17–1 (1)).

Abb. 17–1
Text wird hinzugefügt, ist für die optische Darstellung aber überflüssig.

Was nun für Vorlesegeräte eine Verbesserung bedeutet, ist in der visuellen Darstellung lediglich eine Doppelung. Deswegen kann dieser Text ausgeblendet werden, aber so, dass er für Screenreader weiterhin erhalten bleibt:

```
<li>
   <span class="unsichtbar">Ausgewählte Seite: </span>
   <a href="#" class="auswahl">Themen</a>
</li>
```

Im ersten Schritt wird der Text, der ausgeblendet werden soll, mit einem `span` umgeben. Dieses wird mit einer `class="unsichtbar"` versehen. Darüber wird im zweiten Schritt eine CSS-Regel erstellt, die den Text verstecken soll.

```
.unsichtbar {
   position: absolute;
   left: -10000px;
   top: auto;
   width: 1px;
   height: 1px;
   overflow: hidden;
}
```

Da diese CSS-Regel webseitenübergreifend für versteckte Texte verwendet werden kann, gehört sie in den Bereich der übergreifenden Formate. Der Trick an dieser Regel ist, dass das HTML mit einer solchen `unsichtbar`-Klasse aus dem Bildschirmfenster geschoben wird (siehe Abb. 17–1 (2)). Über die absolute Positionierung wandert der Text nun `-5000px` nach links verschwindet aus dem Sichtfenster. `height` und `display` dienen eher der Sicherheit, damit versteckte Texte beispielsweise durch eine

Blockeigenschaft das Layout nicht stören können. In Abb. 17–1 (3) ist der Text nicht mehr zu sehen.

Auf keinen Fall darf ein versteckter Text über `display: none` oder `visibility: hidden` ausgeblendet werden. Dies sind zwei von wenigen CSS-Eigenschaften, die auch von Screenreadern interpretiert werden. Was über `display` oder `visibility` ausgeblendet wird, ist auch für den Screenreader versteckt – der gewünschte Effekt wäre damit nicht erreicht.

(4) zeigt die Darstellung ohne CSS und entspricht dem, was eine Vorlesesoftware findet. Der Text unterstützt nun blinde Nutzer beim Surfen. Wie man CSS mit einer Tastenkombination schnell ausblendet, finden Sie in Kapitel 20.2.1.

Versteckte Sprungmarken

Seiteninterne Links, sogenannte »Skiplinks«, dienen dazu, dass Menschen, die keine Maus nutzen können (Blinde oder auch Menschen mit motorischen Behinderungen) per Tastaturbedienung direkt zum Inhalt springen können, ohne alle Links zwischen Seitenanfang und Inhalt durchlaufen zu müssen. Diese werden ebenfalls über versteckte Texte realisiert, die dann beim Durchtabben sichtbar werden (nützlich für sehende Tastaturnutzer), damit sie erkennen können, an welchem Link auf der Seite sie sich gerade befinden.

Dies gehört sicher zu den fortgeschrittenen Lösungen in Bezug auf die Barrierefreiheit und auch aus Sicht des CSS. Wie genau versteckte Sprungmarken funktionieren und wie diese realisiert werden, ist unter nebenstehendem Link zu finden.

WWW

Verstecke Texte beim Durchtabben einblenden: www.h5c3.de/link-17-1

17.2 Skalierbare Einheiten

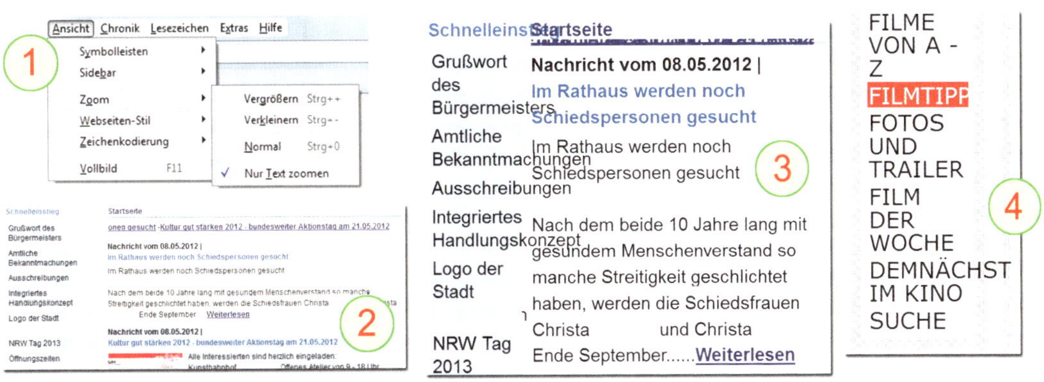

Abb. 17–2
Bei starren Pixelangaben kommt es bei Textvergrößerung zu Überlagerungen.

Das Problem: Die Schriftgröße einer Webseite ist für manche Nutzer zu klein, Browser bieten aus diesem Grund Zoomfunktionen an. Dies kann im Browser eingestellt werden (siehe Abb. 17–2 (1), dort die Einstellung für Firefox). Dabei unterscheidet man zwei Arten:

- **Seitenzoom:** Es werden alle Texte, aber auch die Seitendimensionen, also die Flächenverteilung proportional vergrößert.
- **Textzoom:** Es werden nur die Texte vergrößert.

Beim Textzoom hängt es von der CSS-Codierung ab, ob die Dimensionen der Seite vergrößert werden. Sind für Breiten, Höhen und Abstände px-Werte verwendet, tun sie dies nicht.

In Abb. 17–2 (2) ist die Textgröße normal, unter (3) wurde der Text maximal vergrößert (STRG und 8-mal + oder STRG und Mausrad): Der unschöne Effekt wird überdeutlich, es kommt zu Textüberlagerungen, die Seite verliert ihre Nutzbarkeit. Im Beispiellayout ist die Flächenaufteilung großzügig, von daher halten sich Überlagerungen im Rahmen. Unter (4) können Sie jedoch ebenfalls sehen, dass das s von »Filmtipps« verschwindet, da es die rote Hinterlegung verlässt – und auch das »demnächst« überschreitet die Breite der Navigation.

Grund-lagen

Relative Maßeinheiten: Kapitel 30.3.1

Die Lösung: Umstellung auf relative Werte. Statt der px-Werte werden em-Werte für alle Angaben vergeben. px-Werte bleiben bei der Textvergrößerung gleich, em-Werte hingegen basieren auf dem Vergrößerungsfaktor.

Was macht em statt px? Standardschriftgröße der Browser ist 16 px. Dies entspricht 1 em, eine em-Angabe verhält sich wie eine Prozentangabe. Vergrößern Nutzer die Schrift auf 150 %, so wird die Schrift relativ zur übergeordneten Schriftgröße ermittelt, also umgerechnet (16 px * 150 %) und mit 24 px angezeigt.

Der Textzoom ignoriert px-Werte für Schriftgrößen und vergrößert den Text, die px-Werte für Breiten und Höhen bleiben jedoch gleich. Um die Skalierbarkeit, also die Vergrößerbarkeit der Webseite zu erlangen, werden für das Beispiellayout alle px-Werte in em-Werte umgerechnet. Der Rechenweg erscheint auf den ersten Blick etwas kompliziert. Sobald man aber den Faktor ermittelt hat, ist die Umsetzung letztendlich nur noch Fleißarbeit.

Berechnung des Umrechungsfaktors: In Kapitel 6 wurde dem `body` für `font-size` 75 % zugewiesen. Daraus ergibt sich eine Textgröße von 12 px, basierend auf der 16 px-Browserstandardschriftgröße (16 px * 75 % = 12 px). Damit basieren alle Werte auf diesem Wert, 1 em ist im Fall der Beispielseite 12 px. Dies bedeutet, 1 px entspricht 1 em/12 px = $0.08\overline{3}$ em. Dies ist der Faktor, mit dem alle px-Werte umgerechnet werden. Wer es genau nimmt, rechnet mit dem Periodenwert weiter, den man im Taschenrechner nach der Eingabe von 1/12 erhält. Allerdings reicht es, wenn man mit dem abgerundeten Faktor von 0.0833 weiterarbeitet, denn hier kommt es nur bei großen Zahlen zu abweichenden Ergebnissen, die in der Darstellung jedoch keine Rolle spielen.

Der Arbeitsprozess ist dann relativ stumpf, alle px-Werte werden mit dem Faktor multipliziert. Dabei reicht es, wenn die em-Werte bis zur vierten Nachkommastelle hinterlegt werden. Über die Suchfunktion des Editors sind die px-Werte effizient zu finden. Für das Beispiellayout hat die Umstellung keine Stunde gedauert, was ein geringer Aufwand ist – allerdings mit einem durchschlagenden Erfolg und vor allem mit hohem Nutzen für die Besucher.

Hier finden Sie ein paar exemplarische Regeln, die umgerechnet wurden:

```
body {
   width: 940px;
   width: 78.3333em;
}
h1 {
   font-size: 20px;
   font-size: 1.6666em;
}
#haupt-inhalt {
   width: 665px;
   width: 55.4166em;
   padding: 15px;
   padding: 1.25em;
}
p.standard-zeile input {
   width: 240px;
   width: 20em;
}
```

```
body {
   width: 78.3333em;
}
h1 {
   font-size: 1.6666em;
}
#haupt-inhalt {
   width: 55.4166em;
   padding: 1.25em;
}
p.standard-zeile input {
   width: 20em;
}
```

Im ersten Schritt werden die umgerechneten Werte hinter den px-Werten notiert (linker Quellcode), der letzte Wert greift dann. Im Nachgang können die überflüssigen Deklarationen gelöscht werden (rechter Quellcode).

Im Beispiellayout wurden allerdings ein paar Werte von der Umrechnung ausgeschlossen:

- 0 px-Werte. 0 em ist identisch mit 0 px, eine Umrechnung ist überflüssig.
- Schlagschatten (`box-shadow`) und runde Ecken (`border-radius`). Ob ein Schlagschatten mitvergrößert werden muss, sei dahingestellt. Allerdings steht dem auch nichts entgegen, dies zu tun.
- Dünne Rahmen (wie die `border-left: 2px solid white` in der Metanavigation). Grund dafür ist, dass die Werte im CSS-Code zwar in `em` stehen, browserintern aber trotzdem in `px`-Werte umgerechnet werden (ein Monitor kann nur mit Pixeln umgehen). So wer-

den krumme Werte auf glatte `px`-Werte gerundet. Diese Berechnung hängt allerdings nicht nur von dem `em`-Wert der `border-width` ab, sondern auch von dem Element vor beziehungsweise über dem `border`-Element. So kann es passieren, dass dünne Linien mal 2 px und mal 3 px breit werden. Gerade bei wiederholenden Rahmen, wie `border-left` in der Metanavigation, kann die Darstellung fehlerhaft aussehen. Dies tut der Skalierbarkeit aber keinen Abbruch und verhindert, dass es durch »Rundungsfehler« zu einem unruhigen Layout kommt.

- Alle Angaben für den Druckstyle. Dort sind feste Werte vergeben, die Skalierbarkeit betrifft nur die Ausgabe auf dem Monitor.

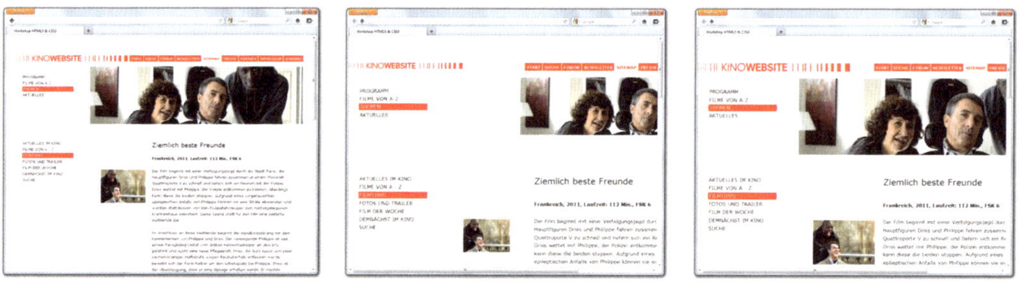

Abb. 17–3
Links normale Schriftgröße, in der Mitte vergrößert. Die Proportionen der Seite bleiben erhalten, Textüberlagerungen werden dadurch verhindert. Rechts sind zusätzlich relative Einheiten für die Grafiken vergeben.

In Abb. 17–3 in der Mitte ist zu sehen, dass sich die Seite einschließlich der Dimensionen vergrößert. Lediglich die Grafiken bleiben in ihrer Größe erhalten. Das kann im Fließtext in Ordnung sein. Da Logo und Hauptgrafik jedoch Teil der Architektur sind, werden auch diese mit relativen Maßen versehen. Dazu werden die Werte aus dem `width` und `height`-Attributen der Grafiken verwendet und ebenfalls mit dem Faktor 0.083 umgerechnet sowie entsprechende Regeln im CSS-Code hinterlegt, die bislang dort noch nicht vorkamen.

```
#logo {
   width: 30.5833em;
   height: 1.5833em;
}
#key-visual {
   width: 58em;
   height: 15.0833em;
}
#haupt-inhalt article.beitrag img {
   width: 12.5em;
   height: 8.75em;
}
```

Rechts in Abb. 17-3 ist das Ergebnis der relativen Bildgrößen zu sehen. Damit bleibt der Gesamteindruck der Webseite erhalten und als skalierbare Webseite ist sie zudem wieder ein Stück mehr barrierefrei!

17.3 Drei Layouttypen: fix, elastisch und flüssig

Es gibt nicht nur einen Weg, Webseiten aufzubauen, sondern eine Codierung kann nach drei unterschiedlichen Ansätzen umgesetzt werden. Dabei werden drei grundlegende Layouttypen unterschieden.

- **Fixes Layout:** Hier werden alle Abstände, Breiten- und Höhenangaben in festen Pixelwerten vergeben. Das sorgt für die maximale Kontrolle über das Layout, verhindert allerdings, dass Nutzer die Darstellung uneingeschränkt an ihre Bedürfnisse anpassen können. Eine Vergrößerung der Webseite ist nur mit Browsern möglich, die eine Seitenzoomfunktionalität anbieten. Bei Textvergrößerungen kann es schnell zu Überlagerungen kommen, die eine Seite in der Nutzbarkeit einschränken.
- **Elastisches Layout:** Bei diesem Layouttyp sind alle Dimensionen mit relativen Werten versehen: Beim Vergrößern, auch nur über den Textzoom, bleiben die Proportionen der Seite erhalten, allerdings werden bei der Vergrößerung schnell horizontale Scrollbalken erzeugt, was die Bedienung einer Seite erschwert. Für die meisten Webseitenbetreiber, die Wert auf Barrierefreiheit legen, ist dies der Kompromiss aus guter Zugänglichkeit und Erhalt des Gesamteindrucks der Webseite. Die in diesem Workshop umgesetzte Codierung stellt mit der Einführung der relativen Maßeinheiten im vorherigen Kapitel einen elastischen Layouttyp dar.
- **Flüssiges Layout:** auch fließendes Layout. Hier werden ebenfalls relative Maßeinheiten verwendet, zusätzlich passt sich die Seite an schmale Seitenfenster an. Blöcke im Layout werden gegebenenfalls nicht mehr nebeneinander, sondern untereinander dargestellt und verhindern damit horizontale Scrollbalken. Es bietet maximale Zugänglichkeit, allerdings zu Gunsten eines Layouts, das je nach Fenstergröße den Gesamteindruck verliert.

WWW

Weitere Informationen zu den unterschiedlichen Layouttypen: www.h5c3.de/link-17-2

17.4 Korrekter Einsatz von label-Elementen

```
<label for="vorname">Vorname</label>
      <input type="text" name="vorname" id="vorname">
```

Das `label`-Element wird mit Formularfeldern verknüpft und liefert damit eine eindeutige »Beschriftung« der Felder. Auch wenn neben einem Feld »Vorname« stünde, so gäbe es zwischen Eingabefeld und Text doch keine logische Verknüpfung. Rein optisch mag ein Formular so aufbereitet sein, dass die Zusammengehörigkeit von Text und Feld »klar« erscheint. Besucher mit Screenreadern oder anderen nicht visuellen Zugängen sind ohne die »Beschilderungen« aber verloren. Stellen Sie sich zwei gleiche Gläser vor, von denen eins mit Zucker und das andere mit Salz gefüllt ist. Ohne ein Etikett wird sicher schon mal der Kaffee versalzen oder die Suppe versüßt sein.

Aber nicht nur für spezielle Benutzergruppen ist der Einsatz von `label` sinnvoll, denn dadurch werden auch die Klickflächen vergrößert: Mit Klick auf »Vorname« wandert der Cursor in das dazugehörige Feld, Checkboxen können mit Klick auf das Label de- und aktiviert werden.

Formell – wenn Sie den Validator des W3C verwenden – wird ein Formular ohne »gelabelte« Eingabefelder als gültiges HTML bestätigt. Rein inhaltlich würde ich fehlende Label immer mit einem Punktabzug bewerten. Ich lasse mit mir gerne über Layouttabellen diskutieren, über fehlende `label`-Verknüpfungen jedoch nicht. Hier gibt es keinen vertretbaren Grund, diese wegzulassen.

```
<label for="passwort" class="hinweis">
   Fehler im Passwort, bitte korrigieren Sie!</label>
   .
   .
   <label for="passwort">Passwort</label>
   <input type="password" name="passwort" id="passwort">
```

`label`-Elemente richtig verknüpfen

Die Verbindung von `label` wird über die Attribute `id` und `for` realisiert. Das Formularelement erhält eine eindeutige `id`, das `label` selbst wird mit dem `for`-Attribut versehen und mit dem Wert der `id` gefüllt. Hier ist es durchaus möglich, mehrere `label` mit einem Feld zu verknüpfen, beispielsweise das Standardlabel, das immer mit dem Feld verbunden ist: Wenn eine Fehlermeldung ausgespielt wird, kann diese »gelabelt« werden, sodass der Bezug zum falsch ausgefüllten Feld bereits dort gegeben ist.

Vorsicht ist geboten, wenn das gleiche Formular auf einer Seite mehrfach vorkommt, beispielsweise ein Suchfeld im Kopf und im Fuß einer Seite. In der Praxis werden die meisten das erste Formular kopieren.

Eine id darf allerdings nur einmal pro Seite vorkommen, sodass diese dann angepasst muss, wenn Quelltextabschnitte per Copy & Paste übernommen werden. Andernfalls, um beim obigen Beispiel zu bleiben, kann das label im Kopf ungewollt mit dem Feld in der Fußleiste verknüpft sein.

17.5 Kontraste

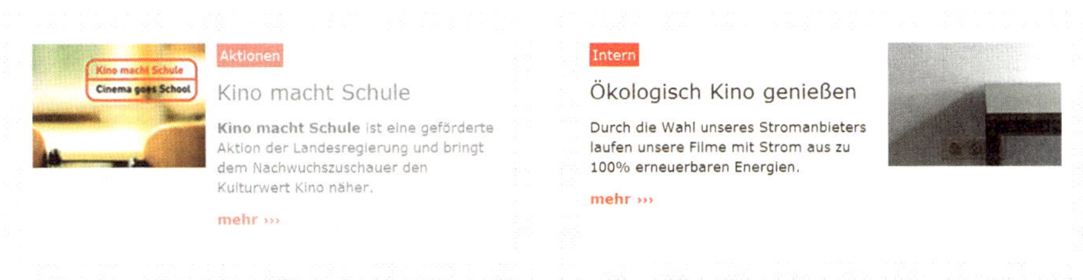

Abb. 17–4
Je geringer die Kontraste, umso schlechter fällt die Lesbarkeit aus – ganz besonders für Menschen mit Seheinschränkungen.

Mangelnde Kontraste stellen regelmäßig eine Barriere dar. Um es auf einen Satz zu reduzieren: Ein fröhliches Mausgrau auf einem kräftigen Steingrau mag sehr schick aussehen, kann für die Lesbarkeit jedoch eine Katastrophe sein. Vor allem Fließtexte sollten eine bestimmte Helligkeits- und Farbdifferenz aufweisen.

Auf der Webseite von rohschnitt.de ist ein einfaches Tool zu finden, mit dem man den Kontrast von Text- und Hintergrundfarbe ermitteln kann. In der Praxis zeigt sich oft, dass allein eine stärkere Sättigung einer Farbe ausreicht, ohne dass das eigentliche Layout davon betroffen ist. Vor allem handelt es sich dabei um Einstellungen, die recht schnell über das CSS umgesetzt werden können, auch dann, wenn die Entwicklung der Seite bereits weit fortgeschritten ist.

WWW

Drag Queen zur richtigen Kontrastermittlung: www.h5c3.de/link-17-3

17.6 Abkürzungen, Akronyme und Sprachauszeichnung

Damit Inhalte besser verstanden werden können, sollten Abkürzungen und Akronyme mit abbr-Tags ausgezeichnet werden und die entsprechenden Bedeutungen in den title-Attributen stehen. Ebenfalls sollten anderssprachige Bereiche mit dem lang-Attribut versehen werden, damit Suchmaschinen die Sprache erkennen können und Screenreader Worte mit entsprechender Aussprache wiedergeben. Beispiele und eine ausführliche Erklärung finden Sie auf der Begleithomepage.

WWW

*Details zum **abbr**-Tag und **lang**-Attribut: www.h5c3.de/link-17-4*

Listing

Kapitel 17 Ergebnispaket: www.h5c3.de/listing-17-2

Web Content Accessibility Guidelines (WCAG)
Die Richtlinien für barrierefreie Webinhalte sind eine Empfehlung des W3C und beschreiben Kriterien, die eine barrierefreie Website ausmachen.

Mehr zum Thema Barrierefreiheit

- Übersetzung der WCAG: www.h5c3.de/link-17-5
- Portal »Barrierefreies Webdesign«: www.h5c3.de/link-17-6
- Schnelltest zur Barrierefreiheit: www.h5c3.de/link-17-7

18 Suchmaschinen-optimierung

Das Thema Suchmaschinenoptimierung füllt ganze Bücher und manche Agenturen beschäftigen sich ausschließlich mit diesem Thema, von daher kann dies im Rahmen des Workshops nur angerissen werden. Man unterscheidet zwei Arten, um das Ranking in Suchmaschinen zu verbessern.

SEO (Search Engine Optimization)

Dies sind Maßnahmen an der Webseite selbst, um Suchmaschinen und Spider (Programme der Suchmaschinen, welche die Inhalte indexieren) »Futter« zu geben. Nur wenn bestimmte Suchbegriffe in sogenannter Keyword-Dichte auf einer Seite vorkommen, kann diese für jenes Suchwort relevant sein. Neben den Inhalten selbst spielt es eine Rolle, dass potenzielle Suchbegriffe in den wichtigsten HTML-Elementen erscheinen. Verschiedene Faktoren beeinflussen dabei das Ranking:

Grundlagen

Welche Rolle das `title`-Element für die SEO spielt und welche Fehler Sie machen können, lesen Sie in Kapitel 26.1.

- Suchwort im `title`-Element
- Suchwort in Überschriften
- Verwendung des Suchbegriffs als Wort in der Navigation
- Suchwort erscheint am Anfang der Seite. Je weiter unten es im Quelltext vorkommt, als desto weniger wichtig wird die Bedeutung eingestuft.
- Suchwort in den `alt`-Attributen der Grafiken
- »Sprechende URLs«, die die relevanten Suchbegriffe beinhalten. Dies bedeutet auch sprechende Dateinamen für HTML und Grafikdateien.
- Mehrfaches Vorkommen der Suchbegriffe. Dabei ist ein Zuviel nicht zwingend vorteilhaft, denn Suchmaschinen berechnen die Keyword-Dichte und können dies als Suchmaschinen-Spam abstrafen, wenn

ein Suchbegriff inflationär eingesetzt wurde. Man spricht bei SEO auch von Onsite-Marketing.

SEM (Search Engine Marketing)

Im Gegensatz zum Onsite-Marketing meint SEM alle Maßnahmen, die ergriffen werden, um eine Seite auf anderen Wegen populär zu machen. In professionellen Zusammenhängen haben Frontendentwickler damit nur teilweise zu tun.

- Anmeldung einer Website bei Suchmaschinen (die meisten bieten Formulare an, wo man seine Seite eintragen kann)
- Anzeigen in Printmagazinen, Flyer, Werbebanner auf anderen Seiten, Fernsehspots
- Steigerung der Verlinkungen durch Blog- oder Foreneinträge, welche auf die Webseite hinweisen. Diese Maßnahmen können grenzwertig legal sein, da solche Einträge nicht direkt als Marketingmaßnahmen zu erkennen sind. Reiseportale, die mit massiver Konkurrenz kämpfen, haben mitunter den Ruf, dass ein nicht unerheblicher Teil von Hotelbewertungen »gefaket«, also von Mitarbeitern verfasst ist.
- Viele Verlinkungen herstellen beziehungsweise eigene Seiten oder Accounts in den sozialen Netzwerken wie Facebook, Google+, Twitter etc. erstellen

Letzteres hat natürlich auch einen Onsite-Anteil, wenn die Social-Media-Icons auf der Webseite platziert werden

Generell ist Suchmaschinenoptimierung ein weites Feld, in dem auch viel experimentiert wird, weil niemand mit Bestimmtheit sagen kann, welche Maßnahmen von welchem Erfolg gekrönt sind.

Unbestritten bleibt jedoch, dass Suchmaschinenmarketing keine einmalige Sache ist, sondern ein fortwährender Prozess, der nie abgeschlossen ist. Allein wegen dieser Tatsache sind Agenturen, die für 100 Euro ein Platz-1-Ranking versprechen, mit hoher Wahrscheinlichkeit unseriös.

Nichtsdestotrotz erhält man von Fachleuten auf diesem Gebiet eine durchgängige Aussage darüber, war für nachhaltig hohe Zugriffszahlen sorgt – und das empfinde ich persönlich als beruhigend: **Gute und aktuelle Inhalte bringen viele Besucher!**

19 Cross-Browser-Kompatibilität

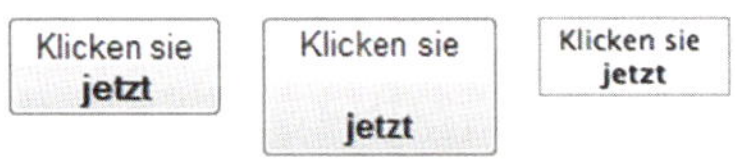

Abb. 19–1
Links Firefox 12, Mitte Internet Explorer 6 (beides Windows), rechts Google Chrome 18 (Mac)

Unterschiedliche Browser stellen HTML-Elemente und CSS-Anweisungen einerseits leicht abweichend dar, beispielsweise Buttons wie in Abb. 19–1 . Andererseits befinden sich die HTML5- und CSS3-Standards noch in der Entwicklung, sodass auch aktuelle Browser nicht immer alle HTML-Elemente respektive CSS-Eigenschaften unterstützen, beispielsweise `text-shadow` (Textschatten) oder `border-radius` (runde Ecken), die im Internet Explorer vor der 9er-Version nicht dargestellt werden.

WWW
Umfangreiche Übersicht darüber, welche HTML-Elemente und CSS-Eigenschaften von welchen Browsern unterstützt werden, einschließlich Versionsangaben: www.h5c3.de/link-19-1

Ziel der Frontendentwicklung ist es, ein Layout in den verschiedenen Browsern gleich aussehend darzustellen. Dies wird als »Browser-Kompatibilität« bezeichnet. Eine Maßnahme, um die Browser-Kompatibilität herzustellen, besteht darin, ausschließlich HTML-Elemente zu verwenden, die von allen Browsern gleich angezeigt beziehungsweise unterstützt werden. Damit fallen aktuell alle neuen Formularelemente heraus. Im Fall von CSS könnten nur solche Eigenschaften verwendet werden, die alle Browser darzustellen in der Lage sind.

Alternativ gibt es diverse Strategien, um mangelnde Fähigkeiten alter Browser abzufangen. Dazu gehören »Conditional Comments« (Kapitel 19.3.2) oder CSS-Hacks (Kapitel 19.3.3). Streng genommen muss man zwei Arten von Browser-Kompatibilität unterscheiden: die funktionelle und die optische.

Funktionelle Browser-Kompatibilität

Eine funktionelle Kompatibilität sollte immer das oberste Ziel sein. Selbst wenn das Layout abweichend vom gedachten Screendesign dargestellt wird, sollte sichergestellt werden, dass alle Links und Buttons erreichbar sind, damit alle Funktionalitäten problemlos bedient werden können.

Hierzu ist es wichtig, nur HTML-Elemente einzusetzen, die auch browserübergreifend unterstützt werden. Bezüglich CSS können hier Kompromisse gemacht werden. Falls im Internet Explorer 8 keine runden Ecken dargestellt werden, bedeutet das in der Regel keine Einschränkung der Funktionalität. Je geringer der Marktanteil eines nicht unterstützenden Browsers ist, umso vertretbarer erscheint es, eine abweichende Darstellung hinzunehmen. Vor allem wenn es nur um kleine optische Effekte geht, welche die eigentliche Flächenverteilung nicht beeinflussen, steht die angestrebte Darstellungsgleichheit dem unverhältnismäßigen Aufwand entgegen, den das Herstellen einer optischen Browser-Kompatibilität über andere Techniken bedeuten kann.

Optische Browser-Kompatibilität

Eine optische Kompatibilität hat zum Ziel, das Design auf allen Browsern identisch anzeigen zu lassen. Dies klingt erst einmal völlig selbstverständlich und sollte auch erklärtes Ziel sein. In der Praxis erweist es sich aber mitunter als eine kaum lösbare Aufgabe, da beispielsweise Formularelemente nicht nur vom HTML bzw. CSS abhängen, sondern ebenfalls vom Betriebssystem. Oder salopp ausgedrückt: Mac sieht einfach anders aus als PC.

In der Praxis wird oft mehr Wert auf die optische Einheitlichkeit gelegt, als dass sichergestellt wird, dass eine Seite in allen Browsern zuverlässig bedienbar ist. Diese Gewichtung ist im Grunde nicht zu vertreten. Was nützt es, wenn die Seite in allen Browsern zu 100 % gleich aussieht, aber nicht überall bedienbar ist?

Funktion versus Layout
Die Funktionalität einer Webseite muss immer sichergestellt sein. Falls eine Entscheidung zwischen Funktionalität und Layout zu treffen ist, muss die Funktionalität Vorrang haben!

Bevor es an die konkreten Maßnahmen geht, muss klar sein, welche Browser vorrangig »bedient« werden müssen und wie Sie an diese Information kommen.

19.1 Welche Browser sollten unterstützt werden?

Abb. 19–2
Icons von Firefox, Internet Explorer, Google Chrome, Safari und Opera

Aktuell (erste Jahreshälfte 2012) versammeln Firefox, Internet Explorer und Google Chrome die größten Anteile auf sich; daneben haben Safari und Opera so große Anteile, dass man sie nicht ignorieren darf. Dabei spielt neben dem Browsertyp vor allem beim Internet Explorer auch die jeweilige Version eine Rolle. Die Darstellung von Webseiten sollte aktuell in folgenden Browsern überprüft werden:

Quelle: http://gs.statcounter.com, Stand: Juli 2012

- **Firefox:** Version 9 war Anfang 2012 der beliebteste Browser. Bis zum Jahresende 2012 ist die Version 16 geplant. Durch kurze Releasezyklen und das Auto-Update löst eine neue Version den Vorgänger binnen weniger Wochen ab und ist kurz nach der Veröffentlichung die meistvertretene. Insgesamt ca. 50 % Marktanteil.
- **Internet Explorer 9:** Aktueller Microsoft-Browser mit ca. 13,5 % Marktanteil. Mit Windows 8 wird im Herbst 2012 der Internet Explorer 10 erwartet – und die Marktanteile werden dann davon abhängig sein, wie gut Windows 8 angenommen wird.
- **Internet Explorer 8:** Da der IE9 nicht auf Windows XP läuft, ist der IE8 mit ca. 9,5 % noch sehr verbreitet.
- **Google Chrome:** Google hat in vier Jahren 19 Versionen herausgebracht, 2012 ist bereits Version 20 geplant. Ähnlich wie bei Firefox sorgt ein Auto-Update dafür, dass die aktuelle Version wenige Wochen nach der Veröffentlichung am stärksten vertreten ist (zu über 80 % unter allen Chrome-Versionen). Etwa 16 % Marktanteil.
- **Safari 5.1:** Der Apple-Browser ist wie der Google Chrome ein Webkit-Browser, damit wird die Rendering-Engine bezeichnet. Anpassungen für den Chrome greifen deswegen zumeinst auch beim Safari und umgekehrt. Hat ca. 6 % Marktanteil.
- **Opera 11 + 12:** Anteilig mit insgesamt 3,5 % auf dem Markt vertreten.

Auch wenn diese Informationen mit dem Erscheinen des Buches bereits veraltet sind, sollen sie Ihnen ein Gefühl für die tendenzielle Verteilung der Browser vermitteln. Unter nebenstehendem Link finden Sie eine Übersicht, welche Browser aktuell besonders gefragt sind.

Die Browseranteile verändern sich ständig, von daher gehört es zur Frontendentwicklung, sich regelmäßig aktuelle Statistiken anzusehen. Unter nebenstehenden Links finden Sie drei von vielen Browserstatistiken – und nicht jede liefert gleiche Ergebnisse. Hier gilt es, daraus Schlüsse für das eigene Projekt zu ziehen.

WWW

Aktuelle Browser: www.h5c3.de/link-19-2

browser-statistik.de: www.h5c3.de/link-19-3

W3Counter: www.h5c3.de/link-19-4

NetMarketShare: www.h5c3.de/link-19-5

Was Sie bei Browserstatistiken beachten sollten

- **Verlassen Sie sich nicht auf eine einzelne Statistik!** Sehen Sie sich mehrere Statistiken an und verschaffen sich ein übergreifendes Bild.
- **Halten Sie sich auf dem aktuellen Stand!** Statistiken verändern sich ständig, potenziell auch binnen weniger Monate, und das nicht nur in den Nachkommastellen.
- **Achten Sie auf länderspezifische Statistiken!** Solche Erhebungen unterscheiden sich von Land zu Land mitunter massiv. Verwenden Sie Statistiken, die in dem Land generiert wurden, für welches Ihre Webseite geplant ist.

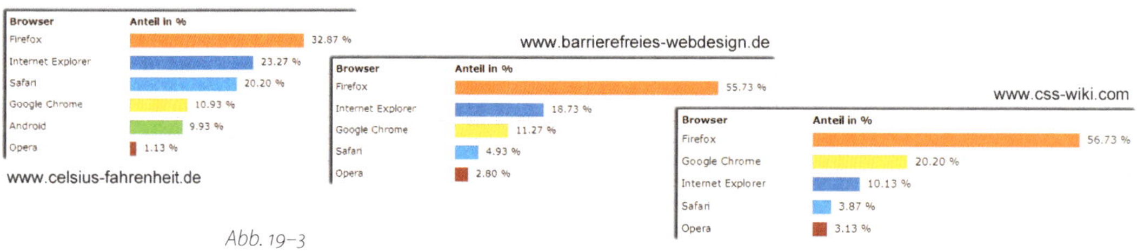

Abb. 19–3
Je nach Webseite (und damit nach Zielgruppe) variieren Browserstatistiken sehr.

Idealerweise analysieren Sie die Statistik unter Berücksichtigung der Zielgruppe Ihrer Webseite. Anhand der Grafik wird deutlich, dass es keine allgemeingültigen Statistiken gibt. Links in Abb. 19–3 sehen Sie die Zugriffe auf die Website www.celsius-fahrenheit.de, deren Zielgruppe nicht sonderlich zu spezifizieren ist. Der Internet Explorer (8 + 9) ist vergleichsweise stark vertreten, der Safari-Anteil gegenüber anderen Statistiken ebenfalls hoch – vermutlich wird eine Wetterwebsite öfter von mobilen Geräten aufgerufen. Da auf iPad und iPhone der Safari-Browser genutzt wird, ist das womöglich die Ursache für den recht hohen Anteil. Die beträchtliche Zugriffszahl der Android-Browser unterstützt die These, dass eine solche Seite vermehrt mit mobilen Geräten aufgerufen wird.

In der Mitte und rechts sehen Sie Statistiken von Webseiten, deren Zielgruppe Entwickler sind. Hervorstechend ist die Präsenz des Firefox, im Falle von www.css-wiki.com überholt der Google-Browser sogar den Internet Explorer, was für einen Seite ohne spezielle Zielgruppe eine Ausnahme wäre.

Konsequenzen für die Entwicklung

Dies bedeutet, dass Sie eine aktuelle Version jedes Browsers auf Ihrem Rechner installiert haben sollten. Allerdings stellt Sie das vor ein Problem, denn den Internet Explorer können Sie nur in einer Version installieren. Mittlerweile aber bieten Tools die Möglichkeit, Browser zu simulieren.

Workshop

Tools, um Browser zu simulieren: *Kapitel 20.1.4 und 20.2.2*

Was auf Windows möglich ist, lässt der Mac diesbezüglich nicht zu. Um hier einen Internet Explorer zur Verfügung zu haben, benötigen Sie eine sogenannte virtuelle Maschine, d.h. eine Software (die populärste ist Parallels®), die ein anderes Betriebssystem simuliert. Auf diese Weise können Sie Windows auf dem Mac installieren und damit dann den Internet Explorer nutzen.

Bei der Entwicklung muss nicht jeder Schritt auf allen fünf Browsern kontrolliert werden. Nach dem Aufbau des Grundgerüsts sowie nach Fertigstellung einzelner Module ist eine Prüfung auf allen Browser jedoch ratsam. Zusätzlich ist es sinnvoll, sich Seiten auch auf »dem anderen« Betriebssystem anzusehen, also auf dem Mac für Windows-Nutzer und umgekehrt, da die Darstellung auch hier leichte Abweichungen haben kann.

Ungern spreche ich eine Empfehlung für einen bestimmten Browser aus, den man für die Entwicklung bevorzugt nutzen sollte. Da Firefox und Google Chrome große Marktanteile haben und die Darstellung von HTML und CSS auch versionsübergreifend gut ist, gehören diese aber sicher zu den Favoriten.

Für ungünstig halte ich es, als Entwicklungsbrowser den Internet Explorer 8 zu verwenden, da dieser von allen Browsern die meisten Darstellungsabweichungen liefert. Dafür waren auch schon die Vorversionen des Internet Explorer berühmt und berüchtigt. Zum Surfen ist der Internet Explorer sicher gut geeignet, zum Entwickeln jedoch nicht das Optimum.

19.2 HTML5-Browser-Kompatibilität herstellen

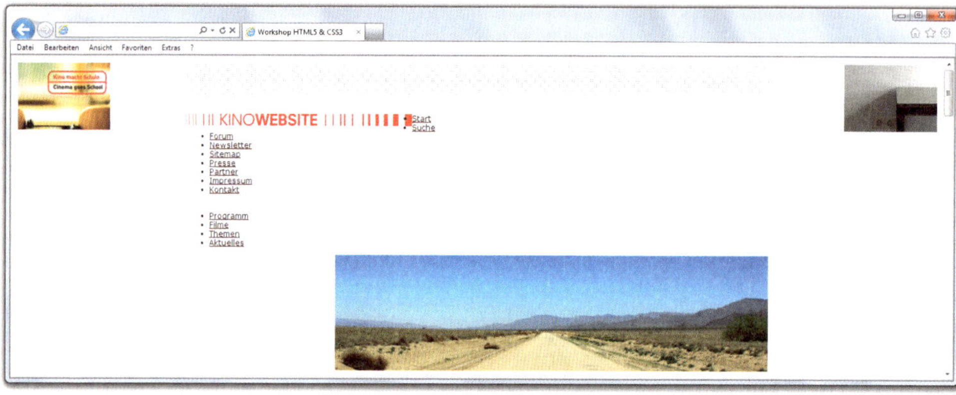

Abb. 19–4
Das umgesetzte Beispiellayout sieht im Internet Explorer 8 so aus.

Der Internet Explorer 8 unterstützt kein HTML5! Allerdings gehört der IE8 zu den Webbrowsern, die immer noch von einer solch hohen Zahl von Surfern genutzt werden, dass diese Zielgruppe nicht ignoriert werden darf. Und auch Internet Explorer 6 und 7 sind noch nicht vollständig von der Bildfläche verschwunden, sodass man diese ebenso wenig mit gutem Gewissen übergehen kann.

Listing→

Kapitel 19 Startpaket: www.h5c3.de/listing-19-1

Das eigentliche Problem der Nichtunterstützung ist, dass alle CSS-Regeln, die über ein für den IE8 unbekanntes HTML5-Element definiert sind, nicht greifen. Das Layout ist in den alten Browsern »zerfetzt«, wie Abb. 19–4 zeigt.

19.2.1 JavaScript-Lösung

```
<script type="text/javascript">
   document.createElement("nav");
   document.createElement("section");
   document.createElement("article");
</script>
```

Dieser Quelltextschnipsel wird in den `head`-Bereich des HTML eingefügt. Die JavaScript-Methode `createElement()` ist eigentlich dafür vorgesehen, ein HTML-Element dynamisch zu erzeugen, um es irgendwo ins HTML einzufügen, beispielsweise eine Fehlermeldung nach einer JavaScript-Formularprüfung.

Im Fall von HTML5-Elementen hilft `createElement()` auch bezüglich der Abwärtskompatibilität. Allein der Aufruf der Funktion wirkt wie eine Art »Bekanntmachung« des HTML-Elements. Auf diese Weise erhalten auch ältere Internet-Explorer-Versionen Kenntnis von diesen Elementen, CSS-Regeln können damit auf die HTML5-Elemente zugreifen.

```
nav,
article,
section {
   display: block;
}
```

Zusätzlich benötigt das CSS noch einen Eintrag, der die Elemente zu Block-Elementen macht und ihnen damit eine Standardeigenschaft verleiht.

Ein Problem, das für diese Lösung bestehen bleibt, sind alte Browser, die JavaScript deaktiviert haben. Allerdings ist das mittlerweile bei weniger als 5 % der Fall, sodass in der Kombination mit dem Marktanteil des IE8 dieses Problem weniger als 0,1 % der Nutzer betrifft. Für kleine Seiten ist dies durchaus vertretbar.

Diese Strategie ist für Strukturelemente wie `nav`, `section` oder `article` erfolgreich. Auf `audio`- und `video`-Elemente kann zwar auch die Funktion `createElement()` angewendet werden, allerdings wird hiermit nicht die eigentliche Funktionalität eines Videoplayers getriggert, von daher ist die Methode nicht für alle Fälle geeignet.

html5shiv

Das Prinzip dieser JavaScript-Lösung nutzt auch **html5shiv** mit dem Unterschied, dass Sie nicht alles »zu Fuß«, sprich selbst codieren müssen, sondern eine fertige JavaScript-Datei einbinden, welche dann für die Abwärtskompatibilität sorgt. Vor allem werden damit auch Problem beim Ausdruck mit dem IE abgefangen. Sie finden das JavaScript zum Download auf der html5shiv-Projekthomepage. Im `head` des HTML wird die JavaScript-Datei eingebunden, html5shiv übernimmt dann sowohl die »Bekanntmachung« der HTML5-Elemente als auch das Hinzufügen der notwendigen CSS-Eigenschaften.

```
<!--[if lt IE 9]>
      <script type="text/javascript" src="_js/html5shiv.js">
      </script>
<![endif]-->
```

Diese Schreibweise ist ein »Conditional Comment« (Kapitel 19.3.2) und bindet das JavaScript nur für Internet Explorer ein, die eine kleinere Versionsnummer als 9 haben, also für IE6, IE7 und IE8.

WWW

html5shiv -Homepage und Download: www.h5c3.de/link-19-6

19.2.2 HTML5-Strukturelemente mit div-Elementen nachbauen

Dieser Weg bedeutet zwar die doppelte Arbeit, aber ist zugleich die einzige Möglichkeit, um die Abwärtskompatibilität zu 100 % sicherzustellen. In der Beispielumsetzung wurden die neuen Tags `nav`, `section` und `article` eingesetzt. Folgende Schritte sind notwendig, damit auch in alten Browsern das Layout richtig angezeigt werden kann:

Alle HTML5-Elemente werden mit einem `div`-Element umschlossen. So wird für alte Browser eine brauchbare HTML-Struktur aufgebaut.

```
<div>
    <nav id="navigation">
        <ul>
            <li><a href="#">Programm</a></li>
            <li><a href="#" class="auswahl">Filme</a></li>
            <li><a href="#">Themen</a></li>
            <li><a href="#">Aktuelles</a></li>
        </ul>
    </nav>
</div>
```

Im HTML-Code wird die `id` in das übergeordnete `div` verschoben. Damit bleibt die Hierarchie der `id` in der HTML-Struktur erhalten, die über Kombinationsselektoren angesprochen wird. In alten Browsern kann dann das CSS nach ein paar Anpassungen ebenfalls wirken.

```
<div id="navigation">
    <nav>
        <ul>
            <li><a href="#">Programm</a></li>
            <li><a href="#" class="auswahl">Filme</a></li>
            <li><a href="#">Themen</a></li>
            <li><a href="#">Aktuelles</a></li>
        </ul>
    </nav>
</div>
```

In diesem Codeschnipsel reichte das Verschieben der `id` aus. Im Folgenden wurde in den Teasern ein `section` verwendet, das weder `class`- noch `id`-Attribut hat.

```
<div class="teaser">
   <section>
      <hgroup>
         <h2>Intern</h2>
         <h1>Ökologisch Kino
            genießen</h1>
      </hgroup>
      ...
   </section>
</div>
```

```
<div class="teaser">
   <div class="section-tag">
      <section>
         <hgroup>
            <h2>Intern</h2>
            <h1>Ökologisch Kino
               genießen</h1>
         </hgroup>
         ...
      </section>
   </div>
</div>
```

Auch hier wird die HTML-Struktur nachgebaut. Da keine `id` vorhanden ist, wird eine `class` in das umgebene `div` gesetzt. Dieses ist mit einem Bezeichner versehen, der auf die Aufgabe des `div` hinweist, wie hier `section`-Tag. Die CSS-Regel kann nun um diese `class` erweitert werden. Damit greift sie nun auch in alten Browsern.

```
.teaser .section-tag,
.teaser section {
   padding: 10px 10px 0px 10px;
   background-color: white;
   min-height: 185px;
}
```

Gleichzeitig ist damit ein neues Problem entstanden: Diese CSS-Regel greift in aktuellen Browsern doppelt, einmal über das `div` mit der `class="section-tag"` **und** über das `section`-Tag selbst. Da hier Abstände definiert sind, doppeln diese sich in der Darstellung.

Um die Doppelung zu beseitigen, wird der Selektor `.teaser section`, mit dem vorher die Regel eingeleitet wurde, gelöscht.

```
.teaser .section-tag {
   padding: 10px 10px 0px 10px;
   background-color: white;
   min-height: 185px;
}
```

Das Herstellen der Abwärtskompatibilität würde man in der Praxis nicht am Ende umsetzen, sondern bei Webseiten, die 100 % abwärtskompatibel sein sollen, von Anfang an berücksichtigen, sprich: Man würde grundsätzlich

- alle HTML5-Elemente mit einem `div` und einer entsprechenden `class` umgeben und

- alle weiteren `class`- und `id`-Attribute **nicht** in HTML5-Tags, sondern in das umgebene `div` platzieren

Listing→

Kapitel 19 Ergebnispaket: www.h5c3.de/listing-19-2

Damit sei die grundsätzliche Herangehensweise geschildert. Unter nebenstehendem Listing finden Sie die komplette Webseite, einmal mit der JavaScript-Lösung und einmal mit nachgebauten `div`-Elementen.

Schließlich sei noch angemerkt: Wenn neue HTML5-Tags eingesetzt werden, muss grundsätzlich geprüft werden, ob gängige Browser das Element unterstützen. `video`- und `audio`-Tag oder auch neue Formularfeatures wie `placeholder` oder `autofocus` versprechen zwar eine gute Zukunft, sind aber auch in den aktuellen Browsern bislang nur mäßig implementiert, sodass viele Neuerungen ohne Fallback noch nicht auskommen.

19.3 CSS3-Browser-Kompatibilität herstellen

Bezüglich CSS3 ist die Brisanz nicht so stark wie bei HTML5. Wo es Ihnen bei HTML5 passieren kann, dass eine Seite in alten Browsern unter Umständen nicht bedienbar ist, da führen CSS-Eigenschaften, die noch nicht unterstützt werden, oft »nur« zu Darstellungsabweichungen. Lapidar gesagt: Wenn die runden Ecken einer Box in älteren Browsern eckig erscheinen, ist dadurch keine Funktionalität beeinträchtigt.

Um eine Browser-Kompatibilität herzustellen, gibt es nicht **den** Standardweg, vielmehr unterscheiden sich je nach Problem die Lösungsmöglichkeiten.

19.3.1 CSS3 PIE

Abb. 19–5 Links Google Chrome, rechts Internet Explorer 8

Runde Ecken `border-radius` und Boxschatten `box-shadow` gehören zu den häufig eingesetzten CSS-Eigenschaften. Früher waren diese Effekte nur über geschickt eingesetzte Hintergrundgrafiken zu realisieren. Da Grafiken jedoch zusätzliche Ladezeit bedeuten und die Umsetzung ziemlich »frickelig« ist, stellt eine CSS-Eigenschaft sicher die bessere Wahl dar.

Bis zur Version 8 des Internet Explorer werden diese Eigenschaften nicht unterstützt, CSS3 PIE bietet hier eine Lösung. Die Darstellung in Abb. 19–5 wird über folgenden Quelltext erzeugt. Rechts in Abbildung sieht man, dass `border-radius` und `box-shadow` nicht angezeigt werden.

```
div {
   border: 2px solid red;
   padding: 20px;
   width: 200px;
   text-align: center;
   border-radius: 20px;
   box-shadow: 10px 10px 0px gray;
}
```

Um die Abwärtskompatibilität herzustellen, wird die Datei `PIE.htc` benötigt. (Sie ist einschließlich einer ausführlichen Dokumentation unter nebenstehendem Link zu finden). Die Datei wird in das Verzeichnis der CSS-Datei gelegt. Diese `.htc`-Datei verleiht alten Internet Explorer-Versionen die Fähigkeit, einzelne CSS3-Eigenschaften zu erkennen.

WWW

CSS3 PIE-Projektseite: www.h5c3.de/link-19-7

```
1  div {
2     behavior:url('PIE.htc');
3     background-color: white;
4  }
```

Im CSS-Code wird die Regel um eine Deklaration erweitert. Über die Codezeile 2 wird das Verhalten hinzugefügt, was bereits ausreicht, damit alte Internet Explorer nun runde Ecken und Schlagschatten unterstützen. Wie in Abb. 19–6 links zu sehen, wird der Schatten hinter dem Element angezeigt. Ein weißer Hintergrund (Codezeile 3) führt dann zur endgültigen Lösung.

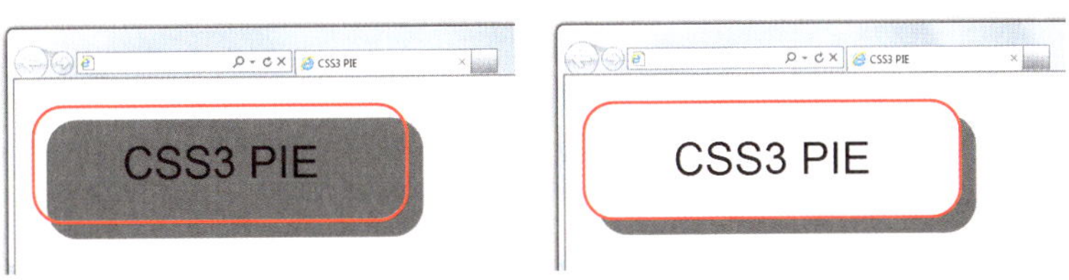

Abb. 19–6
CSS3-Eigenschaften werden über CSS3 PIE in alten Internet Explorer-Versionen möglich.

19.3.2 Conditional Comments (CC)

Bei Conditional Comments – was mit »bedingte Kommentare« übersetzt werden kann – handelt es sich um eine spezielle Syntax von Microsoft.

```
1 <!--[if lte IE 8]>
2    <link href="ie6-8.css" rel="stylesheet" type="text/css">
3 <![endif]-->
```

Normalerweise werden HTML-Kommentare vom Browser übergangen. Alle Versionen des Internet Explorer »schauen« trotzdem in die Kommentare und erkennen die spezielle Schreibweise.

Im Quellcode wird in eckigen Klammern `[ ]` eine Bedingung angegeben. In der Bedingung `if lte IE 8` stehen die Buchstaben `lte` für »lower than or equal«. Übersetzt bedeutet diese Abfrage: »Wenn der Browser kleiner oder gleich Internet Explorer 8 ist, dann interpretiere Folgendes«, was dazu führt, dass der Inhalt des Kommentars ausgeführt wird.

In diesem Fall wird eine spezielle CSS-Datei für alle Versionen des Internet Explorer einschließlich IE8 eingebunden, für den IE9 hingegen nicht – und für alle anderen Browser ohnehin nicht, da sie die Microsoft-Syntax nicht verstehen.

Ein weiterer HTML-Kommentar (Codezeile 3) beinhaltet `[endif]`: Damit wird die oben gestellte Bedingung beendet, danach wird das HTML von Microsoft-Browsern weiter wie gewohnt ausgelesen.

Damit haben Sie die Möglichkeit, nur für spezielle Versionen Styles einzubinden. Am Anfang des Kapitels wurde das JavaScript-Fallback besprochen, welches zusätzliches CSS benötigt. Da nur die alten IEs dieses CSS benötigen, wäre es in einer solchen speziellen Datei richtig aufgehoben, würde in anderen Browsern keine Nebeneffekte bewirken und auch Ladezeit sparen, da die Datei nur für die betreffenden IEs geladen würde.

```
nav,
article,
section {
   display: block;
}
```

Conditional Comments: www.h5c3.de/link-19-8

Neben dem `lte` gibt es weitere »Operatoren«, um bestimmte Bedingungen aufzubauen. Ausführliche Informationen dazu finden Sie unter nebenstehendem Link.

19.3.3 CSS-Hacks

Unter CSS-Hack versteht man das Vorgehen, aufgrund einer besonderen oder bewusst falschen Schreibweise, die einen Fehler im Browser ausnutzt, eine CSS-Regel nur in einem bestimmten Browser wirken zu lassen. Auch Conditional Comments fallen landläufig darunter. Man kann unter CSS-Hacks also all jene Maßnahmen verstehen, die zur Herstellung der Browser-Kompatibilität dienen.

@media-Hack (Internet Explorer 8)

Abb. 19–7
Simulation von runden Ecken nur für den Internet Explorer 8 (links die Ansicht im IE9, Mitte und rechts die im IE8)

Um beim Beispiel der runden Ecken zu bleiben, wäre also ein anderer Ansatz, nur für den Internet Explorer 8 eine spezielle CSS-Regel zu hinterlegen – aber weder auf dem Weg über ein CSS3 PIE noch über einen Conditional Comment.

```
p {
   width: 200px;
   padding: 10px 20px;
   border-top-left-radius: 20px;
   border: 2px solid blue;
}
```

Dieser CSS-Code erzeugt eine runde Ecke links oben, dies kann der IE8 nicht. Jetzt wird »gehackt«.

```
1  @media \0screen {
2     p {
3        border-left: 0px;
4        border-top: 0px;
5        background-image: url('bg-reiter.png');
6     }
7  }
```

In der Codezeile 1 sehen Sie eine `@media`-Regel, gefolgt von einem `\0screen`. Diese Schreibweise ist falsch. Alle Browser ignorieren daher den Inhalt der Regel, lediglich der Internet Explorer 8 »stolpert« darüber, er erkennt den Fehler nicht und wertet die Regel aus. Hier können nun prinzipiell alle Anweisungen hinterlegt werden, die ausschließlich für die Version 8 benötigt wird, aus welchen Gründen auch immer.

Um aber noch die konkreten Schritte zu beschreiben: In Abb. 19–7 (2) sehen Sie den IE8, in dem über die @media-Regel der linke und obere Rahmen entfernt wurden (Codezeile 3 und 4). Über ein Grafikprogramm (Abb. 19–7 (3)) wird eine Grafik erzeugt, welche einen abgerundeten Rahmen hat – in diesem Fall einfach aus einem Screenshot von einem Browser, der runde Ecken unterstützt. Diese Grafik wird dann als Hintergrundgrafik gesetzt (Codezeile 5). In Abb. 19–7 (4) sieht man, wie die runde Ecke über die Grafik simuliert wird.

Star-HTML-Hack (Internet Explorer 6)

Auch wenn der IE6 nicht mehr zu den aktuellen Browsern gehört, möchte ich Ihnen diesen Standard-Hack nicht vorenthalten. In Kapitel 5.4 wurde eine Mindesthöhe `min-height` gesetzt – und dadurch einer der bösen Bugs des IE6 angesprochen, denn dieser beherrscht `min-height` nicht. Allerdings verhält sich im IE6 `height` wie `min-height`, von daher bietet es sich an, über eine einfache Regel den IE6 zu »fixen«.

```
#inhalt {
   margin-top: 25px;
   min-height: 150px;
}
* #inhalt {
   height: 150px;
}
```

Vergleichbar der falschen Schreibweise beim IE8-Hack wird hier ein Stern * vor den Selektor gesetzt. Dieser Kombinationsselektor ist von der Syntax her betrachtet zwar richtig, allerdings ist die Reihenfolge von Universalselektor * und der `id #inhalt` falsch. Der IE6 ignoriert hier den falschen Selektor und setzt die Regel für die `id #inhalt` um. Die Situation, die in Abb. 5–16 dargestellt wird, ist mit diesem IE6-Hack ebenfalls bewältigt.

Allgemeiner Vorteil solcher Regeln ist, dass keine separate Datei benötigt wird und der Hack an der Stelle notiert werden kann, wo er eine nicht unterstützte Eigenschaft »korrigiert«.

Der generelle Nachteil von Hacks, vor allem wenn sie Browser-Bugs ausnutzen, besteht darin, dass dadurch ein CSS-Code nicht mehr standardkonform sein kann und man vor allem nicht wissen kann, wie zukünftige Browser damit umgehen werden.

Star-Plus-HTML-Hack (Internet Explorer 7)

Der Vollständigkeit halber sei hier ein weiterer unkomplizierter Hack erwähnt.

```
* + html {
   width : 29em;
}
```

Das Prinzip ist dasselbe, die falsche Notation von Stern * und Plus + wird ausschließlich vom IE7 ausgelesen. Sollten Sie ein spezielles Problem ausschließlich in der 7er-Version haben, bietet sich Ihnen hier ein effektiver Weg, dieses zu lösen.

20 Entwicklungs- und Debug-Tools

Dieses Kapitel blickt auf Werkzeuge für die Entwicklung beziehungsweise solche, die der Untersuchung von Webseiten dienen. Dabei hängt es vom Browser ab, welche Tools zur Verfügung stehen.

Vor zehn Jahren bestand lediglich die Möglichkeit, in den Quelltext zu schauen, um zu sehen, was der Browser ausspuckt. In den vergangenen Jahren sind nun immer mehr Tools auf den Markt gekommen, um die Webentwicklung zu vereinfachen. Diese waren in der Regel Addons, die installiert werden mussten und mehr oder weniger zuverlässig waren. Derweil sind die Entwicklertools in den Browsern selbst implementiert, sodass immer weniger Extra-Tools notwendig sind.

20.1 Browsereigene Entwicklertools

20.1.1 Firefox: Seiten-Inspektor

WWW

Firebug: Vergleichbares Entwicklertool als Browser-Add-on mit umfangreichen Funktionalitäten: www.h5c3.de/link-20-1

Seit der 10er-Version des Firefox steht der Seiten-Inspektor zur Verfügung. Dieser erlaubt einen umfassenden Blick »hinter die Kulissen« des Browsers. Vorher stand die Erweiterung Firebug zur Verfügung, über die diese Funktionalität angeboten wurde. Da nun der Inspektor Teil vom Firefox ist, wird ein Add-on zukünftig nicht mehr unbedingt benötigt.

(1) Über das Kontextmenü (rechte Maustaste) kann ein HTML-Element ausgewählt werden. Danach

(2) verdunkelt sich der Bildschirm, das ausgewählte Element ist hervorgehoben. Am unteren Ende erscheint eine weitere Leiste, über die zusätzliche Funktionen aufgerufen werden können.

(3) In dieser unteren Leiste wird angezeigt, in welcher HTML-Hierarchie das ausgewählte Element liegt. Hier wird der »Stammbaum« des HTML deutlich. Diese Hierarchie entspricht der Reihenfolge der Einfachselektoren, mit der in CSS die Kombinationsselektoren aufgebaut werden könnten.

Abb. 20–1
Der Firefox Inspektor bietet tiefgehende Erkenntnisse.

(4) Mit Klick auf den HTML-Button öffnet sich unten ein Fenster und zeigt

(5) den HTML-Quelltext an. Wichtig an der Stelle: Dieser Quelltext ist nicht der, den Sie geschrieben haben, sondern jener, den Firefox

gerendert hat und für den Aufbau der Seite verwendet. Kleine Fehler im Quelltext sind hier »glattgebügelt«.

(6) Der Style-Button eröffnet einen vergleichbaren Einblick in das geparste CSS.

(7) Nach Öffnen des CSS-Fensters ist der Regeln-Button aktiviert,

(8) dort sehen Sie **alle** CSS-Regeln, die auf das ausgewählte HTML-Element wirken. Nützlich sind hier die Checkboxen, mit denen man einzelne CSS-Eigenschaften deaktivieren kann. In Echtzeit ist dann zu beobachten, welche Auswirkung eine Eigenschaft hat.

(9) Zusätzlich steht der Button »Berechnet« zur Verfügung. Dieser zeigt

(10) nicht nur die CSS-Regeln an, die Sie selbst definiert haben, sondern über das Entfernen des Häkchens bei »Nur Anwender-Stile« alle Regeln, die auf das Element wirken – einschließlich aller Standardwerte. Ein grandioses Tool, denn damit sind Sie ganz nah an der Seele des Firefox, hier bleiben keine Geheimnisse verborgen.

20.1.2 Google Chrome Web Inspector

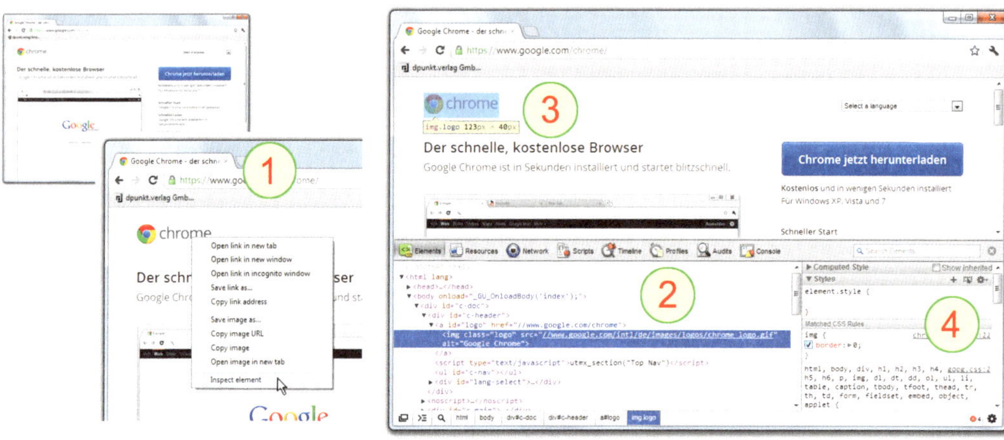

Abb. 20–2
Der Web Inspector öffnet ebenfalls verschiedene Fenster.

Ähnlich wie der Firefox Seiten-Inspektor sieht das entsprechende Untersuchungstool vom Google Chrome aus. Auch hier

(1) wird über die rechte Maustaste der Inspector (Element untersuchen) geöffnet.

(2) Unten erscheint ein Fenster mit dem HTML-Quelltext – auch hier handelt es sich nicht um den von Ihnen geschriebenen, sondern den gerenderten Quelltext, mit dem die Seite angezeigt wird.

(3) Wählen Sie im Quelltext eine Zeile aus, erhalten Sie auf der Webseite weitere Informationen über das Element.

(4) Rechts unten werden die Styles angezeigt, auch hier können über Checkboxen Styles deaktiviert werden, was einen sofort sichtbaren Effekt nach sich zieht. Zusätzlich können rechts unten weitere Reiter aufgeklappt werden, die umfangreiche Informationen über die Seite liefern.

20.1.3 Safari-Menü »Entwickler«

Safari bietet den gleichen Web Inspector wie Google Chrome, wodurch deutlich wird, dass es sich bei beiden um Webkit-Browser handelt und sie auf der gleichen Browser-Engine aufsetzen.

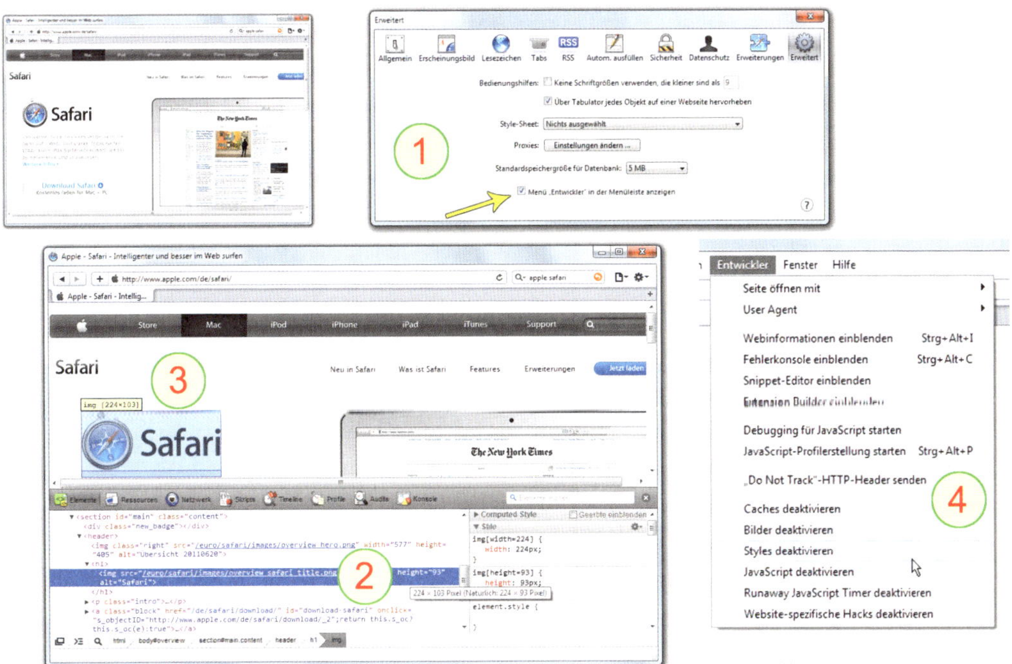

Abb. 20–3
Das Entwickler-Menü muss erst über die Einstellungen aktiviert werden.

(1) In der Standardinstallation ist das Entwickler-Menü deaktiviert, hier muss über die Menüleiste, dann Bearbeiten → Einstellungen… → Erweitert die unterste Checkbox »Menü Entwickler in der Menüleiste anzeigen« aktiviert werden.

(2) Danach steht der Web Inspector wie beim Google Chrome über die rechte Maustaste zur Verfügung,

(3) Auch hier erhalten Sie nach Auswahl einer Zeile im Quelltext weitere Informationen auf der Seite.

(4) In der Menüleiste erscheint nach dem Aktivieren des »Menü Entwickler« der Menüpunkt »Entwickler«. Hier kann beispielsweise CSS deaktiviert werden.

20.1.4 Entwicklertools des Internet Explorer

In der Vergangenheit hatte der Internet Explorer bezüglich Entwicklertools eher wenig zu bieten; seit IE8 beziehungsweise IE9 stellt er aber nun durchaus brauchbare Werkzeuge zur Verfügung. Über die Menüleiste »Extras« oder einfach die F12-Taste öffnen Sie die Entwicklertools.

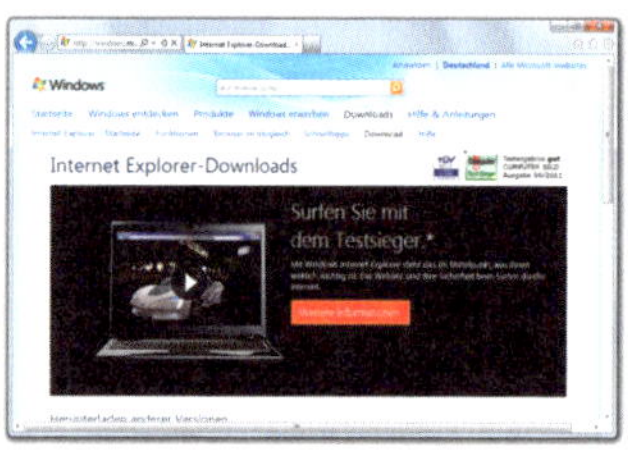

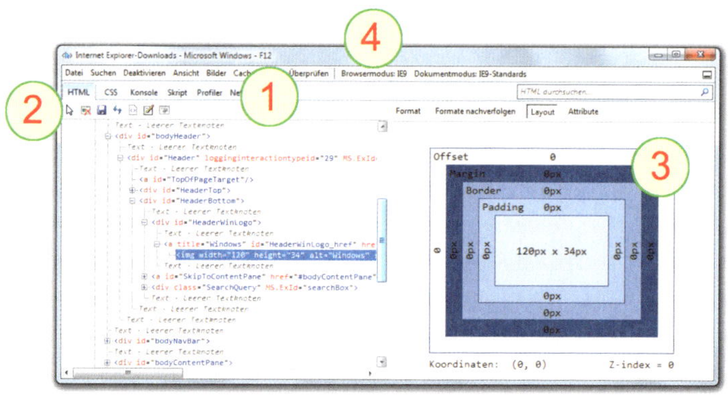

Abb. 20–4
Die Entwicklertools werden über F12 sichtbar.

(1) Über verschiedene Reiter kann das generierte HTML oder CSS der Webseite zur Anzeige gebracht werden. Auch hier handelt es sich nicht um den geschriebenen, sondern um den geparsten Quelltext.

(2) Aus verschiedenen Tools unter der Reiterleiste kann beispielsweise ein Pfeil ausgewählt werden, über den Elemente auf der Seite ausgewählt werden.

(3) Mit Klick auf eine Zeile erscheinen im rechten Fenster weitere Informationen über das Element.

(4) Zusätzlich bietet das Entwicklertool die Möglichkeit, von IE9 auf IE8 oder IE7 umzuschalten, was sich als äußerst praktisch erweist, da man darüber die Darstellung auf einer älteren Version testen kann, ohne erst separate Installationen alter IE-Browsergenerationen vornehmen zu müssen. Beim Internet Explorer 8 kann nur auf IE7 umgeschaltet werden.

20.1.5 Opera Dragonfly

Auch Opera hat eine Entwicklerkonsole integriert: Über die rechte Maustaste oder das Menü Ansicht → Entwicklerwerkzeuge → Opera Dragonfly öffnen sich der HTML-Code sowie die CSS-Eigenschaften im unteren Browserbereich – auch dies erinnert an die Webkit-Konsole.

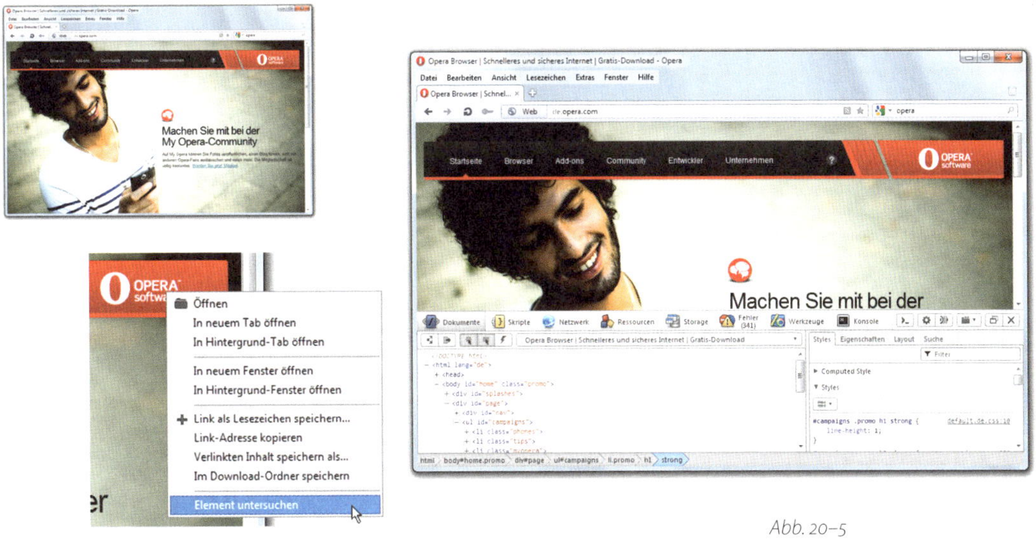

Abb. 20–5
Dragonfly erinnert an die Webkit-Konsolen.

20.2 Zusätzliche Entwicklungstools

In diesem Kapitel finden Sie zwei ausgewählte Werkzeuge für die Frontendentwicklung. Eine umfassende Liste würde hier den Rahmen sprengen – gerade Firefox bietet diverse Tools von der Farbpipette über Lorem-Ipsum-Generatoren bis hin zum WCAG-Kontrast-Checker. Ein Besuch der Add-on-Webseite verschafft Ihnen sicher einen Eindruck der Vielfalt der Browsererweiterungen.

Firefox-Add-ons: www.h5c3.de/link-20-2

Verschiedene Toolbars: www.h5c3.de/link-20-3

Auch für andere Browser gibt es diverse Erweiterungen. Eine kleine Auswahl finden Sie unter dem nebenstehenden Link.

20.2.1 Web Developer-Extension

Die Web Developer-Toolbar bietet Werkzeuge für so ziemlich alles, was man an einer Webseite untersuchen kann. Lange Zeit war sie nur für den Firefox verfügbar, mittlerweile kann sie auch auf Google Chrome installiert werden. Diese Toolbar in allen Details vorzustellen, würde

Download des Web Developer: www.h5c3.de/link-20-4

hier ebenfalls den Rahmen sprengen, ein paar Highlights sollen aber erwähnt sein:

Nach der Installation erscheint die Toolbar am oberen Rand des Browsers. Mehr oder weniger gute Bezeichnungen gruppieren dann verschiedene Untersuchungswerkzeuge.

Abb. 20–6
Die Eier legende Wollmilchsau: der Web Developer

(1) Über »Deaktivieren« kann beispielsweise JavaScript deaktiviert werden, was eine umständliche Änderung in den Firefox-Einstellungen erübrigt. Damit erhalten Sie schnell das Ergebnis, ob eine Seite auch ohne JavaScript läuft. Nach dem Deaktivieren muss die Seite neu geladen werden, damit die veränderte Einstellung greift.

(2) Unter dem 3. Reiter sind die CSS-Features gebündelt. Man kann über dieses Menü CSS deaktivieren oder direkt per Shortcut STRG + UMSCHALT + S. Die Shortcuts sind hinter den jeweiligen Funktionen angezeigt.

(3) Hier steht unter anderem die Funktion »CSS bearbeiten« zur Verfügung.

(4) Es öffnet sich ein Fenster, in dem Sie den CSS-Code der Seite bearbeiten können – die Anzeige erfolgt in Echtzeit. Unter dem Reiter »Verschiedenes« ist eine entsprechende Funktion zu finden, die ein Fenster mit dem HTML-Code öffnet, der ebenfalls in Echtzeit bearbeitet werden kann.

(5) Unter dem Reiter »Grafiken« können diese ausgeblendet werden, die `alt`-Attribute werden dann stattdessen angezeigt. Damit verfügen Sie über eine schnelle Kontrolle, ob eine Alternative tatsächlich passend vergeben sind.

(6) Der Punkt »Extras« ist vor allem für die Qualitätssicherung ein wichtiger Bereich. Unter den Menüeinträgen »Lokales CSS validieren« und »Lokales HTML validieren« stoßen Sie sehr praktische

Aktionen an: Der jeweilige Quelltext wird an das Prüftool, den Validators gesendet und zeigt in einem neuen Tab die Standardverletzungen an. Bezüglich des HTML-Codes kann dies sogar mit dem Shortcut STRG + UMSCHALT + L ausgelöst werden, was eine schnelle Quelltextprüfung erlaubt.

Für den Web Developer ist es sinnvoll, sich Zeit zu nehmen, um dessen Funktionalitäten kennen zu lernen – mit dem positiven Nebeneffekt, dass diese Toolbar verschiedenste Facetten der Frontendentwicklung beleuchtet und man mit der Benutzung sukzessive lernt, was HTML und CSS alles können.

20.2.2 IETester (DebugBar)

Ich bin in diesem Buch bereits mehrfach darauf zu sprechen gekommen: Vor allem die unterschiedlichen Versionen des Internet Explorer stellen Entwickler vor große Aufgaben. Problematisch sind nicht nur die vielen Versionen, sondern auch die Tatsache, dass Sie im Grunde nur eine richtige IE-Versionsinstallation pro Rechner vornehmen können. Und nicht jeder verfügt über mehrere Rechner. Von daher bietet der IETester eine brauchbare Möglichkeit, eine Seite auf Cross-Browser-Kompatibilität zu testen.

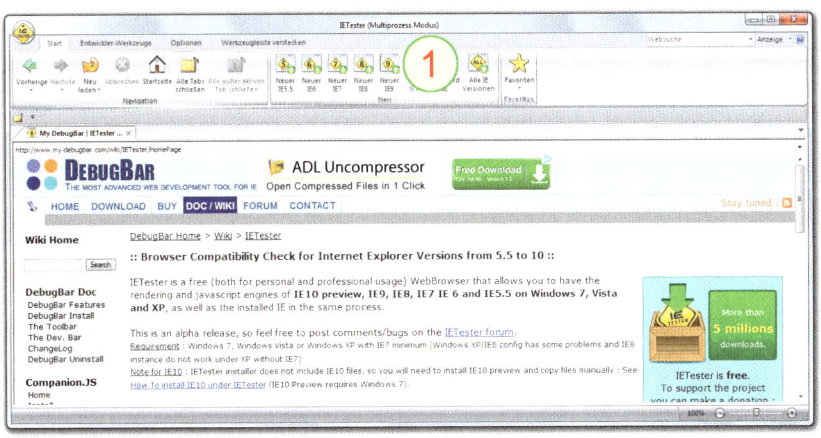

Abb. 20–7
Mit dem IETester simulieren Sie in einem Tool fünf bis sechs IE-Versionen.

Über die gelben Reiter des IETester (Abb. 20–7 (1)) kann eine bestimmte Browserversion des Internet Explorer geöffnet werden, wo die Webseite erscheint und sichtbar wird, ob diese Version entsprechende HTML-Elemente bzw. CSS-Eigenschaften darstellen kann.

Damit haben Sie vom Internet Explorer ab Version 5.5 (die man nicht mehr benötigt) über die Version 6.0 (die man immer noch im Auge behalten sollte) bis hin zur Version 9 alle Varianten in nur einem Tool. Auch die IE10-Version kann hinzugefügt werden, die Anleitung dazu ist auf der Webseite zu finden.

Download des IETester: www.h5c3.de/link-20-5

Im Gegensatz zu allen anderen Internet Explorer-Simulierungstools ist dieses Werkzeug sehr zuverlässig. Leider setzt es als Betriebssystem Windows 7, Vista oder XP voraus, ist von daher für den Mac nicht nutzbar.

21 Quelltexte auf Standardkonformität prüfen

HTML und CSS, auch übergreifend als Webstandards bezeichnet, sind im Prinzip Sprachen wie Deutsch, Englisch, Französisch oder Spanisch. Jede Sprache besteht aus einem Vokabular, Grammatik, Orthografie und weiteren Regeln – so auch HTML und CSS.

Abb. 21–1
Logo des W3C (www.w3.org)

Sprache wird analysiert und vor allem dokumentiert, was überhaupt erst die Möglichkeit bietet, sich eine fremde Sprache in einer strukturierten Weise anzueignen. Lernt man eine Sprache nach festgelegten Regeln, wird damit vor allem sichergestellt, dass ein Gesprächspartner, der diese Sprache ebenfalls spricht, auch versteht, was man sagt.

Das »World Wide Web Consortium«, kurz W3C genannt, ist ein internationaler Zusammenschluss von Experten, die Webstandards entwickeln und festlegen, was richtiges HTML und korrektes CSS sind. Für Sie als Entwickler bedeutet das: Ihnen steht ein »Regelwerk« zur Verfügung, nach dem Sie einen Quellcode schreiben können.

Bei menschlichen Sprachen wird man Sie auch mit einem leichten Dialekt oder etwas Slang noch verstehen; umso ausgeprägter ein Dialekt jedoch ist, umso höher wird die Zahl jener ausfallen, die Sie trotz der gleichen Sprache nicht mehr verstehen werden.

Entsprechend verhält es sich mit der Einhaltung von W3C-Standards. Solange Sie standardkonform arbeiten, schaffen Sie die Voraussetzung dafür, dass der Quellcode von möglichst vielen Gesprächspartnern, sprich: Browsern, verstanden werden.

Kleinere Abweichungen vom Standard wird jeder moderne Browser verzeihen. Je höher aber die Abweichung vom Standard, umso höher die Gefahr, dass Browser die Seite falsch oder gar nicht anzeigen.

Webstandards, sowohl für HTML als auch für CSS, bieten Ihnen vor allem die Sicherheit, dass Ihr Code nicht ungültig wird, sondern auch in zehn Jahren noch richtig angezeigt wird. Sie kennen die Browser der nächsten Jahre noch nicht – und damit auch nicht deren Schwächen. Sicher ist aber, dass sich jeder neue Browser – ob nun weitere Firefox-Versionen oder neue Browser auf irgendwelchen Mobiltelefonen – an die W3C-Standards halten wird.

Ziele des W3C (engl.): www.h5c3.de/link-21-1

Mit standardkonformen Quelltexten können Sie sicher sein, dass Ihre Webseite heute und auch in Zukunft browserübergreifend richtig angezeigt wird!

Die automatische Überprüfung von Quelltexten wird als »Validierung« bezeichnet.

Standardkonformität ist überprüfbar. Sowohl für HTML als auch CSS bietet das W3C »Validatoren«, also eine Webseite, über die Quelltexte geprüft werden können. Selbst wenn es unterschiedliche Meinungen dazu gibt, was die Qualität einer Webseite ausmacht: Quelltextvalidität ist eines der wenig objektiven Kriterien, die Sie überprüfen können – und je weniger Fehler eine Webseite hat, umso höher ist die Wahrscheinlichkeit, dass die Seite auf den unterschiedlichsten Geräten fehlerfrei angezeigt werden kann.

21.1 HTML validieren

Abb. 21–2
Drei Möglichkeiten, den Validator zu »füttern«: links oben über die Eingabe der Webadresse, links unten über den Datei-Upload, rechts zum direkten Hineinkopieren des Quelltextes

Unter dem angegebenen Link ist der Markup Validation Service des W3C zu erreichen. Dabei bieten sich verschiedene Möglichkeiten, den Validator zu bedienen:

W3C Markup Validation Service: www.h5c3.de/link-21-2

1. **Validate by URI:** Hier kann eine Webadresse eingegeben und die Seite direkt aus dem Web überprüft werden. Dies setzt voraus, dass die Seite auf einem Webserver liegt, was während der Entwicklung einen lästigen Umweg bedeutet.
2. **Validate by File Upload:** Hier kann die lokale Datei ausgewählt und hochgeladen werden.

3. **Validate by Direct Input:** Hier kann der Quelltext direkt eingegeben werden, entweder die Kopie aus dem HTML-Editor, besser noch der generierte Quelltext (rechte Maustaste → Seitenquelltext anzeigen → Quelltext komplett markieren und kopieren).

Unabhängig davon, welchen Weg Sie wählen, ermittelt der Validator `Doctype` und den Zeichensatz automatisch; anhand der erkannten Angaben wird der Quelltext nach entsprechendem Standard überprüft. Zusätzlich haben Sie die Möglichkeit, verschiedene Optionen einzustellen, nach welchem HTML-Standard untersucht werden soll. So können Sie eine Seite, die nach XHTML 1.0-Standard entwickelt wurde, auf HTML5-Standard prüfen und sehen mit einem Blick, wie viele Fehler bei einer Umstellung beseitigt werden müssten.

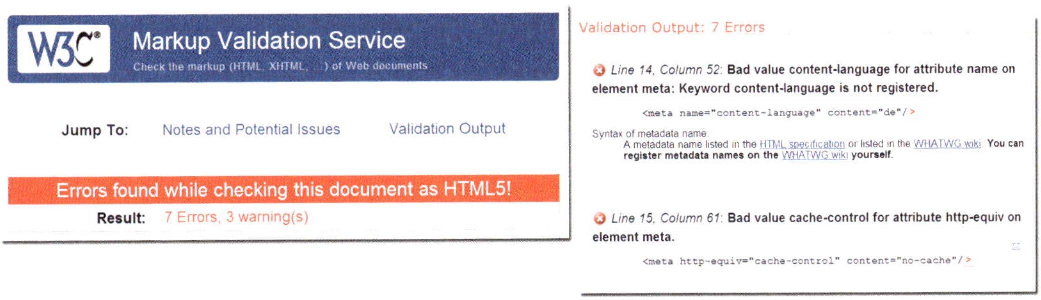

Abb. 21–3
Fehlermeldung des W3C

Das (leider ausschließlich) englische Feedback des Validators fällt farblich sehr deutlich aus. Es wird die Anzahl der Fehler angezeigt, weiter unten dann die einzelnen Fehler aufgelistet. Hier ist die Zeile im HTML Code aufgeführt, zusätzlich eine konkrete Fehlermeldung. Diese mag auf den ersten Eindruck etwas kryptisch wirken, liefert bei genauerem Hinsehen aber eine ziemliche detaillierte Anleitung, wo man was korrigieren muss.

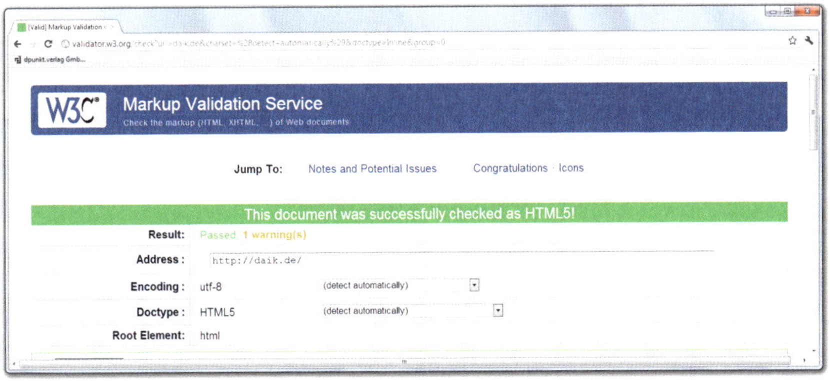

Abb. 21–4
Erfolgreiche Quelltextprüfung

Das »grüne« Ergebnis ist selbstverständlich deutlich schöner. Damit wird Ihre Arbeit gekrönt. Bei der HTML5-Prüfung erscheint zwar noch die Warnung »Using experimental feature: HTML5 Conformance Checker«, was aber nichts anderes besagt, als dass der Validator für HTML5 noch vorläufig ist – was auch einleuchtet, da HTML5 selbst ja ebenfalls noch nicht in einer endgültigen Version vorliegt!

Neben den drei Varianten, wie Sie den Quelltext an den Validator senden, bieten der Web Developer (Toolbar) und Opera die Möglichkeit, den Quelltext direkt aus dem Browser heraus an die Testseite zu schicken.

- **Firefox und Google Chrome:** Web Developer → Extras → Lokales HTML validieren oder Shortcut: STRG + UMSCHALT + L
- **Opera:** Menüleiste → Ansicht → Entwicklerwerkzeuge → Überprüfen oder Shortcut: STRG + UMSCHALT + ALT + U

Beides entspricht letztlich der Copy & Paste-Methode, der Browser übernimmt für Sie lediglich die einzelnen Schritte – im Programmieralltag ein sehr schneller und damit effektiver Weg.

21.2 CSS validieren

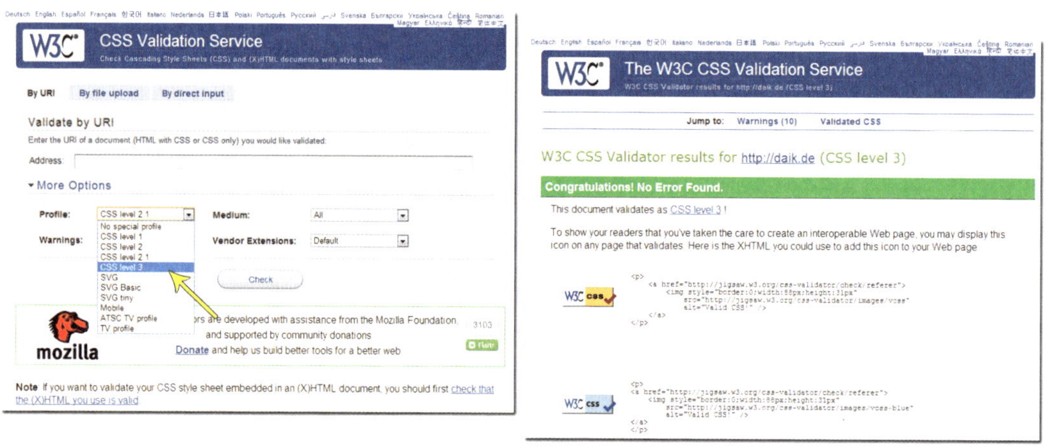

Abb. 21–5
Der CSS-Validator liefert entsprechende Ergebnisse.

WWW

W3C CSS Validation Service: www.h5c3.de/link-21-3

Vergleichbar der HTML-Validierung bietet das W3C eine CSS-Validierung an, wofür ebenfalls drei Wege zur Verfügung stehen, den CSS-Code zu übermitteln. Dabei muss für die URI-Eingabe nicht einmal die konkrete CSS-Datei eingegeben werden: Es reicht, wenn die Domain eingegeben wird, der Validator findet dann automatisch das CSS der Website, auch das im HTML-Dateikopf.

Im Gegensatz zu HTML verfügt CSS allerdings nicht über einen Doctype oder Vergleichbares, von daher wird die CSS-Version nicht automatisch ermittelt. Hier muss auf »CSS level 3« umgeschaltet werden, falls neue Eigenschaften eingesetzt werden.

In der Defaulteinstellung wird auf »CSS level 2.1« geprüft, neue CSS3-Eigenschaften führen dann zu Fehlermeldungen.

Teil II

Grundlagen

22 Was macht HTML und was CSS?

Die HTML-Syntax ist vergleichsweise einfach, aber auch die Schreibweise des CSS ist schnell zu erlernen. Die Qualität einer Website hängt natürlich von korrektem Code ab, im Wesentlichen aber vom sinnvollen Einsatz der einzelnen HTML-Elemente, ergänzt durch CSS. Um diese Aussage nachvollziehen zu können, ist ein grundlegendes Verständnis dafür wichtig, was HTML macht, welche Aufgabe CSS übernimmt und welche Konsequenzen dabei richtiger oder falsch eingesetzter Code hat.

In dieser Einleitung geht es nicht um spezielle HTML-Elemente oder CSS-Eigenschaften, sondern um die grundlegende Aufgabenverteilung zwischen den beiden Sprachen.

```
<body>
  HTML5 & CSS3 Workshop
  Eine Einführung in Webstandards

  HTML liefert die Inhalte einer Website
  in einer strukturierten Form.
  CSS ergänzt das HTML und bereitet die Inhalte optisch auf.
  Eine gute HTML-Struktur ist elementar für Suchmaschinen.
</body>
```

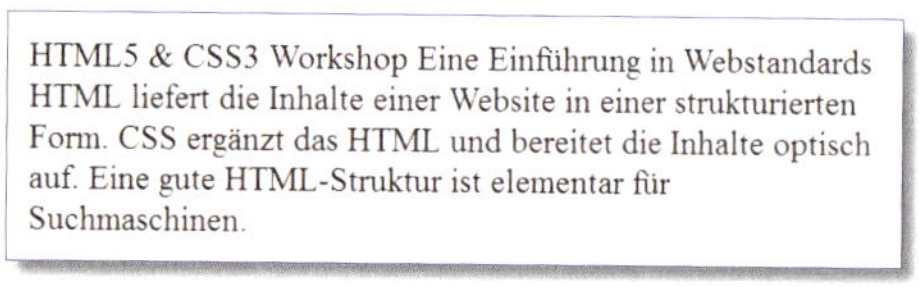

Abb. 22–1
HTML-Code ohne Struktur. Auch Leerzeilen im Quelltext verschwinden in der Darstellung.

Links in Abb. 22–1 sehen Sie einen Text, wie er im Editor steht. Ruft man dieses HTML im Browser auf, erscheint die Ausgabe wie rechts daneben. Alle Zeilenumbrüche und Leerzeichen werden vom Browser auf ein Leerzeichen reduziert. In diesem Beispiel ist es nur ein kurzer Text, ein langer würde so kaum zu lesen sein. Das wäre dann vergleichbar mit einer Zeitschrift oder einem Buch, das von Anfang bis Ende in derselben Schriftgröße ohne Absätze und Seitenumbrüche, ohne Inhaltsverzeichnis oder Seitenzahlen geschrieben wäre, also ohne jegliche optische Struktur.

Inhalte müssen von daher über HTML in eine verständliche Struktur gebracht werden. Hierzu stehen HTML-Elemente zur Textstrukturierung zur Verfügung (siehe Kapitel 27.2), um Texte in eine semantische Form zu bringen. Semantisches HTML bedeutet, dass Inhalte gezielt mit bestimmten HTML-Elementen »ausgezeichnet« werden (so der Fachbegriff dafür, wenn Inhalte mit HTML-Elementen versehen werden). Darüber erhalten Inhalte eine bestimmte Rolle im HTML-Dokument.

Semantik = Bedeutungslehre

Aber nicht nur Texte, auch Seitekopf und -fuß, Navigationselemente und weitere Bestandteile der Website nehmen jeweils eine Rolle im HTML-Dokument ein, die gezielt über HTML-Elemente zur Seitenstrukturierung (siehe Kapitel 27.1) gegliedert werden sollten.

```
<body>
   <div>HTML5 & CSS3 Workshop</div>
   <div>Eine Einführung in Webstandards</div>

   <div>HTML liefert die Inhalte einer Website
      in einer strukturierten Form.
      CSS ergänzt das HTML und bereitet die Inhalte optisch auf.
      Eine gute HTML-Struktur ist elementar für Suchmaschinen.</div>
</body>
```

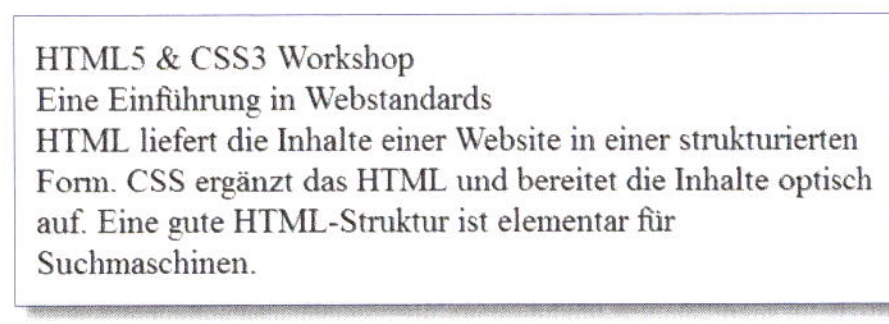

Abb. 22–2
Mit `div`*-Elementen strukturiertes HTML*

In Abb. 22–2 sehen Sie denselben Text, nun durch `div`-Elemente strukturiert (`div` ist eines der einfachsten Elemente zur Strukturierung). In der Ausgabe daneben werden nun Zeilenumbrüche eingehalten. Wenn oben von einem sinnvollen Einsatz der HTML-Elemente die Rede war, dann zeigt dieses Beispiel genau das Gegenteil. Das `div`-Element ist ungeeignet, auf logischer Ebene hat es keine Bedeutung für die Struktur eines HTML-Dokuments. Da Webseiten von den meisten visuell wahrgenommen werden, begehen anfangs viele den Fehler, die Struktur rein optisch über CSS herzustellen:

Abb. 22–3
Struktur durch Optik per CSS: rechts die Darstellung bei deaktiviertem CSS

```
<body>
   <div style="font-size: 30px; color: red;">HTML5 & CSS3 Workshop</div>
   <div style="font-size: 24px; color: blue;">Eine Einführung in Webstandards</div>
   .
   .
   .
```

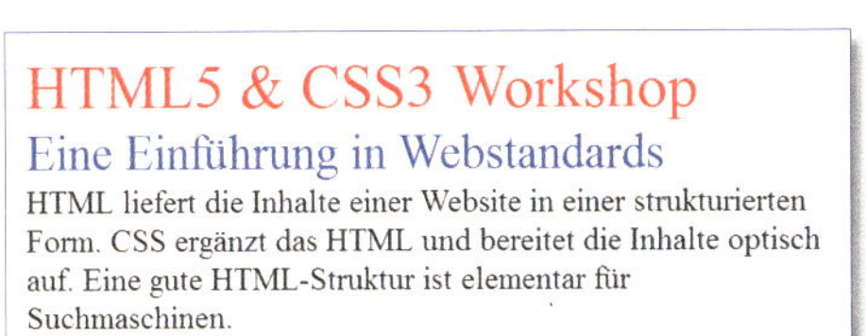

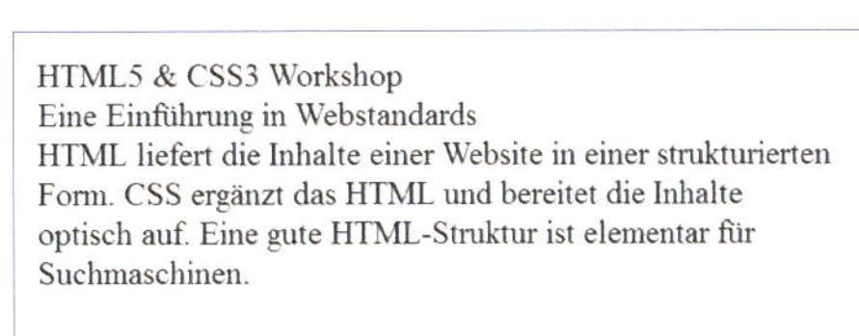

Über CSS-Eigenschaften (mehr über die Einbindung von CSS in Kapitel 33) werden die erste und zweite Zeile rein optisch durch größere Schrift zu Überschriften gemacht (siehe Abb. 22–3). Diese Vorgehensweise ist der größte Fehler in der Frontendentwicklung. Warum? In der rechten Box in Abb. 22–3 sehen Sie den gleichen HTML-Code bei deaktiviertem CSS. Die über CSS hergestellte optische Struktur geht ohne CSS verloren, die vermeintliche Struktur ist nur vorgegaukelt.

Wo liegt nun das Problem? Auch wenn kaum ein Nutzer, der sich eine Seite im Browser anschaut, CSS deaktiviert, bekommt doch das, was in der rechten Box zu sehen ist, jemand mit einer Vorlesesoftware »geliefert«, einen Endlostext ohne Struktur. Und es ist die Variante, auf die Google und andere Suchmaschinen zugreifen: ohne ein Layout, ohne eine visuelle Aufbereitung, denn Suchmaschinen »sehen« weder Farben noch Schriftgrößen. Suchmaschinen sind Computer, die nur Bits und Bytes kennen.

```
<body>
   <h1 style="font-size: 30px; color: red;">HTML5 & CSS3 Workshop</h1>
   <h2 style="font-size: 24px; color: blue;">Eine Einführung in Webstandards</h2>
   <p>HTML liefert die Inhalte einer Website
      in einer strukturierten Form.</p>
   <p>CSS ergänzt das HTML und bereitet die Inhalte optisch auf.</p>
   <p>Eine gute HTML-Struktur ist elementar für Suchmaschinen.</p>
</body>
```

Abb. 22–4
Sinnvoll eingesetztes HTML: rechts unten die Darstellung bei deaktiviertem CSS

In Abb. 22–4 wird nun HTML gemäß seiner strukturellen Bedeutung eingesetzt. `h1` und `h2` sind für Überschriften vorgesehen, das `p` für Textblöcke. Die CSS-Anweisungen wurden belassen, die Überschriften bleiben damit rot und blau.

Viel wichtiger allerdings ist die Darstellung in Abb. 22–4 rechts. Dies ist die Version ohne CSS, also das, was Suchmaschinen »sehen«. Sie bekommen nun nicht nur Inhalte, sondern auch eine semantische Struktur geliefert und können damit Inhalte mit der strukturellen Bedeutung verknüpfen. Dies ist die Grundlage, dass Suchmaschinen überhaupt sinnvolle Suchergebnisse liefern können. Ganz davon abgesehen können Inhalte damit auch blinden Nutzern sinnvoll vorgelesen werden, zudem ist auch das Navigieren im Browser über die Tastatur erst durch Strukturelemente möglich.

Zusammengefasst:

- **HTML** dient der sinnvollen Strukturierung von Inhalten und liefert Code für Browser, Suchmaschinen und alternative Ausgabegeräte. **Semantisch aufgebautes HTML ist eigenständig und ohne CSS brauchbar.**
- **CSS** dient der optischen Darstellung und gestaltet Inhalte, verbessert damit die Nutzbarkeit einer Seite und macht sie optisch ansprechender. **CSS benötigt dazu immer HTML.** Es wird daher als Zusatztechnik bezeichnet.

Für die praktische Arbeit bedeutet diese »Aufgabenverteilung«, dass Webentwickler stets im Blick haben müssen, was für die logische Struktur relevant ist, um dies im HTML-Code zu berücksichtigen. Wenn es um das »Aufhübschen« geht, was durchaus von Bedeutung ist, weil davon zusätzlich die Bedienbarkeit und Verständlichkeit der Inhalte abhängen, kommt CSS zum Einsatz, um die logische Semantik zu unterstreichen, keinesfalls aber zu ersetzen!

Diese Zweiteilung spiegelt sich in diesem Grundlagenteil wider. In der ersten Hälfte finden Sie das Wesentliche über HTML, es ist eigenständig und kann ohne Wissen über CSS betrachtet werden. In der zweiten Hälfte stehen die CSS-Grundlagen im Fokus. Dort wird deutlich, dass CSS kein eigenständiges Thema ist, im Gegenteil: Es muss immer eine Verbindung zwischen CSS und HTML hergestellt werden. Von daher geht es bei CSS um Werte, Eigenschaften, Farben und eine korrekte Syntax, aber auch darum, wie die Verknüpfung zwischen HTML und CSS hergestellt wird und welche Regeln für den Einsatz von CSS gelten.

23 Allgemeines zu HTML und Spezielles zu HTML5

HTML5-Logo des W3C: www.h5c3.de/link-23-1

Auch wenn dies ein HTML5-Buch ist, so ist die Grundarchitektur über die einzelnen Standards hinweg gleich geblieben. HTML5 ist in dem Sinne also nichts Neues, sondern baut auf dem auf, was vorhanden ist. Lediglich die Syntax des HTML variiert in den unterschiedlichen Standards.

Was HTML5 im Wesentlichen ausmacht, sind ein neuer einfacher `Doctype` (Kapitel 25) sowie neue HTML-Elemente und -Attribute. Aber auch alte Elemente gehören weiterhin zum HTML5-Standard.

Es wäre von daher falsch, Elemente wie beispielsweise ein `<strong>` als Nicht-HTML5-Element zu bezeichnen, weil dieses bereits in vorherigen Standards definiert war. Alle Elemente, selbst »obsolete« (überholte), sind nach wie vor Teil des Standards und gelten damit ebenfalls als HTML5-Elemente.

WHATWG bei Wikipedia: www.h5c3.de/link-23-2

Angemerkt sei an dieser Stelle, dass die Bezeichnung »HTML5« erst langsam ihre feste Bedeutung erhalten hat, nämlich als der W3C-Standard, der HTML5-Elemente definiert. Historisch wurden von der WHATWG (Web Hypertext Application Technology Working Group) verschiedene Erweiterungen zu den bestehenden HTML-Standards entwickelt, beispielsweise »Rich Media« mit `video`-, `audio`- oder `canvas`-Tags, oder »Web Forms 2.0«, womit Formularelemente um neue Features erweitert wurden.

Aber auch die lokale Browser-Datenbank »Web Storage«, alternativ als »localStorage« bezeichnet, oder »Geolocation« zur Bestimmung des Aufenthaltsorts des Surfers werden gerne als HTML5 verstanden, was aus Sicht des HTML5-Standards nicht stimmt, von der Entwicklungsgeschichte her aber nachvollziehbar ist. Verständlicher wird dieses Durcheinander der Begrifflichkeiten durch einen Blick auf den kleinen nebenstehenden Abriss, welche Entwickler sich zu welcher Zeit womit beschäftigt haben.

WWW

Die Entwicklung von HTML5: www.h5c3.de/link-23-3

24 Syntax

In diesem Kapitel möchte ich die HTML-Syntax in alle Einzelteile zerlegen. HTML5 bringt starke Vereinfachungen mit sich und vereint die verschiedenen Schreibweisen der alten Standards. Es kann sowohl die Syntax von HTML 4.01 als auch von XHTML 1.0 eingesetzt werden. Dabei wird an den relevanten Stellen auf die Schreibweise von XHTML 1.0 eingegangen.

Die wichtigsten Unterschiede zwischen HTML 4.01, XHTML 1.0 und HTML5: www.h5c3.de/link-24-1

Die Unterschiede zwischen den einzelnen Standards sind ebenfalls über die Entwicklungsgeschichte am besten zu begreifen. Einen Überblick finden Sie ebenfalls auf der Begleithomepage unter nebenstehendem Link.

24.1 Tag

Das HTML-Tag

Ein Tag, etwa »Tähg« ausgesprochen, ist die generelle Bezeichnung für jene »Abgrenzer« (so die Übersetzung von »tag«), die den eigentlichen Inhalt umschließen – also das, was vor und hinter einem Wort beziehungsweise Text zwischen den spitzen Klammern (Kleiner-als-Zeichen < und Größer-als-Zeichen >) steht. Die spitzen Klammern sind dabei Bestandteile des Tags.

```
<strong>
  </strong>
```

Tag ist der übergeordnete Begriff für öffnende (Starttags) und schließende Tags (Endtags).

Starttag (Anfangstag oder öffnendes Tag)

```
<h1 lang="en">
```

Das Starttag beginnt mit einer öffnenden spitzen Klammer, danach folgt der eigentliche HTML-Elementname. Dann werden die Attribute (siehe Kapitel 24.3) definiert, die in der Regel aus einem Attributnamen und einem Attributwert bestehen. Der Elementname und alle Attribute müssen mit mindestens einem Leerzeichen voneinander getrennt sein. Eine schließende spitze Klammer beendet das Starttag. Ein Beispiel für ein Starttag mit einem Attribut sehen Sie links.

Inhalt (Content)

Hinter dem Starttag steht der eigentliche Inhalt des HTML-Elements. Dieser kann aus reinem Text bestehen oder weitere HTML-Elemente beinhalten.

Endtag (schließendes Tag)

`</h1>`

Das Endtag beginnt ebenfalls mit einer öffnenden spitzen Klammer, dann folgt ohne Leerzeichen ein Schrägstrich »Slash« /, was das Tag zum eigentlichen schließenden Tag macht. Im Endtag werden grundsätzlich keine Attribute angegeben, dies würde einen Fehler auslösen. Wie das Starttag wird auch das Endtag mit einer schließenden spitzen Klammer geschlossen.

Ein Endtag ist immer ein Gegenspieler zum Starttag. In der Regel beginnt jedes HTML-Element mit einem Starttag und wird mit dem entsprechenden Endtag abgeschlossen.

24.2 HTML-Element

Die meisten »normalen« HTML-Elemente bestehen aus:

- Starttag einschließlich der Attribute
- Inhalt
- Endtag

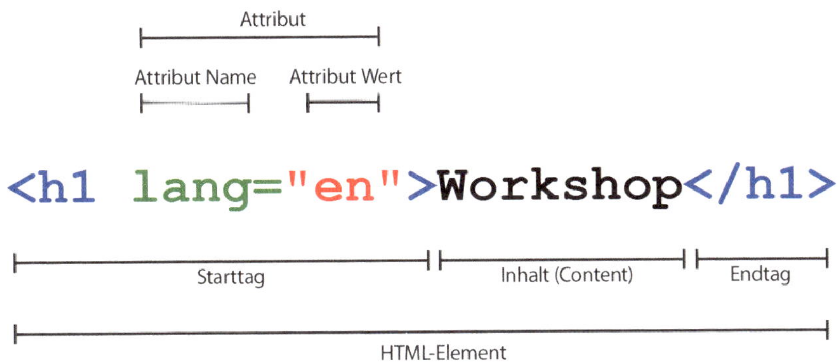

Abb. 24–1 Aufbau eines HTML-Elements

Kindelement und Elternelement

Ein HTML-Element innerhalb eines anderen wird »Kindelement« oder auch »child element« genannt, das umgebende als »Elternelement« oder auch »parent element« bezeichnet.

»Normale« Elemente verfügen stets über ein Start- und Endtag. Darüber hinaus unterscheidet man zwischen leeren HTML-Elementen und solchen ohne Endtag.

24.2.1 Leere HTML-Elemente

Leere Elemente in HTML5: www.h5c3.de/link-24-2

Es gibt »leere« Elemente, die keinen eigentlichen Inhalt haben (beispielsweise das Bild-Element `img`, das Eingabe-Element `input` oder das Element für den Zeilenumbruch `br`). Das Verhalten von leeren Elementen wird ausschließlich über die Attribute gesteuert. Da kein Inhalt nach dem Starttag folgt, ist kein Endtag notwendig:

```
<img src="lattenzaun.jpg" alt="Lattenzaun">
<input type="checkbox" value="1">
<br>
```

In HTML5 gibt es folgende leere Elemente: `area`, `base`, `br`, `col`, `command`, `embed`, `hr`, `img`, `input`, `keygen`, `link`, `meta`, `param`, `source`, `track` und `wbr`.

Schreibweise in XHTML 1.0

XHTML 1.0 ist an die XML-Syntax angelehnt, wo jedes öffnende Tag immer ein schließendes Tag als Pendant benötigt. Aus diesem Grund kann es in XHTML keine leeren Elemente geben. Leere Elemente werden mit einem Endtag versehen, auch wenn kein eigentlicher Inhalt zwischen Start- und Endtag steht:

```
<img src="lattenzaun.jpg" alt=" Lattenzaun"></img>
<input type="checkbox"value="1"></input>
<br></br>
```

Diese Schreibweise nach XML-Regeln wird auch als »wohlgeformt« bezeichnet.

Allerdings können leere Elemente in der XHTML-Schreibweise verkürzt geschrieben werden: Das öffnende Tag wird am Ende mit einem Schrägstrich / versehen, der das komplette HTML-Element dann schließt. Für ältere Browser sollte vor dem / ein Leerzeichen stehen, damit es eindeutig erkannt wird. Ein zusätzliches Endtag ist nicht notwendig, im Gegenteil würde es einen Quelltextfehler bedeuten, da das Tag bereits im Starttag beendet wurde:

```
<img src="lattenzaun.jpg" alt="Lattenzaun" />
<input type="checkbox" value="1" />
<br />
```

Da HTML5 sowohl die Syntax von HTML 4.01 als auch von XHTML 1.0 zulässt, sind beides HTML5-gültige Schreibweisen. So ist es nicht notwendig, alte Quelltexte umzuschreiben, und für die Umwandlung einer alten Datei in ein HTML5-Dokument sind keine Anpassungen der HTML-Element-Schreibweise notwendig. Außerdem können Entwickler, welche die »wohlgeformte« Schreibweise von XHTML gewohnt sind, ihren Stil beibehalten.

Eine Ausnahme stellen Elemente im `head` einer HTML-Datei dar. Das `link`- oder `meta`-Element musste in XHTML ein Endtag besitzen. In HTML5 ist dies keine gültige Schreibweise mehr, hier haben die Elemente weder ein schließendes Tag noch einen Schrägstrich im Starttag, der das Tag »abschließen« würde.

Verbindliche Schreibweisen für `link` und `meta` in HTML5

24.2.2 HTML-Elemente mit optionalem Endtag

Diese HTML-Elemente werden zwar auch als »normale« Elemente bezeichnet, allerdings gibt es eine Reihe von Elementen, die ein Starttag und auch Inhalt haben, aber nicht zwingend ein Endtag benötigen. Das W3C spricht hier von »optionalen« schließenden Tags und definiert, für welche HTML-Elemente Endtags weggelassen werden können.

Die Browser erkennen das Ende des Elements entweder an einem weiteren öffnenden Tag, das damit das vorherige HTML-Element beendet, oder an einem übergeordneten, also einem Elternelement, dessen schließendes Tag darin enthaltende Kindelemente abschließt. Beispiele dafür sind das `li`-Element für einzelne Listeneinträge oder das `option`-Element für einzelne Einträge in einer Auswahlbox:

WWW

Übersicht, in der Elemente mit optionalem Endtag markiert sind: www.h5c3.de/link-24-3

```
<ul>
   <li>5 Eier
   <li>200g Mehl
   <li>50ml Milch
</ul>
```

```
<select name="reiseziel">
   <option>Hamburg
   <option>München
   <option>Berlin
</select>
```

Schreibweise in XHTML 1.0

Elemente mit optionalem Endtag sind in XHTML 1.0 ebenso wenig wie leere Elemente erlaubt, die Tags müssen für eine korrekte Schreibweise mit einem Endtag versehen werden:

```
<ul>
   <li>5 Eier</li>
   <li>200g Mehl</li>
   <li>50ml Milch</li>
</ul>
```

```
<select name="reiseziel">
   <option>Hamburg</option>
   <option>München</option>
   <option>Berlin</option>
</select>
```

Übersichtlichkeit schaffen
Auch wenn verschiedene Tags ohne schließendes Tag auskommen, werden Quelltexte übersichtlicher, wenn alle Tags mit einem Endtag versehen sind.

Die Schreibweisen von HTML 4.01 und XHTML 1.0 sind gültiges HTML5!

HTML5 macht es Webentwicklern einfach: Es sind beide Schreibweisen erlaubt, sodass sich niemand an eine neue Syntax gewöhnen muss und es »Quelltextliebhabern« erlaubt bleibt, trotzdem wohlgeformte Quellcodes zu schreiben.

Guter Stil
HTML5 erlaubt sowohl die HTML 4.01- als auch die XHTML 1.0-Schreibweise. Auch in ein und demselben Dokument können beide Schreibarten nebeneinander verwendet werden.
Entscheiden Sie sich für eine Variante! Eine **einheitliche Schreibweise** sorgt für einen homogenen Quelltext und gute Übersichtlichkeit.

24.3 HTML-Attribute

```
lang="en"
  id="kopf"
```

Attribute bestimmen die Eigenschaften eines HTML-Elements und werden ausschließlich innerhalb der Starttags angegeben.

Dabei besteht jedes Attribut aus einem **Attributnamen**, dem in der Regel ein **Attributwert** zugewiesen wird. Das vollständige Attribut wird mit dem Attributnamen eingeleitet, gefolgt von einem `=` (Gleichzeichen), danach folgt der Wert. Dieser kann ohne Anführungszeichen geschrieben werden. Attributwerte, die Leerzeichen enthalten, müssen in doppelten `"..."` oder einfachen `'...'` Anführungszeichen stehen.

Ob Sie doppelte oder einfache Anführungszeichen verwenden, ist Geschmacksache. Sie können innerhalb eines HTML-Dokuments und sogar eines Elements beide Arten der Anführungszeichen nebeneinander verwenden. Lediglich muss der Wert eines einzelnen Attributs mit der gleichen Sorte von Anführungszeichen umschlossen sein.

Fehler vermeiden
Auch wenn die Schreibweise für Attribute ohne Anführungszeichen erlaubt ist, sollten diese immer verwendet werden. Dies sorgt für einen übersichtlichen Quelltext und reduziert mögliche Fehlerquellen!
Außerdem: Entscheiden Sie sich für eine Art von Anführungszeichen. Unterschiedliche Schreibweisen sorgen lediglich für Verwirrung!

*Beachtung der Groß- und Kleinschreibung: **Case Sensitivity***

Bislang haben Sie in den Quelltextbeispielen gesehen, dass stets Kleinbuchstaben verwendet wurden, um die HTML-Elemente oder -Attribute zu schreiben. Dies ist allerdings keine verpflichtende Schreibweise von HTML5: Sie können alle Elemente, Attributnamen und vorbelegten Attributwerte sowohl klein- als auch großschreiben und dies sogar innerhalb eines Wortes wechseln.

Die Unterscheidung von Groß- und Kleinschreibung wird mit dem Begriff **Case Sensitivity** bezeichnet, entsprechend sind die Anforderungen an HTML-Elemente als **case-insensitive** definiert. Ein deutsches Wort gibt es für diese Begrifflichkeiten nicht, **nicht case-sensitiv** ist auch hier durchaus eine gängige Bezeichnung dafür, dass sowohl Klein- als auch Großbuchstaben in der Schreibweise verwendet werden können. Gültiger Quellcode kann demnach so aussehen:

```
<strong lang="de">Fetter Text</strong>
<STRONG LANG="DE">Fetter Text</STRONG>
<strONG lang="DE">Fetter Text</STRong>
```

Eine einheitliche und durchgängige Variante ist jedoch zu bevorzugen, mehrheitlich wird die Kleinschreibweise präferiert und zeugt von gutem Code. Aber nicht nur guter Stil ist ein Argument für die Kleinschreibweise. Über JavaScript kann auf das HTML zugegriffen werden – und dort spielt die Case Sensitivity durchaus eine Rolle!

24.3.1 Kategorisierung von Attributen

Die Syntax für HTML-Attribute ist grundsätzlich gleich. Allerdings gibt es bestimmte Attribute, denen nur vordefinierte Werte zugewiesen werden können, andere, deren Werte bestimmten Regeln entsprechen müssen, und solche, für die lediglich die Angabe des Attributnamens ausreicht, um das Verhalten eines HTML-Elements zu verändern.

Attribute mit feststehenden Werten

Hier sind die möglichen Werte vordefiniert; außer diesen können keine anderen Werte vergeben werden. Die Werte selbst hängen vom jeweiligen HTML-Element ab. Beispielsweise können für das Attribut `type` im HTML-`input`-Element unter anderem nur die Werte `text`, `password`, `checkbox` oder `radio` angegeben werden. So zum Beispiel:

```
<input type="radio">
```

Attribute mit Werten nach bestimmten Regeln

Hier können Werte frei vergeben werden, allerdings müssen diese bestimmten Konventionen entsprechen. `tabindex` beispielsweise erwartet eine ganze Zahl ohne Nachkommastelle und ohne die Angabe einer Einheit. Oder das Attribut `id`, bei dem keine Leerzeichen im Wert vorkommen dürfen:

```
<a href="index.html" tabindex="15">...
<p id="intro">...
```

Ein anderes Beispiel ist das Attribut `class`. Hier können laut Standard zwar alle Zeichen des definierten Zeichensatzes verwendet werden, allerdings bereiten Umlaute oder sonstige Sonderzeichen im `class`-Attribut in der Praxis Probleme, mit Sicherheit für ältere Browser. Hier sollten Sie sich auf Buchstaben, Zahlen und Satzzeichen wie - oder _ beschränken, um Probleme sicher auszuschließen:

```
<p class="beispiel-typ-3">...
```

Attribute mit freien Werten

Hier lassen sich Werte frei zuweisen, es müssen keine speziellen Konventionen berücksichtigt werden. Ein Beispiel dafür ist das `alt`-Attribut für einen alternativen Text am HTML-Bild-Element `img`:

```
<img src="logo.png" alt="Logo der Firma XYZ">
```

Hier sind Sonderzeichen oder HTML-eigene Zeichen erlaubt. Lediglich Anführungszeichen müssen besonders behandelt werden, die beispielsweise in einem `alt`- oder `title`-Attribut verwendet werden, da diese sonst als Teil der HTML-Syntax erkannt werden.

Grundlagen

Sonderzeichen und Entities in Kapitel 24.4

Entweder verwendet man für den Attributwert die andere Sorte von Anführungszeichen oder man wandelt das Anführungszeichen in die entsprechende HTML Entity um:

```
<img src="logo.png" alt='Firma "XYZ"'>
<img src="logo.png" alt="Firma &quot;XYZ&quot;">
```

Attribute ohne Wertzuweisung / leere Attribute

Diese werden im Englischen auch als »boolean attributes« bezeichnet, was etwa bedeutet, dass ein Wert nur »wahr« oder »falsch« (true oder false, 1 oder 0) sein kann. Hier reicht die alleinige Angabe des Attributnamens aus, damit die Eigenschaft gesetzt ist. Eine Checkbox (HTML-Element `input` mit dem `type="checkbox"`) benötigt lediglich das Attribut `checked`, falls diese vorausgewählt sein soll:

```
<input type="checkbox" checked>
```

Leere Attribute wirken alleine durch das Vorhandensein des Attributnamens. Hier wäre zu erwarten, dass ein `checked="false"` oder Vergleichbares die Vorauswahl einer Checkbox wieder aufhebt. Dem ist aber nicht so: Soll keine Vorauswahl getroffen werden, muss das Attribut entfernt werden.

Schreibweise in XHTML 1.0

XHTML kennt keine Attribute ohne Wert, also nichts Vergleichbares zu leeren HTML-Elementen. Auch wenn es »doppelt gemoppelt« erscheint, muss oben genanntes Beispiel laut XTHML 1.0-Standard folgendermaßen geschrieben werden:

```
<input type="checkbox" checked="checked" />
```

24.3.2 Universalattribute

Universalattribute werden solche genannt, die keinem speziellen HTML-Element zugeordnet sind und in allen HTML-Elementen eingesetzt werden können. Beispiele dafür sind das `class`-Attribut, welches für den Einsatz von CSS eine essenzielle Rolle spielt, oder auch das `style`-Attribut:

```
<p class="gross">Großer Text</p>
<h1 style="color: red">Eine rote Überschrift</h1>
```

24.3.3 Abhängigkeiten zwischen Attributen

Zusätzlich können Abhängigkeiten zwischen einzelnen Attributen bestehen. `checked` beispielsweise dient dazu, eine Radio- oder Checkbox als »angeklickt« zu definieren. Radio- und Checkboxen werden über das HTML-Element `input` erzeugt, aber erst dann zur klickbaren Box, wenn der `type` entweder den Wert `radio` oder `checkbox` hat:

WWW
Attributreferenz: www.h5c3.de/link-24-4

```
<input type="radio" checked>
```

24.3.4 Attribut-Standardbelegung von HTML-Elementen

Das Verhalten von HTML-Elementen wird maßgeblich von Attributen gesteuert, was jedoch nicht bedeutet, dass ein Element ohne Attribute »nackt« ist und kein Verhalten hat.

Am Beispiel der Formularelements `input` sei dies erklärt: In HTML5 kann das Attribut `type` mehr als 20 verschiedene Werte haben, beispielsweise `radio`, `password` oder `text`, was das einfache Eingabefeld zum speziellen Feld macht. In den alten Standards war `type` ein »Pflichtparameter«. Hatten Sie den `type` nicht angegeben, kam es zu einem Validierungsfehler (wobei Browser bereits seit Langem die Standardwerte berücksichtigen, ein solcher Fehler ist also verzeihlich).

HTML5 verzichtet auf eine Pflichtangabe: Falls ein Attribut nicht (oder mit einem falschen Wert) gesetzt ist, berücksichtigt HTML5 einen Standardwert, im Fachjargon auch kurz »Default«-Wert. Dies erspart Ihnen die ausdrückliche Angabe des `type`, es wird der Standardwert `text` gesetzt. Dies bedeutet aber auch, dass HTML-Elemente durchaus Attribute haben, auch wenn die nicht ausdrücklich definiert sind.

Welche Attribute zulässig sind und welche Werte als Standardwert gesetzt werden, hängt vom jeweiligen HTML-Element ab.

24.3.5 HTML-Elemente ohne individuelle Attribute

Für einzelne HTML-Elemente sind keine speziellen Attribute vorgesehen, ein `strong` zum Beispiel kann ohne weitere Attribute eingesetzt werden. Lediglich Universalattribute (siehe Kapitel 24.3.2) können für diese HTML-Elemente vergeben werden.

Kurz notiert: Attribute

- Die möglichen Attribute hängen vom HTML-Element ab.
- Wenige HTML-Elemente lassen keine Attribute zu.
- Manche Attribute erwarten vordefinierte Werte, manche eine bestimmte Art von Werten (z.B. Nummernwerte), für andere können die Werte frei vergeben werden.
- Es gibt Universalattribute, die in allen HTML-Elementen verwendet werden können.
- Attribute können groß- oder kleingeschrieben werden. Eine einheitliche Schreibweise (bevorzugt klein) verschafft auch hier Übersicht und reduziert Fehlerquellen.

24.4 HTML Entities und Sonderzeichen

HTML-eigene Zeichen (Entities)

Wie Sie in den Kapiteln über HTML-Elemente und -Attribute lesen konnten, besteht die Syntax aus nur wenigen Regeln: Tags werden mit < spitzen Klammern geöffnet und mit > wieder geschlossen, Attributwerte sollten beziehungsweise müssen je nach Attributwert in Anführungszeichen geschrieben werden.

HTML Entities

Genau diese Zeichen benötigen deswegen eine besondere Behandlung. Damit der Browser unterscheiden kann, wann ein Zeichen Teil des

Textes ist oder eben nicht Teil der HTML-Syntax, können »reservierte« oder »spezielle« Zeichen als »HTML Entity« im Quelltext geschrieben werden.

Dabei stehen zwei Schreibweisen (Notationen) zur Verfügung: einmal die HTML-eigene Schreibweise oder diejenige nach dem Unicode-Standard. Dabei wird die HTML-Schreibweise mitunter auch als »Entity Name«, die nach Unicode als »Entity Number« bezeichnet. Beide Varianten haben gemeinsam, dass die Entity mit einem & (kaufmännisches Und) beginnt und mit einem ; (Semikolon) endet.

Details zum Unicode: www.h5c3.de/link-24-5

In den Übersichten finden Sie neben der Beschreibung auch die englische Entsprechung. Die HTML-Namen sind der englischen Sprache entlehnt, der Entity-Name weist von daher auf die Verwendung hin.

Zeichen	**Schreibweise im HTML**	**Schreibweise im Unicode**	**Beschreibung**	**Abgeleitet von**
<	<	<	Öffnende spitze Klammer / Kleiner-als-Zeichen	lower than
>	>	>	Schließende spitze Klammer / Größer-als-Zeichen	greater than
"	"	"	Doppelte Anführungszeichen	quotation mark
'	'	'	Einfaches Anführungszeichen	apostrophe
&	&	&	Kaufmännisches Und	ampersand

Moderne Browser erkennen reservierte Zeichen im Text und können diese von den Zeichen in HTML-Elementen unterscheiden. Lediglich die öffnende spitze Klammer führt zu einem Validierungsfehler. Von daher sollte dieses als < im Quelltext stehen, wenn sie Teil vom Text ist. Daraus ergibt sich im Grunde auch, dass die schließende spitze Klammer auch als > geschrieben werden sollte, auch wenn die Schreibweise als > als Bestandteil von Text keine Validierungsfehler erzeugt.

Eine Besonderheit stellt hier das »kaufmännische Und« & dar. Es ist kein Teil der Element- oder Attribut-Syntax, allerdings wichtiger Teil der Hyperlinks, des a-Tags. In dynamischen Webanwendungen werden mit Links Parameter übergeben. Alle Parameter werden hinter dem Link mit einem ? (Fragezeichen) angefügt, die einzelnen Parameter dann mit einem & voneinander getrennt. Ein »parametrisierter« Link könnte so aussehen:

```
<a href="index.php?land=Spain&ort=Madrid">Linktext</a>
```

So wie hier notiert, führt der Link zu einem Validierungsfehler – das & in der Webadresse (URL) muss als HTML Entity notiert werden:

```
<a href="index.php?land=Spain&amp;ort=Madrid">Linktext</a>
```

Auch wenn aktuelle Browser die erste Schreibweise richtig verarbeiten, sollten Sie die Schreibweise innerhalb des `href`-Attributs wie im zweiten Beispiel einhalten, damit ältere Browser nicht darüber »stolpern« und Parameter nicht fehlerhaft übergeben werden.

Sonderzeichen

Eine weitere Besonderheit stellen deutsche Sonderzeichen, aber auch andere Symbolzeichen dar, die regelmäßig auf Webseiten vorkommen.

Der UTF-8 Standard umfasst diese Zeichen, sodass eine Schreibweise als Entity nicht notwendig ist. Setzen Sie eine andere Zeichencodierung ein, welche die Sonderzeichen nicht enthält (beispielsweise den sehr verbreiteten ISO 8859-1-Standard), müssen Sie die spezielle Schreibweise einhalten, damit Umlaute und Symbole richtig angezeigt werden.

WWW

Sonderzeichen von HTML ISO 8859-1: www.h5c3.de/link-24-6

Zeichen	Schreibweise im HTML	Schreibweise im Unicode	Beschreibung	Abgeleitet von
ä	`ä`	`ä`	a-Umlaut	[a] + umlaut
Ä	`Ä`	`Ä`	A-Umlaut	[A] + umlaut
ö	`ö`	`ö`	o-Umlaut	[o] + umlaut
Ö	`Ö`	`Ö`	O-Umlaut	[O] + umlaut
ü	`ü`	`ü`	u-Umlaut	[u] + umlaut
Ü	`Ü`	`Ü`	U-Umlaut	[U] + umlaut
ß	`ß`	`ß`	Scharfes S (Eszett)	[sz] + ligature
€	`€`	`€`	Euro-Zeichen	euro
©	`©`	`©`	Copyright-Zeichen	copyright
	` `	` `	Geschütztes Leerzeichen	non-breaking space
§	`§`	`§`	Paragrafenzeichen	section

SchÃ¶n, dass wir GlÃ¼ck und SpaÃŸ hatten.

Abb. 24-2 Sonderzeichen werden unter ISO 8859-1 fehlerhaft angezeigt, wenn sie nicht als Entity im Quelltext stehen.

Geschütztes Leerzeichen

Hervorzuheben ist das geschützte (erzwungene) Leerzeichen. Im »normalen« HTML-Verhalten werden Texte automatisch an den zur Verfügung stehenden Platz angepasst. Wenn eine Zeile gefüllt ist, wird der

Text in die nächste Zeile umgebrochen. Dies passiert jedoch nicht nach einer bestimmten Anzahl von Zeichen, sondern nur dort, wo Leerzeichen (oder andere Trennzeichen wie –) vorhanden sind.

Es gibt allerdings Phrasen, wie zum Beispiel »Web 2.0«, welche stets zusammenstehen sollten. Ein Zeilenumbruch zwischen Web und 2.0 würden die Verständlichkeit des ganzen Begriffs verschlechtern. Hier dient das »geschützte Leerzeichen« dazu, den Zeilenumbruch an dieser Stelle zu verhindern.

```
<p>Web 2.0</p>
```

24.5 Relative und absolute Pfade

Überall dort, wo Links gesetzt, Grafiken eingebunden oder CSS- und JavaScript-Dateien verlinkt sind, müssen die Pfade zu den jeweiligen Quellen richtig gesetzt sein, damit eben diese Links funktionieren, Dateien tatsächlich eingebunden sind oder Grafiken angezeigt werden können. Dabei können alle Quellen sowohl relativ als auch absolut verknüpft werden.

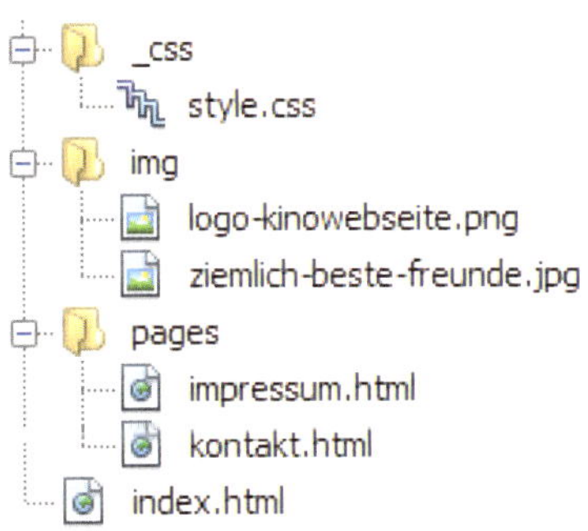

Abb. 24–3
HTML-Seiten und Grafiken in parallelen Verzeichnissen

Grafiken relativ referenzieren

Bilder und Grafiken liegen in der Regel in einem separaten Ordner, aber auch HTML-Dateien können in Unterverzeichnissen liegen. Dies muss bei der Einbindung entsprechend beachtet werden. Das folgende Beispiel wäre für die Seiten `impressum.html` oder `kontakt.html` der richtige Weg.

```
<img src="../img/haus-im-himmel.jpg" alt="...">
```

Über die beiden Punkte `..` vor dem `/img` »wechselt« der Browser in das übergeordnete Verzeichnis, dann in den entsprechenden Ordner, in dem die Grafik liegt. Da sich die Verlinkung auf den Ort der HTML-Datei in der Verzeichnisstruktur bezieht, spricht man hier von einem relativen Dateipfad.

Für Hintergrundgrafiken, die in der CSS-Datei referenziert sind, ist der Bezugspunkt nicht die HTML-, sondern die CSS-Datei selbst. Hier muss der »Sprung« aus dem CSS-Verzeichnis ebenfalls berücksichtigt werden: `background-image: url("../img/hg.jpg")`. Es spielt keine Rolle, auf welcher Ebene die HTML-Datei liegt.

Grafiken absolut referenzieren

Alternativ können Grafiken über einen absoluten Pfad eingebunden werden.

```
<img src="/img/haus-im-himmel.jpg" alt="...">
```

Hier beginnt die Einbindung der Grafik mit einem Schrägstrich /. Dieser signalisiert dem Browser, dass er das Bild nicht ausgehend von der HTML-Datei, sondern vom Root-Verzeichnis aus »suchen« muss. Das Root- oder Hauptverzeichnis ist das oberste unter einer Domain, dort, wo die index-Datei der Startseite liegt. Die absolute Referenzierung ist auch in CSS möglich.

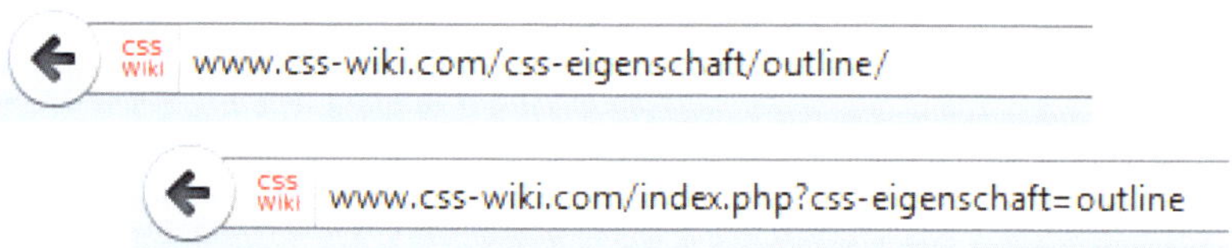

Abb. 24–4 »Schöne« URLs simulieren eine Verzeichnisstruktur, die nicht vorhanden ist.

Im Zusammenhang mit Bildpfaden spielt die beabsichtigte Manipulation von Webadressen eine Rolle. Für die Suchmaschinenoptimierung werden kryptische URLs durch suchmaschinenfreundliche Webadressen ersetzt, die dann auf dem Webserver über .htaccess-Dateien (eine Technik, um eine URL zu zerlegen) wieder richtig ausgelesen werden.

In Abb. 24–4 sieht die obere URL so aus, das ob die HTML-Seite unter dem Pfad `/css-eigenschaft/outline` läge. Allerdings entschlüsselt eine .htaccess-Datei diese URL und ruft tatsächlich eine index.php auf, die direkt im Root-Verzeichnis liegt (unten in der Abb. 24–5 finden Sie die echte URL). Der Browser bekommt davon allerdings nichts mit, eine relativ verlinkte Grafik würde er in Bezug auf den simulierten Pfad suchen.

Bildpfade ausgleichen

Befände sich wie in der Beispiel-Ordnerstruktur ein img-Verzeichnis direkt unter dem Root-Verzeichnis, müssten Grafiken relativ hier über ein `src="../../img/grafik.png"` eingebunden werden, um einen Sprung zwei Ordner nach oben zu simulieren. Alternativ wäre die absolute Einbindung `src="/img/grafik.png"` möglich – beide Wege führen zum Erfolg.

Referenzpfad definieren

Zusätzlich bietet HTML die Möglichkeit, einen Referenzpfad zu definieren, auf den sich dann alle Grafik- oder CSS-Pfade beziehen.

```
<base href="/">
```

Das base-HTML-Element wird im head der HTML-Datei angegeben. Damit wird das Verzeichnis festgelegt, das als Ausgangspunkt für die Bildadresse im src-Attribut gilt. Im Beispiel symbolisiert der Schrägstrich / das Root-Verzeichnis, auf das sich Pfade beziehen. Auch wenn Bilder relativ eingebunden sind, sucht der Browser die Grafiken dann in Bezug auf den base-Pfad.

base selbst betrifft nicht nur Bildgrafiken, sondern auch die Pfade von CSS- und JavaScript-Dateien, ebenso die von Hintergrundgrafiken in CSS. Von daher ist base anfangs gewöhnungsbedürftig und bereitet vor allem Probleme, wenn es nachträglich eingefügt wird.

```
<img src="http://www.css-wiki.com/img/safari-icon.png"
     alt="Safari Browser Icon">
```

Grafiken von fremden URLs einbinden.

Neben Grafiken aus der Verzeichnisstruktur können auch solche von fremden Webseiten eingebunden werden. Dazu wird der komplette Bildpfad einschließlich http und Domainname im src-Attribut angegeben. Dies ist auch für Grafiken in CSS möglich.

Allerdings kann es hier zu Sicherheitswarnungen kommen, wenn Sie auf einer sicheren Webseite, die per https (das s steht für secure) aufgerufen wird, eine Grafik per http (ohne s) einbinden.

Pfadprobleme von Anfang an vermeiden: lokalen Webserver installieren

Bei der Webentwicklung auf dem eigenen Rechner kann es dazu kommen, dass Bilder angezeigt werden, weil sie mit richtigen Pfaden von Windows verlinkt sind – beim Export der Daten auf den Webserver stimmen diese Grafikreferenzen dann aber nicht mehr.

Unter nebenstehendem Link finden Sie den XAMPP-Webserver von »Apache Friends«, der bereits vorkonfiguriert und mit wenigen Klicks installiert ist. Versionen stehen sowohl für Windows als auch für Mac OS zur Verfügung. Damit können Sie in einer »echten« Serverumgebung entwickeln und Probleme wie das falsche Referenzieren von Grafiken werden damit von vornherein vermieden.

WWW

Webserver zum Download: www.h5c3.de/link-24-7

24.6 Grundgerüst einer HTML-Datei

Der Grundaufbau einer HTML-Datei ist immer gleich, daran hat sich auch mit HTML5 nichts verändert. Er besteht immer aus den drei Tags html, head und body. In Kombination mit der weiter unten beschriebenen Doctype-Deklaration sieht das Grundgerüst einer HTML5-Datei wie folgt aus:

HTML-Grundgerüst:
www.h5c3.de/link-24-8

```
<!DOCTYPE html>
<html lang="de">
   <head>
   </head>
   <body>
   </body>
</html>
```

Es wird die komplette Datei (mit Ausnahme des `Doctype`) vom `html`-Tag umschlossen, darin befinden sich `head`- und `body`-Tag, jeweils mit einem öffnenden und schließenden Tag.

Sprachauszeichnung

Wie im Beispiel zu sehen, besitzt das `html`-Tag das Universalattribut `lang="de"` – darüber teilen Sie dem Browser die Sprache des Dokuments mit. Dies ist mitunter für eine korrekte Sprachausgabe wichtig. Vor allem aber erfahren Suchmaschinen darüber, in welcher Sprache eine Webseite verfasst ist.

Die meisten Elemente im `head`-Bereich sind für den Webseitenbesucher nicht zu sehen. Im Kopf der Datei werden sogenannte `meta`-Elemente definiert, die weitere Informationen zur Webseite liefern. Ebenfalls werden dort CSS- und JavaScript-Dateien verknüpft. Auch dies ist nichts Neues in HTML5, allerdings haben sich die Schreibweisen wesentlich vereinfacht.

Der `body` der HTML-Datei liefert dann alle sichtbaren Elemente einer Webseite, also das, worauf Benutzer letztendlich beim Surfen zugreifen können.

24.7 Kommentare in HTML

HTML sieht wie andere Programmiersprachen Kommentare im Quelltext vor. Kommentare sind HTML-Abschnitte, die beim »Rendern« der Seite vom Browser ignoriert und dadurch nicht auf der Webseite dargestellt werden.

Diese Bereiche lassen sich für eigene Notizen bei der Entwicklung verwenden oder man kann den Quelltext über HTML-Kommentare mit einer leserlichen Struktur versehen.

```
<!--
Hier steht ein Kommentar
-->
```

Ein Kommentar beginnt mit einer öffnenden spitzen Klammer, gefolgt von einem Ausrufezeichen und zwei Minuszeichen `<!--`. Geschlossen wird der Kommentar mit zwei Minuszeichen und einer schließenden spitzen Klammer `-->`. Aus alten Zeiten stammt die Schreibweise `//-->`, die ebenfalls erlaubt ist, da die beiden Schrägstriche als Teil des Kommentars verstanden werden.

Das Kommentieren von Programmcode wird gerne vernachlässigt, da es nichts an einem Ergebnis ändert, gehört allerdings zu den Merkmalen von guten Programmcodes, da diese damit langfristig besser gepflegt werden können und die Überlegungen des Programmierers dokumentieren.

Keine internen Informationen in HTML-Kommentaren!

Aber: HTML-Kommentare unterscheiden sich essenziell von andern Programmiererkommentaren. Andere Programmiersprachen werden verarbeitet und liefern lediglich eine Ausgabe; was in den Programmen steht, bleibt dabei verborgen. Der HTML-Code hingegen wird 1:1 an den Browser gesendet, wie er geschrieben ist. Jeder Besucher kann sich den HTML-Quellcode einer Seite ansehen und dann auch lesen, was Sie dort als Kommentar hinterlassen haben.

Abb. 24-5
Es bedeutet nicht nur schlechten Stil, sondern eine potenzielle Sicherheitslücke, falls komplette Formulare im Quelltext zu finden sind. Hier ein Fund auf einer Seite im Web beim zufälligen Blick in den Quelltext. Im Firefox-Quelltext werden Kommentare grün angezeigt.

Daraus folgt, dass interne (zum Beispiel betriebliche) Informationen hier nichts verloren haben!

Dies gilt auch für HTML-Abschnitte, die Sie –wenn auch nur temporär – nicht auf der Seite anzeigen wollen. Diese sollten niemals über HTML-Kommentare »auskommentiert« werden, sondern beispielsweise in einem PHP-Kommentar verschwinden oder in einer lokalen Kopie der HTML-Datei verbleiben und aus der Live-Version der Datei gelöscht werden.

Legitim hingegen ist ein HTML-Kommentar, wenn er weitere Informationen oder »versteckte« Hinweise über den Verfasser der Seite liefert, z. B.:

```
<!--
   Beispielquelltext zum Buch "HTML5 & CSS3 Workshop"
   Verlag:     dpunkt.verlag GmbH
   Copyright:  2012 Stephan Heller
   Lizenz:     GNU General Public License
   Weitere Quelltexte finden Sie unter http://www.h5c3.de
-->
```

25 Doctype-Deklaration

Die erste Zeile in jedem HTML-Dokument ist die `Doctype`-Deklaration. Auch wenn der Vergleich nicht ganz korrekt ist: Die .doc- oder .xls-Endung eines Dokuments lässt den Computer wissen, dass es sich bei einer Datei um ein Word-Dokument oder eine Excel-Datei handelt. Und über die .html- oder auch .htm-Endung einer HTML-Datei weiß der Computer, dass er diese Datei mit einem Browser öffnen muss. Die `Doctype`-Deklaration teilt dann dem Browser mit, nach welchem Standard die Datei aufgebaut wurde, sprich welche Regeln er auf die HTML-Elemente innerhalb der Datei anwenden muss, um die Webseite korrekt anzuzeigen.

Etwas fachlicher ausgedrückt: Die sogenannte DTD (Document Type Definition) legt fest, wie ein Browser den HTML-Code rendern (interpretieren und darstellen) soll. Ebenfalls verwenden Validatoren (Quelltextprüfprogramme) diese Angabe, um eine Seite anhand des relevanten Standards zu überprüfen.

25.1 Doctype-Deklaration für HTML5

*Der **`Doctype`** ist nicht case-sensitiv!*

*Der **`Doctype`** hat kein Endtag!*

Der `Doctype` für HTML5 sieht folgendermaßen aus:

```
<!DOCTYPE html>
```

Dies bedeutet, dass alles, was mit der Zeichenkette `<!DOCTYPE` beginnt und von `html` gefolgt wird, automatisch ein HTML5-Dokument darstellt.

HTML5 macht es an dieser Stelle Webentwicklern sehr einfach: **Alles bislang Notwendige wird einfach weggelassen!**

In HTML 4.01 und XHTML 1.0 wiesen »Public identifier« und »System identifier« (siehe nächsten Abschnitt auf den verwendeten Standard hin. Dies bedeutet, dass Sie den `Doctype` um diese Angaben ergänzen können und damit aus einer HTML5-Datei ein HTML 4.01- oder XHTML 1.0-Dokument machen.

Umgekehrt bedeutet es aber auch, dass Sie aus alten Deklarationen alle Angaben hinter `!DOCTYPE html` herausnehmen können und damit aus Ihrer Datei im Handumdrehen ein HTML5-Dokument gemacht ist!

Aus alt mach neu! Umstellung von alten Standards auf HTML5

25.2 HTML 4.01- und XHTML 1.0-Doctype

Die alten Standards benötigten in der `Doctype`-Deklaration zwei zusätzliche Angaben:

- **Public identifier**: Deklariert über »PUBLIC« und eine kryptische Zeichenfolge den konkreten Standard.
- **System identifier**: Webadresse (URL) zur hinterlegten »Document Type Definition« und dafür vorgesehen, dass sich Browser das Regelwerk »ziehen«, um danach die HTML-Seite zu rendern. Rein praktisch sind die Standards in den Browsern hinterlegt und benötigen keine Quelle mehr.

Im Gegensatz zu HTML5 unterscheiden ältere Standardversionen zusätzlich drei Varianten des jeweiligen Standards:

- **Strict** verlangt einen strengen Aufbau des Dokuments und erwartet ausschließlich HTML-Elemente des relevanten Standards.
- **Transitional** lässt veraltete HTML-Elemente zu und ist salopp gesprochen weniger streng bei der Validierung.
- **Frameset** dient dabei zum Aufbau eben eines Framesets, was sich vom HTML-Grundgerüst, wie in Kapitel 24.6 beschrieben, grundsätzlich unterscheidet. Ein Frameset unterteilt das Browserfenster in mehrere unabhängige Fenster, in die dann jeweils eine separate HTML-Seite geladen wird. Framesets kommen im modernen Webdesign jedoch so gut wie nicht mehr vor und gehören der Vergangenheit an.

HTML 4.01-`Doctype`

Eine von drei möglichen Doctype-Angaben in HTML 4.01 sieht folgendermaßen aus:

```
<!DOCTYPE HTML PUBLIC "-//W3C//DTD HTML 4.01//EN"
   "http://www.w3.org/TR/html4/strict.dtd">
```

XHTML 1.0-`Doctype`

Ein weiteres Beispiel ist die Deklaration für ein XHTML 1.0-Dokument.

```
<!DOCTYPE html PUBLIC "-//W3C//DTD XHTML 1.0 Transitional//EN"
   "http://www.w3.org/TR/xhtml1/DTD/xhtml1-transitional.dtd">
```

Für XHTML 1.0 besteht zusätzlich die Möglichkeit, vor der `Doctype`-Deklaration eine Angabe des Zeichensatzes als XML-Deklaration zu machen:

```
<?xml version="1.0" encoding="ISO-8859-1" ?>
```

Übersicht aller ***Doctype****-Deklarationen: www.h5c3.de/link-25-1*

Diese führt allerdings dazu, dass der Internet Explorer 6 in den Quirks-Modus umschaltet (siehe Kapitel 25.3). Von daher sollte in XHTML 1.0 auf diese Deklaration verzichtet werden.

Der `Doctype` kann für jedes HTML-Dokument nur einmal angegeben werden. Wer hier auf die Idee kommt, alle Deklarationen zu übernehmen, den muss ich leider enttäuschen …

25.3 Quirks-Modus ohne Doctype-Deklaration

Ohne die Angabe eines `Doctype` schalten alle Browser in eine Art Fallback-Modus und rendern das HTML bestmöglich. Dieser sogenannte Quirks-Modus soll dafür sorgen, dass auch alte HTML-Dokumente richtig angezeigt werden. Der Quirks-Modus des Internet Explorer entspricht dem Verhalten eines IE5. Dieser setzt das CSS-Box-Modell (siehe Kapitel 38.1) jedoch fehlerhaft um und verursacht extreme Darstellungsabweichungen. Die Webseite kann dadurch regelrecht »zerschossen« werden.

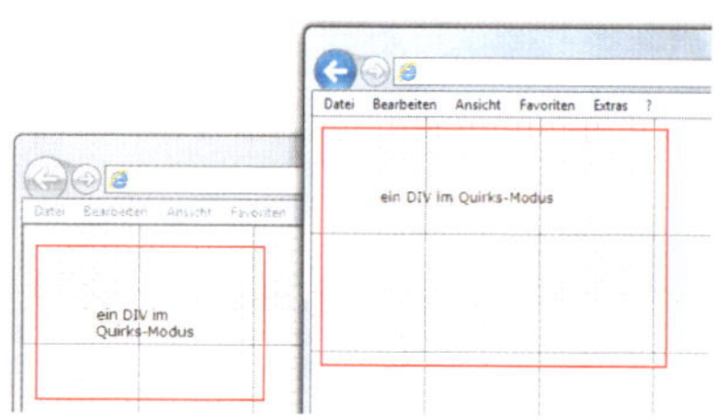

Abb. 25-1 Screenshot vom Internet Explorer 9: Ohne ***Doctype****-Deklaration springt der Browser in den Quirks-Modus, es kommt zu massiven Darstellungsabweichungen.*

Mit dem HTML5-Doctype gehört der Quirks-Modus der Vergangenheit an. Für Interessierte sind weitere Informationen unter nebenstehendem Link zu finden.

Quirks-Modus (Wikipedia): www.h5c3.de/link-25-2

So haben Sie die Darstellung im Griff:
Sorgen Sie immer für eine korrekte `Doctype`-Deklaration. Damit stellen Sie die richtige Darstellung Ihrer Webseite sicher!

26 head: Kopf einer HTML-Datei

26.1 title-Tag

Der `title` gehört zu den wichtigsten HTML-Elementen. Der Inhalt des `title` wird in der oberen Browsertitelleiste, in modernen Browsern auch im Tabreiter angezeigt.

Vor allem ist es der Inhalt des `title`, was Suchmaschinen in Suchergebnislisten anzeigen. Man könnte auch die `title`-Angaben aller Webseiten im Internet als Inhaltsverzeichnis des WWW bezeichnen. Dies soll die Wichtigkeit dieses Tags unterstreichen. Ist dieser nicht sinnvoll gefüllt oder wie früher gerne mit Pünktchen, Strichen und anderen nichts sagenden Zeichen gestaltet, einfach um die Browserleiste »hübscher« zu gestalten, werden Google & Co. keinen Grund sehen, Ihre Seite bei der Suche zu berücksichtigen.

Nicht zu unterschätzen ist die Bedeutung von ***`title`*** *für Suchmaschinen: Die Rolle des* ***`title`****-Elements für die Suchmaschinenoptimierung: www.h5c3.de/link-26-1*

```
<title>..::°|°::.. Meine Homepage ..::°|°::..</title>
```

Beispiel für einen katastrophalen ***`title`*** *– danach wird niemand suchen!*

Ebenfalls sollte jede einzelne Seite in Ihrem Webangebot einen individuellen `title` haben, damit auch unterschiedliche Seiten im Suchindex der Suchmaschinen erfasst und gefunden werden können.

```
<title>Handgestrickte Socken - Freiburg -
   Lieschen Müller Häkelstübchen</title>
```

Besser! Der ***`title`*** *sollte immer eindeutig darauf schließen lassen, was auf der Webseite zu finden ist.*

Die relevante Information sollte in den ersten 65 Zeichen zu finden sein, da nur diese in den Suchergebnissen angezeigt werden.

26.2 meta-Element

Diese Angaben im `head` der HTML-Datei sind für den Besucher nicht sichtbar, steuern jedoch das Verhalten der Seite (z. B. des verwendeten Schriftsatzes) oder liefern für Suchmaschinen weitere Informationen.

Die fachlich korrekte Bezeichnung ist `meta`-Element, nicht `meta`-Tag, wobei es sich hier zugegebenermaßen um eine terminologische Spitzfindigkeit handelt: Im Einsatz spielt es keine Rolle spielt, welche Bezeichnung Sie wählen. Jeder wird Sie verstehen, auch wenn Sie von »`meta`-Tag« sprechen.

HTML5 sieht vier Attribute für das `meta`-Element vor: `charset`, `name`, `http-equiv` und `content`.

Die beiden Attribute `name` und `http-equiv` geben die Art des `meta`-Elements an, die Attributwerte sind fest definiert. Über `content` wird dann die Angabe spezifiziert. Das heißt, dass `content` niemals allein vorkommt, sondern immer mit einem der beiden zuvor genannten Attribute kombiniert werden muss.

`charset` unterscheidet sich von `name` und `http-equiv`, da keine weitere Angabe über das Attribut `content` notwendig ist.

Der in alten Standards bekannte Parameter `scheme` entfällt in HTML5.

26.2.1 charset

Der Parameter `charset` ist eine Neuerung in HTML5 und legt fest, mit welchem Zeichensatz eine Webseite angezeigt werden soll:

```
<meta charset="utf-8">
```

Die Angabe des Zeichensatzes ist nicht zwingend notwendig, zeichnet jedoch eine gute Webseite aus und sorgt dafür, dass beispielsweise im Deutschen Sonderzeichen korrekt angezeigt werden.

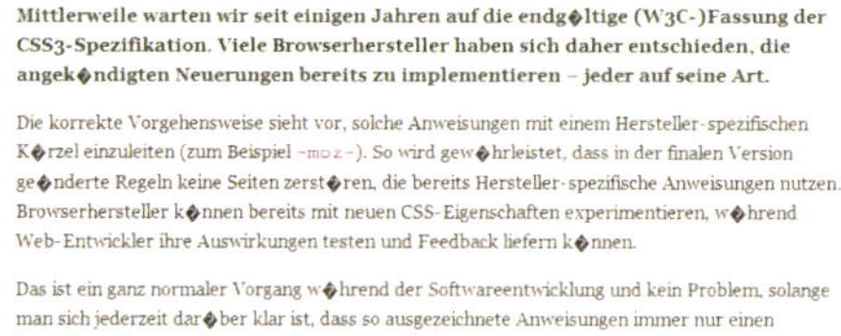
Mittlerweile warten wir seit einigen Jahren auf die endg�ltige (W3C-)Fassung der CSS3-Spezifikation. Viele Browserhersteller haben sich daher entschieden, die angek�ndigten Neuerungen bereits zu implementieren – jeder auf seine Art.

Die korrekte Vorgehensweise sieht vor, solche Anweisungen mit einem Hersteller-spezifischen K�rzel einzuleiten (zum Beispiel -moz-). So wird gew�hrleistet, dass in der finalen Version ge�nderte Regeln keine Seiten zerst�ren, die bereits Hersteller-spezifische Anweisungen nutzen. Browserhersteller k�nnen bereits mit neuen CSS-Eigenschaften experimentieren, w�hrend Web-Entwickler ihre Auswirkungen testen und Feedback liefern k�nnen.

Das ist ein ganz normaler Vorgang w�hrend der Softwareentwicklung und kein Problem, solange man sich jederzeit dar�ber klar ist, dass so ausgezeichnete Anweisungen immer nur einen bestimmten Browser (bzw. eine Browser-Familie) ansprechen.

Abb. 26–1
Passen »charset« und verwendeter Zeichensatz vom Editor nicht zusammen, kann es zu fatalen Darstellungsproblemen kommen.

Die Problematik ergibt sich daraus, dass Editoren Quelltextdateien ebenfalls mit unterschiedlichen Zeichensätzen erstellen können. Dies ist auf den ersten Blick im Editor nicht erkennbar und sorgt auch in erfahrenen

Teams immer wieder für Probleme, wenn Entwickler unterschiedliche Editoren und Zeichensatzeinstellungen verwenden. Ist eine Datei mit UTF-8 erstellt, kann ein Editor bestimmte Sonderzeichen nicht erkennen, sobald beispielsweise ISO 8859-1 eingestellt ist. Hier kommt es bereits im Editor zu Darstellungsproblemen.

In guten HTML-Editoren kann diese Einstellung vorgenommen werden. Welchen Zeichensatz man wählt, hängt von der Umgebung ab, in der man entwickelt, und ist auch Geschmacksache. Mit HTML5 geht der Trend jedoch deutlich in Richtung UTF-8.

UTF-8 bei Wikipedia: www.h5c3.de/link-26-2

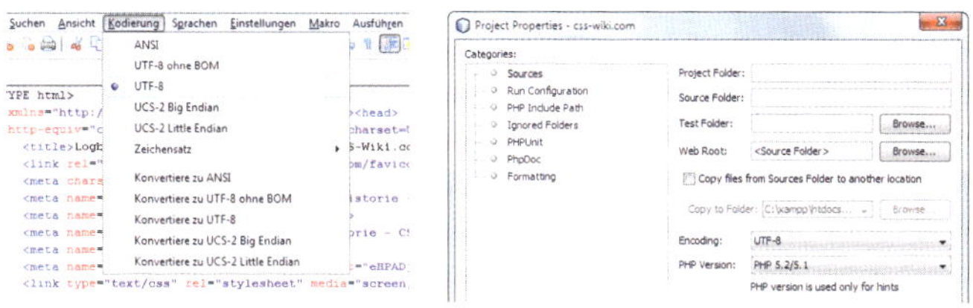

Abb. 26–2 Im Notepad++ (links) kann die Zeichencodierung über die obere Menüleiste eingestellt werden. NetBeans (rechts) bietet die Möglichkeit, den Zeichensatz in den Projekteinstellungen festzulegen.

Ob das `meta`-Tag mit der `charset`-Angabe vor oder hinter dem `title` stehen sollte, ist im Standard nicht explizit definiert. In modernen Browsern wird ein Seitentitel mit Sonderzeichen korrekt angezeigt, auch wenn der Zeichensatz erst dahinter angegeben wird. Allerdings konnte ich jüngst beobachten, dass ein `base`-Element **vor** dem `charset` zu Darstellungsproblemen von Umlauten führte. Um solche Seiteneffekte auszuschließen, sollte die `charset`-Angabe als erstes Element hinter dem öffnenden `head`-Tag stehen.

charset-Angabe in den alten Standards

Was in HTML5 einfach ist, war in HTML 4.01 oder XHTML 1.0 noch recht aufwändig. Der Zeichensatz musste im `meta`-Tag über das `http-equiv`-Attribut mit einer komplizierten Schreibweise angegeben werden. Hier die XHTML-Variante:

```
<meta http-equiv="content-type"
      content="text/html; charset=utf-8"/>
```

26.2.2 name, http-equiv und content

Zu den Attributen `name`, `http-equiv` und `content` finden Sie im Netz vielfältige Informationen über Sinn und Zweck von Meta-Tags und vor allem über deren vermeintliche Notwendigkeit. Im modernen Webdesign spielen diese keine große Rolle mehr: als relevant sei `name="robots"` erwähnt, welches Anweisungen für Suchmaschinen definiert.

WWW

Weiteres über Meta-Tags: www.h5c3.de/link-26-3

Als ergänzende Information finden Sie weitere Beschreibungen unter nebenstehendem Link, im Einzelnen zu:

- `name`
- `name="description"`
- `name="keywords"`
- `name="robots"`
- `http-equiv`

26.3 link-Tag

In der Praxis dient das `link`-Tag vor allem der Einbindung von CSS-Dateien – und stellt damit die konkrete **Schnittstelle zwischen HTML und CSS** dar – sowie dem Einbinden des sogenannten Favicons.

26.3.1 Einbinden von externen Stylesheets

```
<link rel="stylesheet" href="style.css">
```

Grundlagen

Mehr über absolute und relative Pfade finden Sie in Kapitel 24.5.

Essenziell ist, dass für das `rel`-Attribut der Wert `stylesheet` vergeben ist. Dies signalisiert dem Browser, dass hier eine CSS-Datei referenziert wird. Als Zweites ist das `href`-Attribut mit dem Dateinamen der CSS-Datei anzugeben. Dabei muss die Datei nicht im gleichen Verzeichnis liegen, sondern kann sowohl mit einem relativen als auch einem absoluten Pfad angegeben werden:

```
<link rel="stylesheet" href="lib/css/style.css">
```

Zusätzlich können Sie eine Angabe zum »Media Type« über das Attribut `media` machen. Darüber steuern Sie, ob ein CSS für die Bildschirmdarstellung, den Druck oder andere Medien verwendet werden soll.

Ohne eine weitere Angabe greift der Standardwert `all` für `link` mit dem `rel="stylesheet"`-Attribut. Darüber werden alle Ausgabegeräte mit demselben CSS versorgt. Folgende Werte können Sie für das Attribut `media` vergeben.

Wert	Funktion
`all`	CSS für alle Medien
`braille`	CSS für Braille-Zeilen. Zusatzgeräte können damit Webinhalte in Blindenschrift ertastbar machen.
`print`	CSS für den Ausdruck einer Seite
`projection`	CSS für die Projektion über Beamer oder vergleichbare Geräte
`screen`	CSS für Computerbildschirme und browsergestützte Sprachausgaben

WWW

Die vollständige Liste aller Werte für ***`media`*** *ist unter www.h5c3.de/link-26-4 zu finden.*

Medientypen sind zusätzlich Mediengruppen zugewiesen. So ist beispielsweise `screen` in den Mediengruppen `visual` und `audio` zu finden. Das bedeutet, CSS für `screen` ist nicht zwangsläufig auf Bildschirme beschränkt. Screenreader (Vorlesesoftware) setzen auf Browsern auf, sodass auch `screen`-Deklarationen beim Vorlesen potenziell greifen. Allerdings betrifft dies nur wenige CSS-Eigenschaften wie `display: none` oder `visibility: hidden`, gestalterische Eigenschaften sind für Screenreader nicht relevant.

WWW

Übersicht zu Medientypen und Mediengruppen: www.h5c3.de/link-26-5

Eine in der Praxis übliche Methode ist die Einbindung von Styles für die Bildschirmdarstellung und zusätzlich für den Druck, gerne auch als »Druckstyle« bezeichnet. Mehrere Angaben werden mit Kommata voneinander getrennt:

Unterschiedliches CSS für verschiedene Medien

```
<link rel="stylesheet"
      media="screen, braille, projection"
      href="style.css">
<link rel="stylesheet" media="print, embossed"
      href="print.css">
```

Es können mehrere Dateien eingebunden werden, aber auch derselbe Medientyp in verschiedenen `link`-Tags ist möglich – die Angabe in einem `link` schließt die Angabe in einem anderen nicht aus.

Was beim Einbinden mehrerer Styles zu beachten ist, lesen Sie in Kapitel 33. Weitere Unterscheidungen nach Ausgabegerät können über die @media-Regel in CSS selbst gesteuert werden.

Grund-lagen

@media-Regel: Kapitel 33.5

Einbinden externer Styles

- Die Einbindung erfolgt über das `link`-Tag.
- Es können mehrere CSS-Dateien über jeweils ein `link`-Tag eingebunden werden.

  Das Attribut `rel="..."` muss den Wert `stylesheet` haben.

Styles falsch eingebunden: www.h5c3.de/link-26-6

Das `link`-Tag darf ausschließlich im `head` des HTML-Dokuments verwendet werden. Auch wenn in den gängigen Browsern die Einbindung innerhalb des `body` funktioniert, wird dies als Fehler von Validatoren »angemahnt« und sollte aus Kompatibilitätsgründen unterlassen werden. Damit schließen Sie aus, dass durch eine solche falsche Einbindung ältere oder Ihnen unbekannte Browser eine Seite falsch oder gar nicht anzeigen.

Abwärtskompatibilität

Ältere Browser benötigen zur Einbindung von CSS-Dateien zusätzlich das Attribut `type="text/css"`, damit sie Styles als solche erkennen. Von daher sollten Sie diese Angabe stets einfügen, damit das CSS auch von alten Browsern geladen und die Seite mit dem entwickelten Layout angezeigt werden kann:

```
<link rel="stylesheet" type="text/css" href="layout.css">
```

26.3.2 Einbinden des Favoriten-Icons

Das »Favicon« wird von modernen Browsern in der Adresszeile bzw. auf dem Tabreiter des Browsers angezeigt. Vor allem aber wird es abgespeichert, sobald man eine Seite zu den Favoriten hinzufügt, und liefert damit eine visuelle Unterstützung beim Wiederfinden seiner persönlichen Lesezeichen.

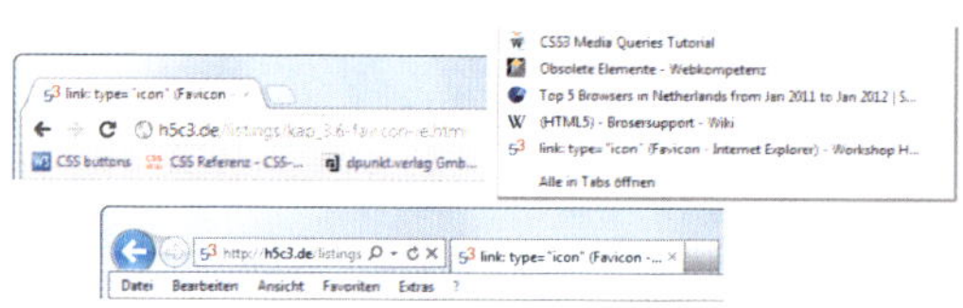

Abb. 26–3
Links oben: Google Chrome zeigt das Favicon auf dem Tabreiter sowie als Icon für die »Bookmark«-Leiste. Rechts oben: Firefox – wie auch andere Browser – speichern das Favicon mit den Lesezeichen ab. Unten: Der Internet Explorer 9 zeigt das Favicon sowohl in der Adressleiste vor der URL als auch auf dem Tabreiter an.

Das Favoriten-Icon wird wie ausgelagerte Styles über das `link`-Tag eingebunden. Hier muss dem `rel`-Attribut der Wert `icon` zugewiesen werden. Das `href`-Attribut wird mit der Grafik versehen, die zur Anzeige des Favoriten-Icons dienen soll. In der Regel liegt das `favicon.ico` im Hauptverzeichnis der Website, aktuelle Browser unterstützen das Favicon aber auch, wenn dieses in einem Unterordner liegt und mit einem Pfad verlinkt wird.

Zusätzlich wird das Attribut `type` mit dem Wert `image/x-icon` belegt, was auf das ICO-Format der Grafik hinweist.

```
<link rel="icon" href="favicon.ico" type="image/x-icon">
```

Der Internet Explorer unterstützt auch in der Version 9 das `rel="icon"` nicht, hier ist zusätzlich die Angabe des Schlüsselworts `shortcut` notwendig. Dies muss vor `icon` stehen und wird mit einem Leerzeichen davon getrennt. Die optimale Schreibweise sieht demnach wie folgt aus:

```
<link rel="shortcut icon"
      href="favicon.ico" type="image/x-icon">
```

Grundsätzlich können auch anderen Grafikformate (beispielsweise PNG) verlinkt werden, die dann dazu passend mit einem anderen `type` versehen werden müssen (im Falle von PNG: `type="image/png"`). Allerdings ist die Einbindung einer ICO-Grafik in der oben beschriebenen Schreibweise die zuverlässigste Variante, vor allem für ältere Browser. Auch von der Bezeichnung des Dateinamens `favicon.ico` sollte nicht abgewichen werden.

Auch unter den gängigen Bildbearbeitungsprogrammen können nicht alle eine Grafik im ICO-Format erzeugen, das ansonsten in der Webentwicklung nicht vorkommt. Um das `favicon.ico` aus einer JPG- oder TIF-Datei zu konvertieren, hilft der Umweg über andere kostenlose Grafiktools, beispielsweise **IrfanView** oder auch **H@rdcopy**.

WWW

Dateiformat ICO bei Wikipedia: www.h5c3.de/link-26-8

IrfanView: www.h5c3.de/link-26-9

H@rdcopy: www.h5c3.de/link-26-10

Schließlich sei angemerkt, dass das Favicon, sobald es vom Browser »gecached« oder mit einem Lesezeichen gespeichert wurde, nicht mehr bei jedem Aufruf der Seite erneut geladen wird, selbst wenn man die ICO-Grafik auf dem Webserver neu hinterlegt hat. Hier kann das temporäre Umbenennen der Grafik im Quellcode eine Lösung darstellen. Grundsätzlich entspricht dieses Verhalten aber dem W3C-Standard.

26.3.3 Weitere externe Dateien verlinken

Das `link`-Tag dient nicht ausschließlich dem Einbinden von Styles oder einem Favicon, es können auch andere Dateien »referenziert« werden.

Über das `rel`-Attribut wird die Art der Verlinkung angegeben. Mit dem Schlüsselwort `index` wird auf eine Datei mit einem Seitenindex verwiesen. `help` verlinkt eine Hilfeseite, `home` ist für die Verlinkung mit der Startseite der Website reserviert.

Allerdings ist eine übergreifende Browserunterstützung nicht gegeben, von daher wird das `link`-Tag zum Einbinden weiterer externer Dateien im Arbeitsalltag so gut wie nicht eingesetzt. Dies war in vielen Jahren Projektarbeit noch nie eine konkrete Kundenanforderung. Von daher sei dies nur der Vollständigkeit halber erwähnt.

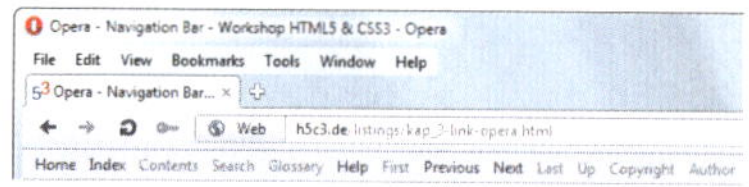

Abb. 26–4 Opera unterstützt `link`*-Tags, die im* ***head*** *angegeben werden, und zeigt verlinkte Dateien in einer zusätzlichen Browsernavigationsleiste an. Diese muss allerdings aktiviert werden, da sie nach einer Standardinstallation nicht angezeigt wird. Die verlinkten Punkte sind dann nicht mehr ausgegraut.*

> **Pflichtangabe für link**
> Das `link`-Tag benötigt immer einen Wert für das Attribut `rel`. Ohne diese Angabe weiß der Browser nicht, was Sie verlinken möchten.

26.4 style-Element

Innerhalb des `style`-Tags kann CSS direkt im Kopf der HTML-Datei definiert werden.

```
<style>
   h1 {
      color: darkblue;
   }
</style>
```

Dabei müssen keine weiteren Attribute gesetzt sein. Das Attribut `type` hat den Standardwert `text/css`, das CSS wird ohne eine weitere Angabe erkannt.

Grundlagen

Die Medientypen sind in Kapitel 26.3.1 beschrieben.

Wie beim Einbinden von externen Styles kann für `style` auch der Medientyp angegeben werden. Damit haben Sie die Möglichkeit, bestimmte Abschnitte beispielsweise nur für den Ausdruck der Seite zu definieren.

> **style nur im head**
> Das `style`-Tag ist ausschließlich im head zulässig! Auch wenn dieses Tag im body »funktioniert«, verstoßen Sie damit gegen den Standard und riskieren, dass das CSS und damit die Webseite nicht richtig angezeigt werden.

Abwärtskompatibilität

Der HTML 4.01- und der XHTML 1.0-Standard definieren das `type`-Attribut als Pflichtangabe, was beim Fehlen der Angabe zu einem Validierungsfehler führt.

Wichtiger als die Validierung ist allerdings die Tatsache, dass ältere Browser die `type`-Angabe benötigen, um tatsächlich den Bereich als CSS zu erkennen. Um auf Nummer sicher zu gehen, ergänzen Sie das style-Tag mit dem type-Attribut. Da dies ohnehin dem Standardwert entspricht, machen Sie damit auch keinen Fehler.

```
<style type="text/css">
   h1 {
      color: darkblue;
   }
</style>
```

Grund-lagen

Alle Möglichkeiten der CSS-Einbindung sind im CSS-Teil in Kapitel 33 zu finden.

26.5 script-Element

Über das script-Tag können Sie einen JavaScript-Bereich im Kopf definieren:

```
<script>
   alert ('Hallo Welt!');
</script>
```

Über script schaffen Sie nicht nur einen Abschnitt für JavaScript im Quelltext, Sie können darüber auch externe JavaScript-Dateien einbinden. Das Attribut zum Referenzieren einer ausgelagerten Datei ist hier src und **nicht** href, Letzteres ist nur im link-Element erlaubt.

```
<script src="externes-script.js"></script>
```

Das ***script****-Tag muss geschlossen werden.*

Eine Besonderheit an dieser Stelle ist, dass das Tag geschlossen werden muss, auch wenn kein eigentlicher Inhalt zwischen Start- und Endtag steht. Auch ein / (Slash) im Starttag zum Schließen des Elements (siehe Schreibweise für leere HTML-Elemente in Kapitel 24.2.1) ist **nicht zulässig**.

Falls Sie die Versuchung verspüren, das Einbinden einer externen JavaScript-Datei mit einem script-Abschnitt zu kombinieren, muss ich umgehend ein Veto einlegen. Dies ist nicht zulässig und führt garantiert zu Darstellungsproblemen. Das kann nur über zwei eigenständige script-Tags umgesetzt werden:

```
<script src="externes-script.js"></script>
<script>
   alert ('Hallo Welt!');
</script>
```

Das script-Tag ist nicht auf den head beschränkt, sowohl seiteninterne Skripte als auch ausgelagerte Dateien können im body verwendet werden kann.

Abwärtskompatibilität

Auch für das `script`-Tag ist in den HTML 4.01- und XHTML 1.0-Standards die Angabe des `type="text/javascript"` Pflicht. Ohne dies erhalten Sie einen Validierungsfehler, vor allem aber riskieren Sie, dass nicht alle Browser das JavaScript erkennen.

```
<script src="externes-script.js"
            type="text/javascript"></script>
```

Falls Sie nicht Gefahr laufen möchten, dass ganz alte Browser durch ein `script`-Tag Darstellungsprobleme bekommen, umschließen Sie den JavaScript-Code mit HTML-Kommentarzeichen (Kommentare siehe Kapitel 24.7). Dies verhindert, dass der JavaScript-Code selbst im Browser angezeigt werden kann, stört aktuelle Browser aber nicht beim Auslesen des Script-Codes:

```
<script>
   <!--
   alert ('Hallo Welt!');
   -->
</script>
```

Diese Methode ist zwar wirklich veraltet, wichtig ist jedoch, dass Sie die Möglichkeit kennen und nicht verwundert sind, wenn Sie dies einmal im Quelltext finden, z. B. bei einem Kollegen, der schon etwas länger im Geschäft ist.

27 HTML-Tags für den body

In diesem Kapitel finden Sie die HTML5-Tags, die Sie für den Aufbau einer Seite benötigen. Dabei ist die Auflistung nicht vollständig, sämtliche Tags finden Sie unter nebenstehendem Link Die wenigen, die hier fehlen, sind eher Ausnahmetags beziehungsweise solche, die in der Praxis so gut wie nicht eingesetzt werden.

Alle HTML-Elemente im Überblick: www.h5c3.de/link-27-1

Die HTML-Elemente werden in diesem Kapitel verschiedenen Kategorien zugewiesen. Die einzelnen Kategorien beschreiben Elemente

- zur **Seitenstrukturierung**, um damit das Grundgerüst einer Webseite aufzubauen,
- zur **Textstrukturierung**, um Inhalte semantisch zu gliedern,
- zur **Textauszeichnung**, um einzelne Wörter oder Sätze mit einer speziellen Eigenschaft zu versehen,
- für **Formulare,**
- für **Medien** (Bilder, Video, Audio),
- für **Tabellen.**

HTML5-Tag-Systematik im Überblick: www.h5c3.de/link-27-2

Des Weiteren finden Sie in den einzelnen Übersichten Seitenhinweise auf Stellen im Workshop, wo die entsprechenden Elemente im Detail beschrieben sind.

27.1 HTML-Elemente zur Seitenstrukturierung

HTML5 liefert vor allem für die Seitenstruktur einige neue Tags. Wo früher lediglich das `div`-Tag zur Definition von Bereichen einer Webseite diente, können in Zukunft die Bereiche mit ihrer logischen – sprich semantischen – Bedeutung ausgezeichnet werden.

Dies spielt rein optisch erst einmal keine Rolle, wird für Suchmaschinen aber eine Bedeutung haben, da ein über ein nav-Tag ausgezeichneter Navigationsbereich anders bewertet werden kann als der eigentliche Inhalt, der über `section` oder `article` eindeutig als Inhalt zu erkennen ist.

Tag	**Funktion**	**HTML5**
`body`	Umschließt den sichtbaren Inhalt der Webseite.	
`section`	Definiert einen allgemeinen Bereich einer Seite, in dem zusammengehöriger Inhalt gebündelt wird.	Neu
`nav`	Definiert Navigationsbereiche.	Neu
`article`	Definiert einen Artikel mit zusammengehörigen Informationen, der grundsätzlich auch allein stehen könnte und von dem umgebenden Kontext unabhängig ist.	Neu
`aside`	Definiert Bereiche, die verwandte Themen zum Hauptinhalt zeigen, grundsätzlich aber auch ohne Bezug auf den Inhalt eine eigenständige Information liefern.	Neu
`h1, h2, h3, h4, h5, h6`	Überschriften für einen Seitenbereich	
`hgroup`	Fasst mehrere Überschriften zu einem Überschriftenblock zusammen.	Neu
`header`	Definiert einen Bereich als Kopf eines Seitenbereichs. Kann als eigentlicher Kopf einer Website eingesetzt werden, aber auch als Kopf beispielsweise einer `section`.	Neu
`footer`	Definiert eine Fußzeile zu einem Bereich und umfasst Angaben zum Autor, Copyright, weiterführende Links usw. Kann als eigentlicher Seitenfuß einer Website eingesetzt werden, aber auch als Element in `section` oder `article`.	Neu
`address`	Dient zur Auszeichnung eines Abschnitts mit Kontaktmöglichkeiten, z. B. Link zur Kontaktseite oder E-Mail-Link. Telefonnummer und postalische Adressdaten sind laut Standard im `address`-Tag **nicht** erlaubt.	

27.2 HTML-Elemente zur Textstrukturierung

Gute Webseiten zeichnen sich vor allem durch eine gelungene Textstrukturierung aus. Textabschnitte sollten über p-Tags, Listen entweder über `ul` oder `ol` als solche definiert werden.

Kleine inhaltliche Einheiten, wie beispielsweise ein Bild mit Bildunterschrift können seit HTML5 über figure als zusammengehörig definiert werden. Einerseits werden unterschiedliche HTML-Elemente unterschiedlich dargestellt, sie können aber auch in einer nicht visuellen Präsentation (beispielsweise über Screenreader, aber auch ein Feed hat selbst kein eigenes Aussehen) entsprechend ihrem Inhalt wahrgenommen werden.

Diese zielgerichtete Verwendung bestimmter HTML-Elemente wird auch als sinnvoller Einsatz von »Semantik« bezeichnet. Nur über eine inhaltsbezogene Semantik erhalten die Inhalte eine brauchbare Struktur. Und nur über die Verwendung geeigneter HTML-Elemente können Suchmaschinen eine unterschiedliche Gewichtung der einzelnen Inhaltselemente erkennen.

Tag	**Funktion**	**HTML5**
`p`	Definiert einen Textblock (Paragraf).	
`hr`	Definiert eine Trennlinie, die Inhalte in logische Abschnitte unterteilt.	
`pre`	Stellt Textblöcke mit Zeilenumbrüchen, Einrückungen und Leerzeichen dar, wie sie im Quelltext erfasst sind. Ist ausschließlich eine visuelle Darstellung, die beispielsweise in Sprachausgaben verloren geht.	
`blockquote`	Definiert einen Abschnitt als Zitat. Wird wie das `q`-Tag nicht mit Anführungszeichen, aber eingerückt dargestellt.	
`ol`	Definiert eine »geordnete« Liste, die automatisch nummeriert wird, entweder mit Zahlen oder Buchstaben (über CSS steuerbar). Merkmal ist, dass die Reihenfolge der einzelnen Einträge nicht frei vertauscht werden kann, ohne dass die Sinnhaftigkeit verloren geht (z. B. bei einer Bauanleitung).	
`ul`	Definiert eine »ungeordnete« Liste. Merkmal ist, dass die Reihenfolge der Listeneinträge frei vertauscht werden kann, die Liste aber trotzdem sinnvollen Inhalt liefert (z. B. die Zutatenliste eines Rezepts).	
`li`	Definiert einen Listeneintrag sowohl in einer `ol` als auch in einer `ul`.	
`figure`	Definiert eine in sich abgeschlossene Einheit, beispielsweise ein Bild, Video oder Audio mit der dazugehörigen Beschriftung oder ein Gedicht mit den dazugehörigen Angaben zu Titel, Autor und Erscheinungsdatum.	Neu
`figcaption`	Definiert die Beschriftung einer `figure`.	Neu
`div`	Block-Element ohne jegliche strukturelle Bedeutung. Sollte nur eingesetzt werden, wenn keine anderen Strukturelemente für die Auszeichnung eines Abschnitts sinnvoll erscheinen.	

27.3 HTML-Elemente zur Auszeichnung von Texten

Text bzw. Sprache lebt nicht allein von Wörtern, sondern auch von Betonung, Hervorhebungen und so weiter. Es ist nicht alles reiner Text. Zitate, Definitionen oder Zeitangaben und andere spezielle Texteigenschaften haben für das Verständnis des Inhalts eine hohe Bedeutung. Auch hier führt der zielgerichtete Einsatz einer sinnvollen Semantik zu einem besseren Verständnis.

Tag	Funktion	HTML5
a	Definiert einen »Hyperlink« zu einer anderen Seite.	
em	Betont ein Wort, hebt es durch eine Akzentuierung hervor. Die visuelle Darstellung ist kursiv.	
strong	Verleiht einem Wort Wichtigkeit und hebt es dadurch vom restlichen Text ab. Die visuelle Darstellung ist fett.	
cite	Definiert den Titel einer Quelle, z.B. <cite>Die Bibel</cite>. Ist abzugrenzen von eigentlichen Zitaten, die über blockquote oder ein q-Tag ausgezeichnet werden sollten.	
q	Definiert ein Zitat. Wird visuell mit Anführungszeichen dargestellt.	
abbr	Definiert eine Abkürzung oder ein Akronym. Im title-Attribut sollte die Bedeutung des Akronyms beziehungsweise die Abkürzung ausgeschrieben werden.	
time	Zeichnet eine Zeitangabe aus.	Neu
code	Zeichnet einen Text als Quellcode oder Computerbefehl aus. Visuell wird ein code-Abschnitt über einen »Monospace«- Schrifttyp dargestellt. Um Zeilenumbrüche von Befehlen zu erhalten, ist zusätzlich der Einsatz des pre-Tags notwendig.	
kbd	Zeichnet einen Text aus, der auf eine Benutzereingabe über die Tastatur hinweist. Beispielsweise: Zum Neuladen der Seite drücken Sie die Taste <kdb>F5</kdb>.	
sub	Stellt einen Text tief. Sollte nur eingesetzt werden, wenn es den Konventionen einer Sprache entspricht, zum Beispiel bei der Auszeichnung chemischer Zeichen: H₂0 für H_2O.	
sup	Stellt einen Text hoch. Sollte ebenfalls nur eingesetzt werden, wenn es den Konventionen einer Sprache entspricht, beispielsweise bei einer Quadratmeterangabe: 45m² für $45m^2$.	
mark	Definiert einen markierten oder hervorgehobenen Text, ist jedoch mit keiner Betonung wie durch em oder strong verbunden. Sinnvoller Einsatz kann das Hervorheben eines Suchbegriffs in einer Suchergebnisliste sein. Die Standarddarstellung ist ein gelb hinterlegter Text.	Neu

Tag	Funktion	HTML5
span	Definiert einen Bereich als Inline-Element ohne jegliche Bedeutung. Eine semantische Auszeichnung durch andere Elemente ist immer zu bevorzugen. Sinnvoller Einsatz ist die Sprachauszeichnung eines sonst geläufigen Begriffs wie beispielsweise `<span lang="en">Meeting</span>`, damit Screenreader diesen mit der richtigen Aussprache vorlesen.	
br	Definiert einen Zeilenumbruch innerhalb eines p- oder address-Tags. Sollte auf keinen Fall eingesetzt werden, um Abstände zwischen HTML-Elementen zu erzeugen. Sind mehrere br nacheinander in einem p-Tag verwendet, ist zu prüfen, ob der relevante Text in zwei p-Blöcke aufgeteilt werden kann.	
wbr	Definiert optionale Zeilenumbrüche, damit lange Wörter an der richtigen Stelle getrennt werden. Beispielsweise `Do<wbr>nau<wbr>dampf<wbr>schiff<wbr>fahrts<wbr>ge<wbr>sell<wbr>schafts<wbr>ka<wbr>pi<wbr>täns<wbr>müt<wbr>ze.`	Neu

27.4 HTML-Formular-Elemente

Formulare machen das Internet zum interaktiven Medium. Wo vor zehn Jahren allein die Präsentation einer Firma, eines Vereins oder einer Person die Aufgabe von Webdesign waren, werden heute komplette Geschäftsabläufe über das Internet abgewickelt.

Formular mit HTML aufbauen

Um Formulardaten an den Webserver und damit für die weitere Verarbeitung zu versenden, ist ein die Formularfelder umschließendes form-Tag notwendig. Ohne dieses ist der Aufbau einer Datenverbindung zum Server nicht möglich.

Work-shop

Formulare schrittweise aufgebauen: Kapitel 12

```
<form action="zielseite.html" method="get" name="mein-formular">
    .
    .
    .
</form>
```

Ein Formular wird über ein öffnendes und schließendes form-Tag definiert. Alle Eingabefelder, Klickboxen und Auswahllisten müssen innerhalb des Tags stehen, damit der Browser diese als zusammengehörige Daten erkennen und versenden kann.

Grundsätzlich ist es möglich, mehrere Formulare auf einer Seite zu integrieren, wie beispielsweise eine Suche und ein Login – beides sind voneinander unabhängige Formulare und benötigen jeweils ihr eigenes `form`-Tag.

Pflichtangabe ist das `action`-Attribut. Dies ist notwendig, damit der Browser weiß, wohin er das Formular senden soll. Dies kann der Dateiname der Seite sein, auf der man sich gerade befindet, wenn die Formularverarbeitung auf derselben Seite geschieht, aber auch eine andere Seite im Angebot.

Das zweite wichtige Attribut ist `method`. Die Übertragung von Formulardaten ist über das Hypertext Transfer Protocol (HTTP) definiert und sieht zwei Möglichkeiten vor.

- `method="get"`: Hängt die Formulardaten an die URL, die in `action` angegeben ist. Nach dem Absenden des Formulars sehen Sie die einzelnen Parameter in der Browseradressleiste.
- `method="post"`: Überträgt die Daten salopp ausgedrückt im Datenstrom nach HTTP-POST-Standard. Es werden keine Formulardaten an die URL angehangen, die Übertragung ist für Nutzer nicht sichtbar.
- Wenn kein `method`-Attribut angegeben ist, verwenden Browser die GET-Methode.

Da die Länge einer URL begrenzt ist und dieses Limit in verschiedenen Browser unterschiedlich ausfällt, kann es bei großen Formularen in Verbindung mit der GET-Methode zu einer fehlerhaften Übertragung kommen. Dieses kann mit dem Wechsel zur POST-Methode behoben werden. Aber auch hier ist die Datenmenge nicht unbegrenzt. Diese hängt vom Webserver ab, auf dem die Seite liegt, kann dort konfiguriert werden und liegt in der Regel bei 8 MB.

Für reine Frontendentwickler stellt dies die Schnittstelle zu Programmierern dar, die für die Datenverarbeitung verantwortlich sind. In der Praxis haben Sie damit Ihre Aufgabe erfüllt, Programmierer übernehmen an der Stelle den technischen Part und passen die Parameter an die Anforderungen an, die für die weitere Verarbeitung notwendig sind.

Standardkonformität gefordert
Formulare gehören zu den wichtigsten Dingen im Internet. Ob die Suche in einem Produktkatalog oder das Login in einen Kundenbereich: Erst sie machen das Web zum interaktiven Medium. Von daher ist hier eine standardkonforme Umsetzung besonders zu beachten.

Alle Formularelemente

In Kapitel 12 wird der Aufbau von Formularen in kleinen Schritten beschrieben; neben dem strukturierten Aufbau eines Formulars wird dort auf die Gestaltung von Formularen eingegangen.

Folgende Tabelle liefert Ihnen einen Überblick aller Formularelemente. Unter nebenstehendem Link finden Sie detaillierte Beschreibungen aller Elemente, einschließlich des Einsatzes von Attributen in Formularelementen. Vor allem sei an dieser Stelle auf die Attribute `placeholder` und `autofocus` hingewiesen, die sehr nützliche Neuerungen in HTML5 darstellen und bereits verwendet werden können.

Alle Formularelemente im Detail: www.h5c3.de/link-27-3

Tag	Funktion	HTML5
`form`	Definiert ein Formular und muss alle Formularelemente umschließen. Im `form`-Tag wird die URL angegeben, an die ein Formular gesendet wird, sowie der Übertragungsmodus (`get`, `post`) festgelegt. Ebenfalls wird über den `enctype` der Übertragungsmodus festgelegt, der im Falle eines Datei-Uploads den Wert `multipart/form-data` haben muss.	
`fieldset`	Gliedert ein Formular und fasst inhaltlich zusammengehörige Formularfelder zusammen.	
`legend`	Definiert eine übergeordnete Beschriftung von zusammengehörigen Formularfeldern, die über `fieldset` zu einer Einheit zusammengefasst werden.	
`label`	Definiert eine eindeutige Beschriftung für jedes einzelne Eingabefeld. Jedem `label` kann nur ein Formularelement (`input`, `select`, `textarea`) zugeordnet werden. Die Verknüpfung wird über das `for`-Attribut des `label` und das `id`-Attribut des Eingabefeldes hergestellt.	
`input`	HTML-Tag für verschiedene Typen von Eingabefeldern. Einzeiliges Eingabefeld zur Eingabe von Daten durch den Benutzer, Radio- und Checkboxen zur Auswahl, Upload-Button-Feld, Absende- und Reset-Button. Mit HTML5 hat sich der Umfang der `input`-Typen und damit die Datenart, die damit erfasst werden können, wesentlich erhöht.	Viele neue Werte für das Attribut `type`
`datalist`	Definiert Werte, die als Vorauswahl für ein einzeiliges Eingabefeld ausgewählt werden können.	Neu
`select`	Definiert eine Auswahlliste, auch Auswahlmenü oder »Dropdown« genannt, mit einer Liste fest definierter Werte.	
`option`	Definiert eine einzelne Auswahlmöglichkeit innerhalb einer `select`-Box.	
`optgroup`	Gruppiert mehrere `option`-Tags innerhalb einer `select`-Box zu einer Einheit von Auswahlmöglichkeiten.	

Tag	Funktion	HTML5
`textarea`	Mehrzeiliges Eingabefeld.	
`keygen`	Generiert ein Schlüssel-Paar für eine sichere Datenübertragung.	Neu
`output`	Definiert ein Feld, in dem das Ergebnis einer Rechenoperation angezeigt wird.	Neu
`progress`	Definiert einen Fortschrittsbalken, der den Status einer Aufgabe darstellt. Zur Dynamisierung kann der Wert des Balkens über JavaScript verändert werden.	Neu
`meter`	Definiert eine Art Pegelanzeige, die die Leere oder Fülle darstellt, zum Beispiel die genutzte Kapazität einer Festplatte oder die Relevanz eines Suchergebnisses für einen Suchbegriff.	Neu
`button`	Definiert einen Button, der je nach `type` als Submit- oder Reset-Button eingesetzt werden kann. Ohne `type` wird beim Klicken des `button` ein Formular nicht abgesendet. `button` kann auch außerhalb von Formularen eingesetzt werden, um beispielsweise JavaScript-Aktionen anzustoßen.	

Neue Formularelemente in HTML5

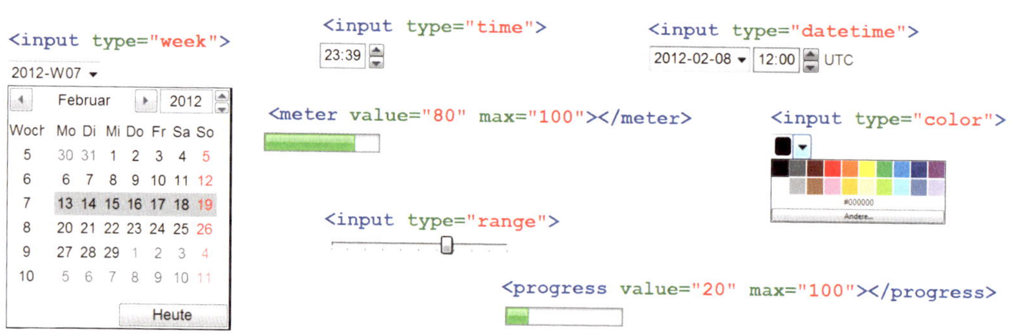

Abb. 27–1
Gute Aussichten – die browserübergreifende Unterstützung ist allerdings bislang nur dürftig.

Die gute Nachricht: HTML5 bietet umfangreiche und vielversprechende Neuerungen, sowohl was Formularelemente selbst als auch neue Attribute betrifft, wie beispielsweise `input type="date"`, mit dem automatisch ein Kalender zur Datumsauswahl angezeigt wird.

Die schlechte Nachricht: Das Meiste wird browserübergreifend noch nicht unterstützt. An dieser Stelle kann nur eine Devise gelten: **Formulare müssen funktionieren – auch in alten Browsern!** Solange Internet Explorer 8 und 9 einen relevanten Marktanteil haben, kann man neue Features nur dann mit gutem Gewissen verwenden, wenn zusätzlich eine Fallback-Lösung angeboten wird. Der Einsatz neuer Elemente ist zu vertreten, wenn alte Browsern bedienbar bleiben.

27.5 HTML-Elemente zum Einbetten verschiedener Medien und Inhalte

Zwei wesentliche Neuerungen im HTML5-Standard sind das `audio`- und das `video`-Tag. Dies wird langfristig den Einsatz von Flash-Playern ersetzen. Allerdings ist ein browserübergreifender Einsatz aktuell (August 2012) noch nicht möglich, da ältere Browser diese Tags ignorieren.

Workshop
video-Element in der Praxis: Kapitel 11.3

Tag	**Funktion**	**HTML5**
`img`	Bindet eine Grafik beziehungsweise ein Bild ein.	
`iframe`	Bindet Inhalte von einer fremden Webseite über die Angabe einer Webadresse (URL) im Attribut `src` ein.	
`embed`	Bettet eine externe Applikation ein, die keinem W3C-Standard entspricht, wie eine Flash-Datei oder einen QuickTime-Player. Setzt voraus, dass beim Besucher die entsprechende Software beziehungsweise ein Plug-in installiert ist. Stammt historisch aus Netscape-Zeiten, wird von allen modernen Browsern unterstützt.	Neu
`object`	Bettet eine externe Applikation ein, die keinem W3C-Standard entspricht, wie eine Flash-Datei oder ein Java-Applet. Setzt voraus, dass beim Besucher die entsprechende Software beziehungsweise ein Plug-in installiert ist.	
`param`	Definiert Parameter für ein Objekt, das über das `object`-Tag eingebunden ist.	
`video`	Bindet Videos oder Filme ein.	Neu
`audio`	Bindet Audiodateien oder einen Audiostream ein.	Neu
`source`	Definiert eine oder mehrere Quelldateien innerhalb des `video`- oder `audio`-Tags. Browser »suchen« sich eine Quelle aus, die sie unterstützen.	Neu
`track`	Definiert die Quelle für eine Untertitelung innerhalb des `audio`- oder `video`-Tags. Wird aktuell noch von keinem Browser unterstützt.	Neu
`canvas`	Definiert einen Bereich, in dem »on the fly« Grafiken, Diagramme oder Bilder skriptgesteuert dargestellt oder verändert werden können.	Neu

27.6 HTML-Tabellen-Elemente

Tabellen-Elemente hatten vor zehn Jahren eine wesentliche Bedeutung im Webdesign, da damals nur über Tabellen stabile Layouts umgesetzt werden konnten. Dies gehört allerdings der Vergangenheit an und gilt heute nicht nur als schlechter Stil, sondern als antiquiertes Webdesign.

Wird – aus welchen Gründen auch immer – eine Tabelle zur Stabilisierung eines Layouts verwendet, sollte diese auf jegliche Semantik verzichten. Eine solche Tabelle bestünde dann lediglich aus den Elementen `table`, `tr` und `td`. Alles andere würde vorgaukeln, dass es sich um aufbereitete Daten handelt.

Tag	Funktion	HTML5
`table`	Definiert eine Tabelle zur Gliederung von tabellarischen Daten, umschließt alle benötigten Elemente (unter anderem `tr`, `th` und `td`) zur Aufbereitung der Daten.	
`caption`	Definiert den Titel einer Tabelle.	
`tbody`	Definiert den eigentlichen Inhalt einer Tabelle. Ohne eine Auszeichnung durch `thead`, `tfoot` und `tbody` entsprechen alle Zeilen automatisch dem `tbody`.	
`thead`	Definiert eine oder mehrere Kopfzeilen einer Tabelle. Im Ausdruck wird der Tabellenkopf auf jedem weiteren Blatt erneut ausgedruckt.	
`tfoot`	Definiert eine oder mehrere Fußzeilen einer Tabelle und ist für Summierungen bzw. Zusammenfassungen vorgesehen. Falls eine Tabelle über `tbody`, `thead` und `tfoot` gegliedert ist, muss `tfoot` **hinter** dem `thead`-Tag und **vor** dem `tbody` angegeben werden. Bei der Druckausgabe wird der `tfoot` auf jedem einzelnen Blatt ausgegeben.	
`tr`	Definiert eine Zeile innerhalb einer Tabelle.	
`th`	Definiert eine einzelne Kopfzelle innerhalb einer Tabelle, welche eine Spalte oder Zeile betitelt.	
`td`	Definiert eine normale Datenzelle innerhalb einer Tabelle.	

28 HTML-Elemente, die man nicht einsetzen sollte

28.1 Veraltete HTML-Elemente

HTML5 ist im Umgang mit alten Elementen nicht so streng wie HTML 4.01 oder gar XHTML 1.0. Für HTML 4.01 gibt es eine Liste an Elementen, die als »deprecated« gelten, was so viel wie »abgelehnt« oder »missbilligt« bedeutet.

XHTML 1.0 ist hier sogar noch radikaler: Nicht standardkonforme Elemente tauchen im Standard erst gar nicht auf, missbilligte Attribute, so kündigt es die Reccomendation aus dem Jahre 2000 an, werden in weiteren XHTML-Versionen entfernt. Nun, zu einem XHTML 2-Standard ist es ja nie gekommen und es wird ihn – da nun HTML5 entwickelt wird – auch nie geben.

HTML5 spricht im Fall von HTML-Attributen und Eigenschaften, die dem heutigen Stand der Dinge nicht mehr entsprechen, von »obsolete«, was so viel wie »überholt« oder »veraltet« bedeutet.

WWW

Veraltete HTML-Features in HTML5: www.h5c3.de/link-28-1

Das W3C unterscheidet im Standard jedoch zwischen konformen und nicht konformen HTML-Eigenschaften. Dabei können konforme veraltetet Elemente eingesetzt werden, ohne dass ein Validator einen Fehler meldet.

Nicht konforme Elemente werden als »komplett veraltet« eingestuft und **dürfen nicht mehr** – so der Standard – eingesetzt werden. Glücklicherweise liefert das W3C eine Liste, was anstatt der alten Elemente eingesetzt werden soll. Teilweise werden nicht mehr zugelassene durch andere HTML-Elemente ersetzt. Soweit es sich bei einem »alten« Tag um eine rein optische Funktion handelt, ist überwiegend der Ersatz über das CSS empfohlen und sinnvoll. In der folgenden Tabelle finden Sie einen kleinen Auszug aus dieser Liste.

WWW

Obsolete Elemente und Alternativen dafür: www.h5c3.de/link-28-2

Tag	Ersatz in HTML5
applet	embed oder object
acronym	abbr
frame, frameset und noframes	iframe
listing	pre und code in Kombination
strike	del oder s
big	Kein Ersatz, kann über CSS umgesetzt werden.
center	Kein Ersatz, kann über CSS umgesetzt werden.
font	Kein Ersatz, kann über CSS umgesetzt werden.

28.2 Noch nicht unterstützte HTML-Elemente

Tag
bdi
bdo
summary
command
menu
track

Dass der Standard neue Elemente definiert, ist das eine. Das andere ist der Alltag und die Praxis. So gibt es eine Handvoll Elemente, die noch nicht unterstützt werden beziehungsweise bei einer Prüfung durch den W3C-Validator mit dem Kommentar versehen wird: »**Das Element wird noch nicht unterstützt. Es wäre besser, dass Sie mit der Einbindung noch warten.**«

28.3 Nicht standardkonformes HTML in Browsern

Was machen die Browser, wenn sie auf veraltete Elemente stoßen? Für diesen Fall gibt es eine gut Nachricht: Die Elemente werden trotzdem (sofern sie in der Vergangenheit von dem Browser unterstützt wurden) unterstützt.

Lassen Sie mich das an einem trivialen Beispiel erklären: Im Vergleich mit dem Straßenverkehr entspricht der Standard der Straßenverkehrsordnung, der Browser Ihrem Auto. Auch wenn Sie in geschlossenen Ortschaften nur 50 km/h fahren dürfen, so heißt das lange noch nicht, dass Sie dort prinzipiell nicht schneller zu fahren in der Lage sind. Natürlich können Sie mit 100 km/h durch die Ortschaft fahren, laufen dann aber Gefahr, ein Protokoll zu bekommen.

Im Web nimmt Ihnen natürlich keiner den Führerschein ab, aber dort laufen Sie Gefahr, dass Ihre Seite nicht auf allen Geräten angezeigt werden kann. Auch wenn es problemlos möglich ist, für die großen Browser Firefox, Internet Explorer, Opera, Safari und Chrome ein Frameset als HTML5-Dokument zu schreiben, so haben Sie keine Garantie dafür, dass jedes neue Mobiltelefon die Frameset-Funktionalität implementiert hat.

WWW

Ein Frameset ist auch in HTML5 möglich ... was lange noch nicht bedeutet, dass es richtiges HTML ist: www.h5c3.de/link-28-3

Das Schlagwort in diesem Kontext ist »Zukunftssicherheit«, was in anderen Zusammenhängen auch als »Nachhaltigkeit« bezeichnet wird.

Zukunftssicherheit durch Standardkonformität

Falls Ihre Webseite nicht nur heute, sondern auch noch in drei oder fünf Jahren funktionieren soll, ist der sicherste Weg, diese zu 100 % nach Standard zu entwickeln. Egal was in den nächsten Jahren passiert, der Standard wird immer das Maß der Dinge sein, auch wenn es neuere Standards oder Überarbeitungen geben wird. Heute gültige Standards werden auch in Zukunft noch unterstützt werden. Und mit HTML5 – auch wenn dieser Standard noch keine offizielle Empfehlung ist – besitzen Sie das notwendige Rüstzeug, auch auf lange Sicht lauffähige Websites zu realisieren!

29 Allgemeines zu CSS und Spezielles zu CSS3

Abb. 29–1
CSS3 hat bislang kein offizielles Logo, so wird es jedoch beim W3C im Zusammenhang mit dem HTML5-Logo gezeigt.

Cascading Style Sheets (CSS) werden auch als »Gestaltungsvorlagen« oder »Formatvorlagen« bezeichnet und dienen dazu, strukturierte Dokumente wie HTML oder XML mit Darstellungseigenschaften zu versehen. Einfach ausgedrückt: Über HTML wird die inhaltliche Struktur ohne spezifisches Layout aufgebaut, über CSS dann das Aussehen gesteuert.

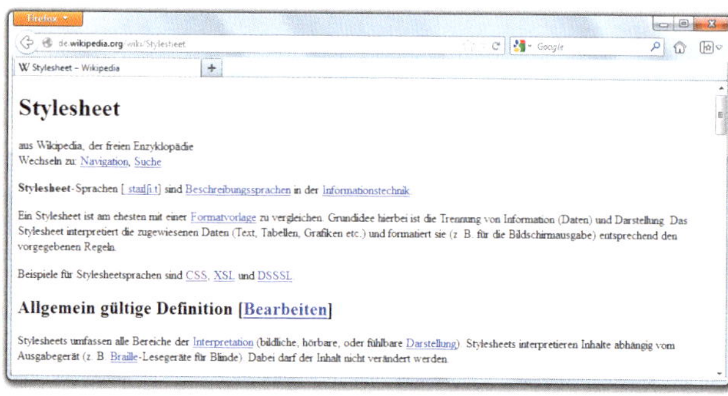

Abb. 29–2
HTML-Darstellung ohne CSS. HTML-Elemente werden mit ihren »nativen« Eigenschaften angezeigt.

CSS ist eine Ergänzung zu HTML. Das W3C definiert entsprechend zu HTML den CSS-Standard. Dieser dient einerseits dazu, Browserherstellern »Anleitungen« an die Hand zu geben, wie eine CSS-Eigenschaft dargestellt werden soll. Andererseits ist der Standard damit eine zuverlässige Referenz für Entwickler, in der nachzulesen ist, mit welchen CSS-Eigenschaften was gesteuert werden kann, welche möglichen Parameter eingesetzt und welche Effekte damit erzielt werden können.

CSS 2.1 wird erst seit Juni 2011 offiziell vom W3C empfohlen, was verwunderlich erscheint angesichts der Tatsache, dass CSS 2.1 bereits seit Jahren in der Praxis Anwendung findet und der CSS3-Standard seit dem Jahre 2000 entwickelt wird. Dies lässt aber auch erahnen, dass es bis zum offiziellen CSS3-Standard noch eine Weile dauern wird. Dabei wird mit CSS3 das Rad nicht neu erfunden, sondern auf CSS 2.1 aufgebaut, was bedeutet, dass CSS3 so gut wie den ganzen CSS 2.1-Standard umfassen wird. Der 2.1er-Standard umfasst 115 Eigenschaften, CSS3 wird um die 300 Eigenschaften definieren; die genaue Zahl ist noch nicht zu benennen, da der Standard weiterhin Veränderungen unterliegt.

Für CSS-Grundlagen bedeutet dies, dass CSS3 nicht anders als CSS 2.1 aufgebaut ist und – anders als zwischen den einzelnen HTML-Versionen – die Schreibweise in den unterschiedlichen Standards gleich geblieben ist.

Die Neuerungen von CSS3 drücken sich einerseits in der Anzahl der CSS-Eigenschaften aus, vor allem aber in den funktionellen Erweiterungen. Wo CSS 2.1 Farben, Abstände, Schrifteigenschaften und weitgehend statisches und zweidimensionales Aussehen steuert, liefert CSS3 Eigenschaften, mit denen HTML-Elemente dynamisiert, bewegt, vergrößert oder gedreht werden können. Was bislang nur über JavaScript bewerkstelligt werden konnte, ist in Zukunft über CSS3 realisierbar.

Zusätzlich führt CSS3 neue Sprachkonstrukte wie Media Queries oder `@font-face`-Regeln ein, um nur zwei Neuerungen hervorzuheben. Diese ergänzen CSS 2.1 nicht einfach nur, sondern stellen vollständig neue Features dar.

In den kommenden Kapiteln sind Werte und Maßeinheiten beschrieben, gefolgt vom Aufbau der CSS-Regeln. Anschließend geht es um Kommentare in CSS und die verschiedenen Möglichkeiten, wie Sie CSS in HTML einbinden können.

Wie und über welche Selektoren HTML angesprochen werden kann, lesen Sie in Kapitel 36. Danach stehen Kaskade, Gewichtung und Vererbung, die das Grundverhalten von CSS bestimmen, im Fokus.

Daran schließen sich die »Grundprinzipien der Darstellung« einschließlich des Box-Modells an. Auch wenn diese Thematik in vergleichbaren Büchern gleich als CSS-Einstieg zu finden ist (und mir dieses Kapitel auch besonders am Herzen liegt), halte ich es doch für so komplex, dass ich Sie zuerst durch einfachere Themen führen möchte, bevor es an »des Pudels Kern« von CSS geht.

Abschließend finden Sie Kapitel zur Einbindung von individuellen Schriften sowie eine Überblick über Browserkennungen, welche für den Einsatz neuer CSS-Eigenschaften benötigt werden.

30 Schlüsselwörter, Werte und Maßeinheiten

Der Aufbau einer CSS-Regel ist immer gleich, besteht aus einem Selektor, einem oder mehreren Deklarationsblöcken, wobei jeder Deklarationsblock aus einer Eigenschaft und einem oder mehreren Werten besteht.

Die Unterschiedlichkeit der CSS-Eigenschaften lässt vermuten, dass auch die Werte sehr unterschiedlich sind. Dieses Kapitel soll Ihnen einen Überblick verschaffen, welche Art von Werten es gibt. CSS 2.1 verwendet weitgehend Längenangaben in `px`, `em`, `%` usw., Farbwerte als `rgb`-Angabe, konkrete Farbnamen oder Hexadezimalwerte und URLs, um Grafiken zu referenzieren.

Der noch vorläufige CSS3-Standard umfasst aktuell knapp 300 Eigenschaften im Gegensatz zu den 115 des CSS 2.1-Standards. Neben der höheren Anzahl liefert CSS3 ganz neue Eigenschaften, wie beispielsweise `transition` und `animation`, die erstmalig auch Zeitangaben benötigen. Von daher erweitert sich mit CSS3 auch der Umfang möglicher Werte.

WWW

Sämtliche CSS-Eigenschaften mit allen möglichen Werten: www.h5c3.de/link-30-1

In diesem Kapitel erhalten Sie einen Überblick über die wichtigsten Werte und Schlüsselwörter; eine vollständige Übersicht ist auf der Begleitwebsite zu finden, die sich immer auf dem aktuellsten Stand befindet. Folglich kann es dort durch die noch nicht abgeschlossene Entwicklung des CSS3-Standards sowohl kurz- als auch langfristig zu Änderungen kommen.

30.1 Schlüsselwörter (Keywords)

Schlüsselwörter stellen Werte dar, die in CSS vordefiniert sind und von den Browsern erkannt werden. Sie sind beschreibend und für den Menschen lesbar. Das Wort `red` repräsentiert den Farbwert `#ff0000`, der Wert `medium` kann für einen Rahmen mittlerer Stärke verwendet werden. Seit CSS3 gibt es beispielsweise ein neues Schlüsselwort `slow` für die Sprachgeschwindigkeit.

Es finden sich zwei Sorten von Schlüsselwörtern: einmal jene, die alternativ über eine Angabe eines Farbwertes als `rgb`- oder Hexadezimalwert, eine Längenangabe in `px`, `em` usw. oder über einen Prozentwert für die Sprachgeschwindigkeit ersetzt werden können. Und solche, zu denen es keine alternative Schreibweise gibt, wie beispielsweise `underline` für `text-decoration` oder ein `absolute` für `position`.

Eine Übersicht über alle Schlüsselwörter ist unter nebenstehendem Link zu finden – inkl. einer Auflistung der CSS-Eigenschaften und den entsprechenden Verwendungsmöglichkeiten.

WWW

Alle Keywords im Überblick: www.h5c3.de/link-30-2

```
/* ACHTUNG: falsche Schreibweise */
h1 {
   text-transform: "uppercase";
}
```

Die gelbe Unterstrichelung des Schlüsselwortes `uppercase` weist auf eine falsche Syntax hin. Die korrekte Schreibweise für Schlüsselwörter ist ohne Anführungszeichen – weder einfache noch doppelte:

```
h2 {
   text-transform: lowercase;
}
```

Schlüsselwörter müssen **nicht case-sensitiv** angegeben werden, eine Angabe von `BLUE` ist gleichwertig zu `blue`, allerdings hat sich die Schreibweise in Kleinbuchstaben etabliert.

30.2 Numerische Datentypen

Für alle numerischen Werte gilt Gleiches wie für Schlüsselwörter, sie werden ohne jegliche Anführungszeichen geschrieben. Je nach CSS-Eigenschaft kann ein numerischer Wert mit einer Längenangabe kombiniert werden.

30.2.1 Ganzzahl (integer)

```
z-index: 10;
orphans: 4;
```

Integer oder auch Ganzzahl sind Werte ohne jede Nachkommastelle und ohne jegliche Maßeinheit. Ein Integer an sich kann sowohl positiv als auch negativ sein, je nach Eigenschaft sind mögliche Werte aber auf positive Integer oder auf einen bestimmten Wertebereich eingeschränkt. Eigenschaften, die einen Integer erwarten, sind beispielsweise `orphans` für die Angabe der zusammengehörigen Zeilen am Seitenende beim Druck oder `animation-iteration-count` für die Anzahl von Wiederholungen einer Animation.

30.2.2 Fließkommazahl (number)

```
width: 4.25em;
opacity: 0.5;
```

Number wird in anderen Programmiersprachen auch als »double« oder »float« bezeichnet, im Deutschen als Fließkommazahl – also eine positive oder negative Zahl mit beliebig vielen Nachkommastellen. Zu berücksichtigen ist hier die englische Schreibweise: Das bei uns übliche Komma wird in CSS als Punkt (.) geschrieben.

30.2.3 Prozentangabe (percentage)

```
font-size: 75%;
padding: 5%;
```

Eine Prozentangabe besteht immer aus einer **number** und dem Prozentzeichen dahinter. Ein Leerzeichen zwischen Wert und %-Zeichen macht den Ausdruck ungültig. Prozentwerte beziehen sich immer auf übergeordnete Größen. So bezieht sich ein `padding` (Innenabstand) auf die Höhe beziehungsweise Breite, die in einem übergeordneten Element definiert ist, oder eine font-size (Schriftgröße) auf die Schriftgröße des nächsten Vorfahrelements, das mit einer Schriftgröße versehen ist, unabhängig davon, ob diese dort absolut oder ebenfalls als prozentuale Angabe definiert wurde.

30.3 Längenangaben (length)

```
height: 400px;
width: 650PX;
margin: 0.25em;
padding: 0.4EM;
```

Längenangaben bestehen aus einer **number** und einer Längeneinheit. Leerzeichen zwischen dem Wert und der Maßeinheit machen auch hier die Deklaration ungültig. Maßeinheiten sind ähnlich wie Schlüsselwörter **nicht case-sensitiv**, können also in Groß- oder Kleinbuchstaben angegeben werden. Aber auch hier besteht die eindeutige Tendenz, Maßeinheiten kleinzuschreiben.

Längenangaben können absolut oder relativ definiert werden. Für diesen Zweck stehen unterschiedliche Maßeinheiten zur Verfügung:

WWW

Längeneinheiten im Überblick einschließlich Browsersupport: www.h5c3.de/link-30-3

30.3.1 Relative Längenangaben (relative lengths)

```
font-size: 2em;
font-size: 4ex;
font-size: 5ch;
font-size: 2rem;
```

Relative Längenangaben haben keine fest definierte Größe, sondern beziehen sich »relativ« auf Längenangaben von übergeordneten HTML-Elementen. Beispielsweise, falls für den `body` eine Schriftgröße von `12px` definiert ist, wäre ein Element mit einer Größe von `1.5em` `18px` hoch. Dies muss sich nicht zwingend auf den `body` beziehen, denn Bezugsgröße ist immer das nächsthöhere Element, für welches diese Eigenschaft definiert wurde.

Einheit	**Beschreibung**	**Anmerkung**
`em`	M-Höhe	Ist die Höhe des großen M der definierten Schrift. Entspricht 16 px in der Standardeinstellung von Browsern. Verhält sich wie %, d. h. `1.2 em` entspricht 120 %.
`ex`	x-Höhe	Entspricht der Höhe zwischen Grund- und Mittellinie der Schrift respektive eines kleinen x. Wird in der Praxis so gut wie nicht verwendet.
`ch`	0-Breite	Ist die Breite der 0 (Null) der definierten Schrift. **Neu in CSS3**, wird noch nicht von allen Browsern unterstützt.
`rem`	Schriftgröße des Root-Elements	Vergleichbar mit `em`, bezieht sich allerdings nicht auf ein Vorfahrelement, sondern auf die Schriftgröße im HTML-Tag; ist dort keine Schriftgröße definiert, ist dies die Browserstandardschriftgröße. **Neu in CSS3**, wird mit Ausnahme des IE8 von allen aktuellen Browsern unterstützt.
`vw`	Breite des Viewports	**Neu in CSS3**, wird noch nicht unterstützt.
`vh`	Höhe des Viewports	**Neu in CSS3**, wird noch nicht unterstützt.
`vmin`	Minimum der Höhe und Breite des Viewports	**Neu in CSS3**, wird noch nicht unterstützt.

30.3.2 Absolute Längenangaben (absolute lengths)

```
width: 10cm;
width: 150mm;
width: 2in;
width: 450px;
width: 400pt;
width: 20pc;
```

Wie die Bezeichnung bereits sagt, sind hier Maßeinheiten für fest definierte Größen zu finden. Der große Vorteil dieser Einheiten ist, dass Sie damit das Layout genau unter Kontrolle haben. Ihr großer Nachteil hingegen besteht darin, dass Sie damit, je nach Browser des Nutzers, diesem die Möglichkeit nehmen, die Seite an seine individuellen Bedürfnisse anzupassen.

Einheit	Beschreibung	Anmerkung
`cm`	Zentimeter	Wird in der Praxis so gut wie nicht verwendet.
`mm`	Millimeter	Wird in der Praxis so gut wie nicht verwendet.
`in`	Inch	Wird in der Praxis so gut wie nicht verwendet. 1in entspricht 2,54 cm.
`px`	Pixel	Kleinste Darstellungseinheit des Bildschirms. Entspricht 1/96 Inch. Da es keine halben Pixel gibt, können hier nur Ganzzahlwerte vergeben werden. Allerdings hat die Zukunft schon begonnen, neue Geräte arbeiten zum Teil bereits mit Bruchteilen von Pixeln. Im Web die meistverwendete Längenangabe.
`pt`	Punkt	1pt entspricht 1/72 Inch. Wird fälschlicherweise gerne mit Pixel gleich gesetzt. Wird vorwiegend zur Steuerung eines Druckstyles verwendet.
`pc`	Pica	1 pc entspricht 12 pt. Wird in der Praxis so gut wie nicht verwendet, obwohl die Einheit von allen Browsern unterstützt wird.

30.4 Farbangaben

Farbangaben können in CSS auf unterschiedliche Weise angegeben werden. Innerhalb einer CSS-Datei müssen Sie sich nicht für eine bestimmte Schreibweise entscheiden, Sie können alle Varianten beliebig verwenden, selbst in Kurzschreibweisen dürfen verschiedene Schreibweisen gemixt werden.

30.4.1 Farbnamen (color keywords)

Wie Schlüsselwörter generell sind auch Farbnamen **nicht case-sensitiv**. Der Standard definiert folgende Basisfarbnamen: `aqua`, `black`, `blue`, `fuchsia`, `gray`, `green`, `lime`, `maroon`, `navy`, `olive`, `purple`, `red`, `silver`, `teal`, `white` und `yellow`.

WWW

Basisfarbnamen und erweiterte Farbnamen: www.h5c3.de/link-30-4

Darüber hinaus sind erweiterte Farbnamen (extended color keywords) definiert. Alle Farbnamen sind sprechend und lassen damit auf die Farbe schließen. Eine Liste der Farbnamen, Anzeige der Farbe und der Übersetzung in andere Farbwerte finden Sie unter nebenstehendem Link.

30.4.2 transparent

Ein spezielles Schlüsselwort für Farbe stellt `transparent` dar. Dieses setzt den Farbwert auf durchsichtig. Wird gerne eingesetzt, wenn beispielsweise für ein Element generell eine Hintergrundfarbe gesetzt wurde, über `transparent` kann dann eine definierte Farbe »zurückgesetzt« werden.

Der Wert entspricht der Farbangabe `rgba(0,0,0,0)` (siehe unten).

30.4.3 Hexadezimal-Farbangaben

Abb. 30–1
In Hexadezimal-Farbangaben stehen jeweils zwei Zeichen für einen Farbwert.

Eine Farbangaben über Hexadezimalwerte legt das RGB-Farbmodell zu Grunde. Die Angabe beginnt mit einer # Raute und wird von sechs Zeichen gefolgt. Dabei stehen die Zeichen eins und zwei für den Rotwert, drei und vier für den Grün- sowie fünf und sechs für den Blauwert.

```
color: #ff0000; /* rot */
color: #008000; /* grün */
color: #0000ff; /* blau */
color: #ffff00; /* gelb */
```

Eine Besonderheit stellt hier die Kurzform dar. Haben jeweils alle Rot-, Grün- und Blauangaben denselben Wert, kann die Angabe von sechs auf drei Zeichen reduziert werden:

```
color: #006699;
color: #069;
color: #008800;
color: #080;
```

30.4.4 rgb()- und rgba()-Farbangaben

Abb. 30–2
In rgb- und rgba-Farbangaben werden die einzelnen Farben und optional die Transparenz separat angegeben.

Die Abkürzungen stehen für **red green blue** und **alpha** in `rgba`, beide Varianten beziehen sich auf das RGB-Farbmodell. Dabei werden drei einzelne Farbwerte für Rot, Grün und Blau erwartet, wobei ein jeweiliger Wert eine Ganzzahl zwischen 0 und 255 oder eine Prozentangabe von 0 % bis 100 % sein muss. In einer Deklaration dürfen Ganzzahlen und Prozentzahlen nicht gemischt werden, ansonsten wird diese ungültig.

Der vierte, also der Alpha-Wert entspricht dabei der Transparenz der Farbe und kann als Fließkommazahl zwischen 0 und 1 angegeben werden. 0 ist dabei voll transparent und damit durchsichtig, 1 sorgt für die volle Deckkraft einer Farbe.

Die ältere Schreibweise `rgb` berücksichtigt keinen Alpha-Wert, seit CSS3 steht die Angabe `rgba` einschließlich der vierten Angabe für die Transparenz zur Verfügung. Das bedeutet umgekehrt: Falls Sie einen Alpha-Wert vergeben möchten, müssen Sie die Schreibweise `rgba` verwenden, in `rgb` ist ein vierter Parameter fehlerhaft.

Keine rgba-Unterstützung durch den IE8

`rgba` wird vom Internet Explorer 8 nicht unterstützt, von daher ist die zusätzliche Angabe von `rgb` sinnvoll. Dabei sollte die `rgba`-Angabe hinter der `rgb`-Angabe stehen. Der IE8 ignoriert letztere Anweisung, da er die Syntax nicht erkennt, andere Browser verwenden den `rgba`-Wert wie gewünscht.

Die Syntax besteht aus dem Schlüsselwort `rgb` bzw. `rgba`. Dahinter folgen die Werte, die in runden Klammern und mit Kommas voneinander getrennt notiert werden.

30.4.5 hsl()- und hsla()-Farbangaben

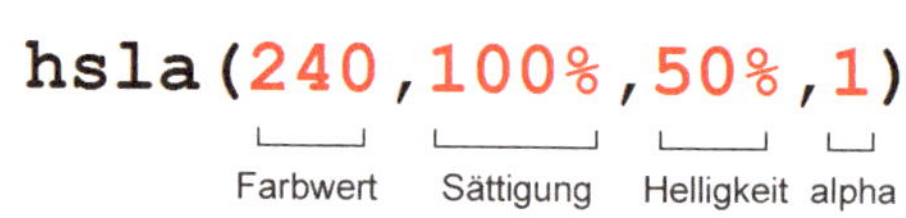

Abb. 30–3 Vergleichbar zu rgba werden bei hsla-Farbangaben die einzelnen Parameter vergeben, hier allerdings Werte für Farbe, Sättigung und Helligkeit.

Seit CSS3 können Farben nach dem HSL-Farbmodell definiert werden. `hsl` ist die Abkürzung für **hue – saturation – lightness**, was für Farbton, Sättigung und Helligkeit steht. Die Syntax ist ähnlich der `rgb`-Farbangabe, drei Werte werden hinter dem Schlüsselwort `hsl` in Klammern und durch Kommas getrennt angegeben.

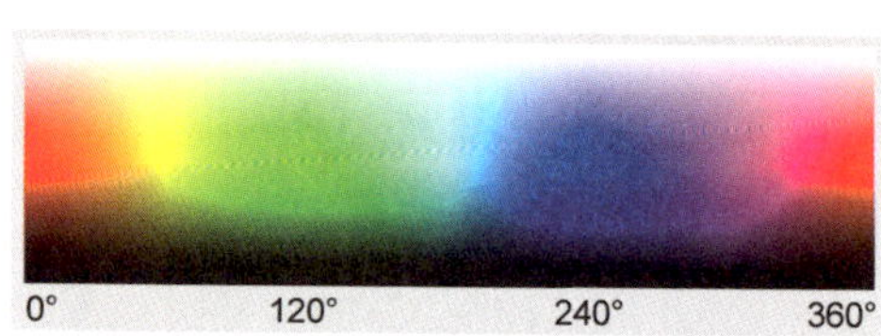

Abb. 30–4 hsl-Farbskala. Die Farbe selbst entspricht einer Gradzahl, wird in der hsl-Angabe aber als Ganzzahl erwartet.

Der erste Wert ist dabei eine Zahl zwischen 0 und 360 und entspricht einer Farbe aus dem Farbkreis bzw. der Farbskala, zweiter und dritter Wert sind Prozentangaben. Der zweite Wert steuert die Sättigung: Ein Wert von 100 % spielt die Farbe mit voller Kraft aus, je geringer die Angabe wird, desto mehr geht die Sättigung der Farbe zurück und ist bei 0 % ein Grauwert. Der dritte Wert steuert die Helligkeit, wobei 50 %

den Farbton in voller Kraft anzeigt, 100 % macht alle Werte weiß, 0 % schwarz.

Entsprechend zu `rgba` steht auch hier das Schlüsselwort `hsla` zur Verfügung, in dem zusätzlich als vierter ein Alpha-Wert angegeben werden kann. Die Werte liegen hier ebenfalls zwischen 0 und 1, wobei 1 die volle Deckkraft bedeutet und 0 vollständig transparent ist.

Farbangaben über `hsl` und `hlsa` werden von aktuellen Browsern unterstützt, lediglich der Internet Explorer 8 unterstützt beide Schreibweisen nicht.

Abb. 30–5
Über Farbwähler von Grafikprogrammen können sowohl hsl- als auch rgb- und Hexadezimalwerte ermittelt werden.

Laut Kommentar im W3C-Standard soll die `hsl`-Farbmischung intuitiver sein als `rgb`-Angaben. Dies würde ich so nicht unterschreiben. Mit Ausnahme der Farbnamen sind weder Hexadezimalwerte noch `rgb`- und `hsl`-Angaben intuitiv zu erfassen – hier machen es langfristig Gewohnheit und Übung aus, welche Notation Sie als geeignet empfinden. Da man sich in der Praxis ohnehin Grafiktools bedient, um Farbwerte zu ermitteln, ist der Hexadezimalwert sicher die Notation, die am schnellsten zu übertragen ist und vor allem das CSS übersichtlich hält.

Aber auch hier gilt: Letztendlich ist das eine Frage der Vorliebe, es sollte aber auch hier eine einheitliche Notation innerhalb eines CSS eingehalten werden – zu viele unterschiedliche Schreibweisen tragen nicht zur Übersichtlichkeit bei.

30.5 Bildangaben über url()

Für Hintergrundgrafiken oder Listenpunkte können Grafiken referenziert werden. Dabei erwartet die jeweilige CSS-Eigenschaft das Schlüsselwort `url`, die Grafik selbst wird in Klammern mit einfachen oder doppelten Anführungszeichen angegeben, aber auch ohne Anführungszeichen werden die Angaben von modernen Browsern erkannt:

```
background-image: url("verlauf.jpg");
list-style-image: url('../img/bullet.png');
```

Der Pfad hängt davon ab, wo die CSS-Datei liegt und ob die URL der Webseite ein echter Pfad oder generiert ist. Details dazu und Hinweise, wie mit Problemen umzugehen ist, finden Sie in Kapitel 24.5.

Dateipfade können relativ auf einen Ordner innerhalb der Website verweisen, aber es können auch Grafiken von anderen Domains angegeben werden. Hier kann es lediglich zu Problemen kommen, wenn Sie Grafiken auf einer Seite einbinden, die unter einer sicheren Verbindung https://... läuft, die Grafik jedoch von einer normalen Verbindung http:// stammt.

30.6 Weitere Einheiten

WWW

Weitere Maßeinheiten: www.h5c3.de/link-30-5

CSS3 bietet eine Reihe neuer Einheiten, die noch keine beziehungsweise nur bedingt Anwendung finden. Eine Übersicht weiterer Einheiten finden Sie unter nebenstehendem Link.

31 CSS-Regel

Die kleinste funktionelle Einheit wird als »CSS-Regelsatz« oder kurz »CSS-Regel« oder auch als »CSS-Anweisung« bezeichnet. Im englischen Standard ist von »rule set« oder auch »rule« die Rede.

31.1 Aufbau einer CSS-Regel

Eine CSS-Regel besteht immer aus folgenden Bestandteilen:

- Selektor
- Deklarationsblock (im Englischen auch einfach »block« genannt)

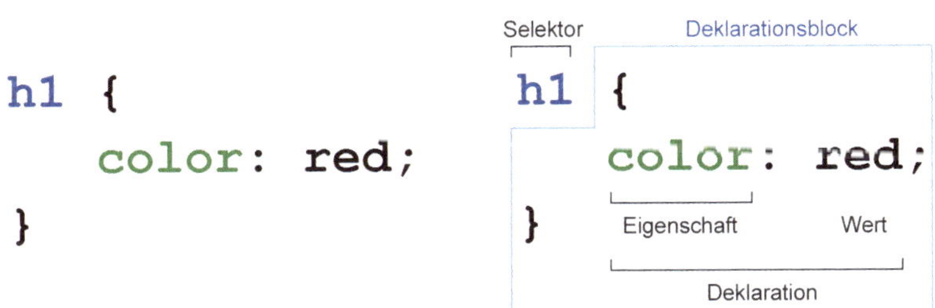

Abb. 31–1
Im Detail besteht die CSS-Regel aus den Bestandteilen Selektor und Deklarationen, die wiederum aus Eigenschaften und Werten bestehen.

Der **Selektor** selbst ist das, was vor den geschweiften Klammern steht. Den englischen Fachbegriff »selector« kann man mit »Auswähler« übersetzen. Darüber werden in der HTML-Struktur bestimmte Elemente »ausgewählt«, sprich angesteuert. Dies kann ein HTML-Element sein, aber auch ein `id`- und `class`-Attribut im HTML-Code.

Wird ein HTML-Element angesprochen, ist die Rede von einem **Elementselektor** oder Typselektor. Wird eine Regel über `id` oder `class` aufgebaut, ist die Benennung **ID-Selektor** beziehungsweise **Klassenselektor**. Alle drei Sorten werden als **Einfachselektoren** bezeichnet.

Grundlagen
Alles über Selektoren finden Sie in Kapitel 36

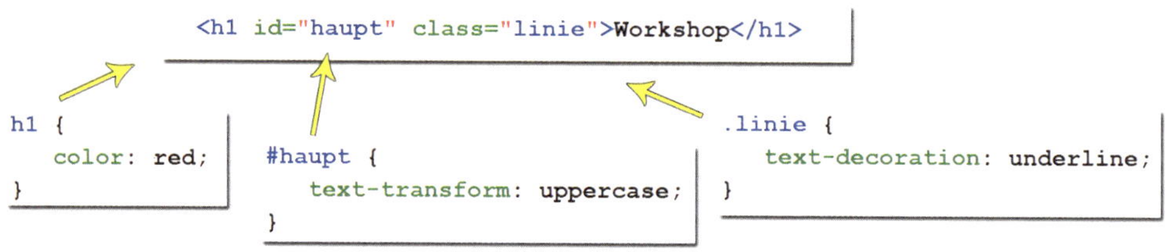

Abb. 31–2
Element, ID- und Klassenselektor greifen jeweils auf entsprechende HTML-Tags beziehungsweise Attribute zu.

Ein Selektor kann aus einem einzelnen oder einer komplexen Zusammensetzung von mehreren Einfachselektoren bestehen.

Ein vollständiger **Deklarationsblock** wird von einem zusammengehörigen Paar geschweifter Klammern {} umschlossen und besteht aus einer oder mehreren Deklarationen. Eine Deklaration besteht wiederum aus folgenden Einzelteilen:

- der CSS-Eigenschaft (CSS-Property)
- einem Doppelpunkt
- einem oder mehreren Werten (Property value)
- (jeweils) einem abschließenden Semikolon

```
#kopf img.logo {
   border: 2px solid lightgrey;
   position: relative;
   left: 20px;
}
```

Hinter der letzten Deklaration und der schließenden Klammer des Deklarationsblocks ist kein Semikolon notwendig, erscheint jedoch sinnvoll, da damit das spätere Hinzufügen einer weiteren Deklaration keine Fehler verursacht, falls versehentlich das ausgelassene Semikolon nicht ergänzt wird.

Verschiedenen CSS-Eigenschaften sowie Kurzschreibweisen (im Beispiel `border`; Kurzschreibweise siehe nächstes Kapitel) können mehrere Werte zugewiesen werden. Die einzelnen Werte werden mit Leerzeichen voneinander getrennt.

Zusätzlich gibt es Eigenschaften, die neben verschiedenen Werten auch mehrere Werteblöcke haben können:

```
#content div {
   box-shadow: blue 20px 20px 2px,
               red -10px 30px 2px;
}
```

Ein Werteblock besteht aus einer Kombination einzelner Werte, die einzelnen Werteblöcke werden mit einem Komma voneinander getrennt.

Die komplette Deklaration wird auch hier durch das Semikolon abgeschlossen.

Auch wenn die Versuchung verlockend ist: CSS-Regeln stehen für sich und können nicht verschachtelt werden. Die Hierarchie der HTML-Struktur wird über Kombinationsselektoren (siehe Kapitel 36.2) angesprochen.

Keine Verschachtelungen von CSS-Regeln

Eine Ausnahme davon stellt die `@media`-Regel dar. Diese sieht explizit vor, dass relevante CSS-Regeln innerhalb dieser Regel definiert werden und damit nur einen bestimmten Medientyp steuern. Mehr zur `@media`-Regel finden Sie in Kapitel 33.5.

31.2 Kurzschreibweisen – Shorthand Properties

CSS hat unterschiedliche Kategorien von CSS-Eigenschaften, die auf verschiedene Aspekte des Layouts abzielen, wie zum Beispiel Farben, Rahmen, Abstände, Listen usw.

Neben der Zuordnung in eine oder mehrere Kategorien gibt es verschiedene Arten von Eigenschaften: solche, die genau einen Parameter steuern, und solche, über die gleichzeitig mehrere Werte vergeben werden können. Diese werden im Originaltext des Standards als »Shorthand Properties« oder kurz »Shorthand« bezeichnet, im Deutschen als Kurzschreibweise.

Dabei finden sich auch zwei Sorten von Kurzschreibweisen: jene, die unterschiedliche Eigenschaften in einer Kurzschreibweise zusammenfassen, und solche, die ein bis vier Werte gleicher Art erwarten und die vier Dimension oben/rechts/unten/links ansprechen.

31.2.1 Kurzschreibweisen für verschiedene Eigenschaften

Kurzschreibweisen fassen verschiedene Eigenschaften in einem Ausdruck zusammen. Am Beispiel von Listeneigenschaften möchte ich Ihnen die Systematik von Kurzschreibweisen aufzeigen:

```
ul {
   list-style-type: square;
   list-style-position: outside;
   list-style-image: url('bullet.png');
}
```

Diese Regel definiert ein Quadrat, das als Listenzeichen angezeigt wird. Über die zweite Deklaration wird angegeben, dass das Listenzeichen den Listeneinträgen vorangestellt wird und nicht innerhalb des Textflusses steht. Die dritte Eigenschaft definiert eine Grafik, die als Listenzeichen verwendet wird. Grafiken und Listenzeichen schließen sich gegenseitig aus, wobei Grafiken höhere Priorität haben. Mit diesen drei Deklarationen sähen Nutzer die Grafik, es sei denn, Grafiken sind deaktiviert – dann sehen sie das Quadrat.

Diese drei einzelnen Deklarationen können durch folgende Kurzschreibweise ersetzt werden:

```
ul {
   list-style: square outside url('bullet.png');
}
```

Durch eine einzelne Regel können drei individuelle Deklarationen ersetzt werden.

Viele Kurzschreibweisen sind nach diesem Muster aufgebaut: Die drei verwandten Eigenschaften haben den gleichen Wortstamm und unterscheiden sich nur durch den letzten Wortabschnitt für verschiedene Einzeleigenschaften, wie hier durch das `-type`, `-position` und `-image`. Die Kurzschreibweise besteht aus dem gemeinsamen Stamm der Eigenschaften (im diesem Beispiel `list-style`).

Im nächsten Beispiel findet sich das Prinzip für Kurzschreibweisen wieder.

```
h1 {
   border-style: solid;
   border-width: thin;
   border-color: #ff0000;
}
```

Über diese Regel wird eine dünne durchgezogene Linie in Schwarz definiert. In Kurzschreibweise lautet sie:

```
h1 {
   border: thin solid #ff0000;
}
```

An diesen Beispielen ist der große Vorteil von Kurzschreibweisen zu erkennen. Zusammengehörige Eigenschaften stehen einerseits nahe zusammen und haben zusätzlich den Effekt, dass die CSS-Datei klein und übersichtlich bleibt. Die Reihenfolge der einzelnen Parameter ist in der Regel frei wählbar, von daher stellen diese Regeln keine großen Fehlerquellen dar.

Automatische Belegung von fehlenden Werten mit Defaultwerten

Ebenfalls bequem ist, dass nicht alle Parameter angegeben werden müssen; so führt ein fehlender Wert nicht zu einer fehlerhaften Regel. Nicht angegebene Werte werden automatisch mit Initialwerten belegt:

```
h2 {
   color: blue;
   border: dotted;
}
```

Hiermit wird eine blaue gestrichelte Linie mittlerer Stärke definiert. Obwohl die Regel unvollständig erscheint, kommt es zu einer richtigen Darstellung. Das liegt an der intelligenten Implementierung der CSS-Standards in den Browsern inklusive dem kompletten Regelwerk, wie mit fehlenden Angaben umgegangen werden soll:

Browserintern wird die Regel folgendermaßen interpretiert: Als Rahmendicke wird der Standardwert `medium` gesetzt. `color` selbst hat erst einmal nichts mit dem Rahmen zu tun, sondern bestimmt die Textfarbe. Standardwert für eine fehlende Rahmenfarbe `border-color` wird der Farbwert, der für `color` definiert ist:

```
h2 {
   border-style: dotted;
   border-width: medium;
   border-color: blue;
}
```

Dies ist die komplette CSS-Regel, die für Browser exakt der Kurzschreibweise `border: dotted` entsprechen würde.

Kurzschreibweisen definieren dabei alle Parameter neu, auch die nicht angegebenen. Das heißt, auch wenn eine übergeordnete Regel eine bestimmte Rahmenstärke definiert hätte, würde diese nicht geerbt, sondern der Standardwert neu gesetzt.

Grund-lagen

Mehr zur Vererbung in Kapitel 3.7.3

Ein anderes Beispiel aus der Kategorie Schrift sehen Sie hier:

```
p {
   font-style: italic;
   font-variant: small-caps;
   font-weight: 700;
   font-size: 12px;
   line-height: 16px;
   font-family: Arial, sans-serif;
}
```

Von oben nach unten gelesen steuert diese Regel folgende Texteigenschaften: **kursiver** Text als **Kapitälchen**, **fett** dargestellt mit einer Schriftgröße von **12 px** bei einer Zeilenhöhe von **16 px** mit der Schrift **Arial**, und falls diese nicht vorhanden ist, eine **serifenlose** Schrift.

Was sechs Deklarationen und in der »Übersetzung« einen komplizierten Satz ergibt, entspricht folgender Kurzschreibweise:

```
p {
   font: italic small-caps 700 12px/16px Arial, sans-serif;
}
```

Eine sehr potente Kurzschreibweise – ersetzt sie doch sechs Deklarationen durch eine einzige Zeile! Allerdings wird hier im Gegensatz zu den ersten Beispielen auch die Komplexität von Kurzschreibweisen deutlich, welche gleichzeitig eine höhere Fehleranfälligkeit impliziert.

In der Kurzschreibweise `font` ist ein Parameter für die CSS-Eigenschaft `line-height` zu finden, was nicht intuitiv ist. Zusätzlich ist hier eine spezielle Schreibweise notwendig: Dem Wert für `line-height` muss ein / (Schrägstrich) vorangestellt sein, damit ein Browser diese »Zeilenhöhe« als solche erkennt. Die Reihenfolge der Parameter für `font` ist obendrein nicht für alle Werte frei wählbar. Eine ausführliche Beschreibung von `font` finden Sie unter nebenstehendem Link.

WWW

CSS-Eigenschaften font: www.h5c3.de/link-31-1

Ich schätze, Sie ahnen, in welche Richtung ich Ihren Blick lenken möchte. Gerade beim Einstieg in CSS müssen Sie sich das Leben nicht unnötig schwer machen:

Praxistipp

- Kurzschreibweisen sind gut und sinnvoll, solange diese einfach zu lesen sind und keine spezielle Notation oder Reihenfolge erfordern.
- Ist eine Kurzschreibweise sehr komplex und erfordert eine spezielle Syntax oder festgelegte Reihenfolge, sind die einzelnen Eigenschaften vorzuziehen. Das reduziert Fehlerquellen und macht Quellcode einfacher lesbar – und ist damit langfristig auch besser pflegbar.

31.2.2 Kurzschreibweisen für die vier Ausrichtungen

Eine andere Art der Kurzschreibweise definiert mit einem Ausdruck die einzelnen Parameter für oben, rechts, unten und links.

```
div {
   padding-top: 20px;
   padding-right: 50px;
   padding-bottom: 20px;
   padding-left: 10px;
}
```

Über diese Regel werden für div-Elemente Innenabstände gesteuert, oben und unten von 20 px, rechts von 50 px und links von 10 px.

```
div {
   padding: 20px 50px 20px 10px;
}
```

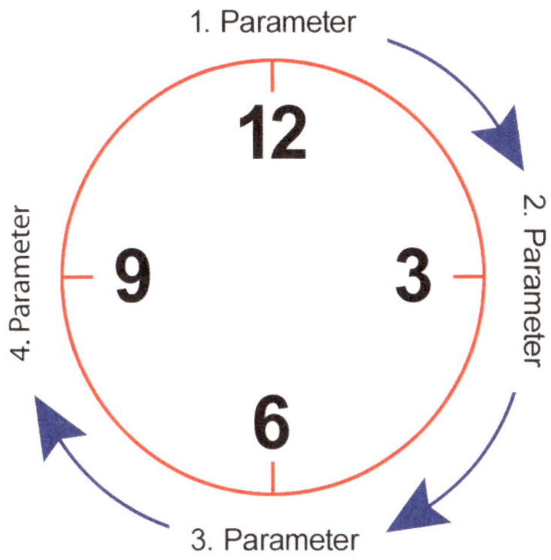

Abb. 31–3
Die einzelnen Werte in der Kurzschreibweise werden ab 12:00 im Uhrzeigersinn angegeben.

Auch hier ist das Prinzip zu erkennen, dass der gemeinsame Stamm der einzelnen CSS-Eigenschaften die Kurzschreibweise ausmacht.

Im Gegensatz zu den Kurzschreibweisen für verschiedene CSS-Eigenschaften sind diese wenig fehleranfällig. Selbst wenn verschiedene Größeneinheiten (px, em, % usw.) oder unterschiedliche Farbangaben (RGB-Werte, Hexadezimalwerte usw.) gemischt werden, erhöht dies nicht die Fehlerwahrscheinlichkeit, im Gegenteil: CSS-Quelltexte bleiben hierdurch wesentlich übersichtlicher.

Werte werden automatisch »aufgefüllt«.

Ein Augenmerk sei an dieser Stelle auf die automatische Vervollständigung der einzelnen Werte gesetzt. Kurzschreibweisen für die vier Richtungen erwarten einen bis vier Parameter. Die Vervollständigung fehlender Parameter findet nach folgenden Regeln statt: Fehlt der 4. Parameter, wird der 2. Parameter für die 4. Position übernommen; fehlt außerdem der 3. Parameter, wird der 1. Parameter für die 3. Position übernommen. Mit anderen Worten: Fehlende Werte werden von der gegenüberliegenden Seite übernommen. Ist nur ein Parameter angegeben, wird dieser für alle Dimensionen gesetzt.

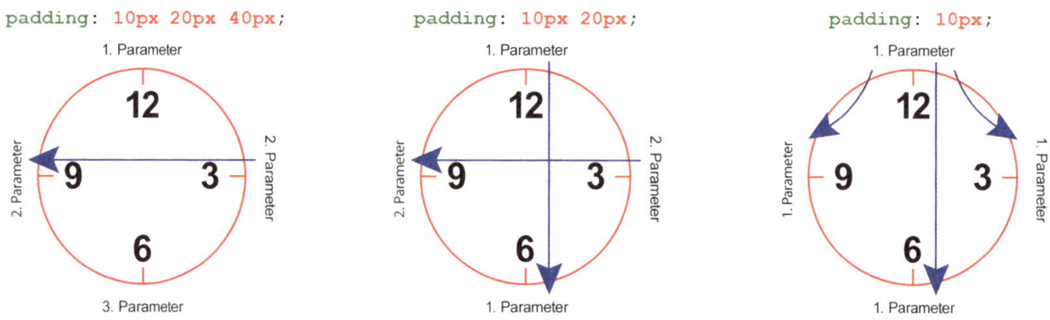

Abb. 31–4
Automatische Wertübername bei drei, zwei und einem Wert

31.2.3 Zusammenspiel von Kurzschreibweisen und einzelnen Eigenschaften

In der Kombination von Einzel- und Kurzschreibweisen können so effektive Styles aufgebaut werden.

Abb. 31–5
Mehrere CSS-Regeln werden browserintern »zusammengerechnet«.

```
p {
   border: 8px solid blue;
}
p {
   border-left-color: red;
   border-bottom-style: dotted;
}
```

Über Kurzschreibweisen können Sie generelle Anweisungen formulieren. Soll nur ein einzelner Parameter verändert werden, ist es nicht notwendig, die komplette Regel neu zu definieren. Über speziellere Eigenschaften können einzelne Aspekte der allgemeinen Regel »überschrieben« werden. In diesem Beispiel wird der Rahmen links über `border-left-color` rot, der untere Rahmen per `border-bottom-style` gepunktet dargestellt, ohne dass die anderen Anweisungen der Kurzschreibweise davon betroffen sind. Dieses Beispiel zeigt gleichzeitig eine typische Herangehensweise, ganz nach der Devise: »So allgemein wie möglich, so speziell wie nötig.«

31.3 @-Regeln

Eine besondere Art der CSS-Regel stellen @-Regeln (im Englischen »At-rules«) dar. Hier wird das @-Zeichen mit bestimmten Schlüsselwörtern kombiniert und steuert besondere Funktionen: beispielsweise das Einbinden von CSS-Dateien aus CSS-Dateien heraus (`@import`), das Eingrenzen eines CSS-Abschnitts für bestimmte Medientypen (`@media`) oder das Einbinden von Schriften (`@font-face`).

Im Einzelnen sind diese Regeln in späteren Kapiteln beschrieben.

31.4 CSS-Regeln zusammengefasst

CSS-Regeln können einfach sein, aber auch zu sehr komplexen Gebilden werden. Die allgemeinen Anforderungen an CSS-Regeln sind hier noch mal zusammengefasst:

- Eigenschaft und Wert werden durch einen Doppelpunkt getrennt, dadurch wird der Eigenschaft der Wert zugewiesen.
- Werte, auch Schlüsselwörter werden bis auf wenige Ausnahmen ohne Anführungszeichen im CSS-Code angegeben.
- Mehrere Deklarationen werden durch ein Semikolon voneinander getrennt.
- Hinter der letzten Deklaration und vor der schließenden geschweiften Klammer ist kein Semikolon notwendig.
- Leerzeichen und Zeilenumbrüche vor und hinter Selektoren, den CSS-Eigenschaften und den Werten sind optional, dienen jedoch dazu, CSS-Code übersichtlich zu gestalten.
- Einfachselektoren müssen durch Leerzeichen getrennt werden.
- Mehrere Einzelwerte in einem Werteblock werden ebenfalls mit Leerzeichen voneinander getrennt.
- Mehrere Werteblöcke werden durch ein Komma voneinander getrennt.
- CSS-Regeln dürfen nicht verschachtelt werden. Eine Ausnahme stellt die `@media`-Regel dar.

32 Kommentare in CSS

```
/* ein Kommentar */
```

```
/* ein Kommentar über
   mehrere Zeilen */
```

Die Syntax für Kommentare in CSS wird durch ein / (Schrägstrich), gefolgt von einem * (Sternchen) eingeleitet – und in der umgekehrten Reihenfolge mit einem *, gefolgt von einem / wieder geschlossen. Sowohl für die öffnende als auch die schließende Einheit darf zwischen den Zeichen kein Leerzeichen stehen, dies würde einen Fehler in CSS verursachen. Dabei spielt es keine Rolle, ob ein Kommentar eine oder mehrere Zeilen umschließt, ein geöffneter Kommentar kann auch nach mehreren Zeilen beendet werden.

Ein // (zweifacher Schrägstrich) oder eine # (Raute), wie sie für Kommentare in JavaScript oder PHP bekannt sind, sind in CSS nicht gültig, stellen aber gerne einen Stolperstein dar, weil diese aus anderen Sprachen bekannt sind.

Work-shop

CSS-Kommentare als Mittel zur Strukturierung des CSS-Codes: Kapitel 3.3.1

Im Gegensatz zu HTML haben Kommentare in CSS eine bedeutendere Rolle. Hierüber ist es Ihnen möglich, das CSS in bestimmte Bereiche zu gliedern und damit Ihrem CSS eine Struktur zu verleihen.

```
/****************************
* Styles für den Kopfbereich
*****************************/
```

Dabei können Sie den Kommentar durch Einfügen von Sonderzeichen ein wenig gestalten. Gerade wenn Sie beruflich mit CSS arbeiten und sich auf eine Position bewerben: Jeder (gute) potenzielle Arbeitgeber wird sich Ihre Arbeit im Vorfeld ansehen und sich einen Eindruck Ihrer »Handschrift« verschaffen.

Verzichten Sie jedoch auf »Kunstwerke« im Quelltext. Der Aufwand sollte hier stets angemessen bleiben, zu viel Akribie kann Ihnen schlimmstenfalls als Detailverliebtheit und mangelnder Blick für das Wesentliche ausgelegt werden.

Für Kommentare gelten die gleichen Regeln wie in HTML (siehe Kapitel 24.7): Es gehören keine internen Informationen, aber auch keine Schimpftiraden auf Vorgesetzte oder Ausdrücke von persönlichem Frust in CSS-Kommentare! Jede CSS-Datei ist öffentlich, geben Sie Nutzern daher nicht die Möglichkeit, Ihnen unnötigerweise in die Karten zu schauen. Sie können niemals sicher sein, was andere damit machen.

CSS-Kommentare sind öffentlich!

33 CSS in HTML einbinden

Damit CSS auf HTML wirken kann, muss eine Verknüpfung hergestellt werden. Dafür stehen verschiedene Möglichkeiten zur Verfügung, die in diesem Kapitel beschrieben sind.

HTML5 vereinfacht das Einbinden von CSS. Was Sie bei der Einbindung für alte HTML-Standards berücksichtigen müssen, können Sie in den Kapiteln 26.3 und 26.4 lesen.

In den ersten beiden Kapiteln sind Inline-Styles und Styles im `head` des HTML beschrieben. Die Philosophie von CSS basiert auf der Trennung von Struktur und Darstellung. Von daher sollten CSS und HTML möglichst getrennt werden, was das Auslagern in separate Dateien bedeutet. Dies ist ab dem Kapitel 33.3 beschrieben und sollte die Standardeinbindung sein.

Die Grundlage dafür, dass man CSS überhaupt einbinden kann, liefert das Kaskaden-Konzept von CSS (siehe Kapitel 37.1). Alle HTML-Elemente werden durch das Browser-Stylesheet mit einem Minimal-CSS versehen und können dann durch eigenes CSS im Autoren-Stylesheet erweitert oder auch überschrieben werden.

33.1 Inline-Styles über das HTML-Attribut style

CSS-Regeln können direkt im HTML-Code definiert werden. Dazu dient das HTML-Universalattribut `style`, welches in alle HTML-Elemente innerhalb des `body`-Tags eingefügt werden kann:

Grund-lagen

Inline-Styles haben die höchste Spezifität und können nur über !important von externen Styles überschrieben werden. Mehr dazu finden Sie in Kapitel 37.2.2.

```
<h1 style="border: 2px dotted #333333;">
  HTML5/CSS3 Workshop</h1>
```

Für Inline-Styles gelten die gleichen Regeln wie für ausgelagerte Styles: Einzelne Werte werden durch Leerzeichen, mehrere Deklarationen durch Semikolons voneinander getrennt. Diese sind in Kapitel 31 beschrieben. Das Beispiel eines Inline-Styles mit zwei Deklarationen könnte so aussehen:

```
<h2 style="border: 1px solid #999999; color: #cc0000;">
   Eine Einführung in Webstandards</h2>
```

Inline-Styles stellen allerdings eine archaische Einbindung von CSS dar und erinnern an direkte Layoutanweisungen über HTML-Attribute wie `align` oder `hspace`. Dieses Unterkapitel ist von daher nur der Vollständigkeit halber hier zu finden.

Inline-Styles zeugen nicht von gutem Stil und sollten nur im Ausnahmefall eingesetzt werden – zum Beispiel dann, wenn der Chef eine schnelle Lösung will.

33.2 Styles im head per HTML-Element style

Der erste kleine Schritt in Richtung Trennung von Layout und Inhalt findet über das HTML-Element `style` im `head` der HTML-Datei statt.

```
<style>
   h1 {
      color: red;
   }
</style>
```

Für die korrekte Einbindung ist für alte HTML-Standards das Attribut `type="text/css"` notwendig:

```
<style type="text/css">
   <!--
   h1 {
      color: red;
   }
   -->
</style>
```

Wie Sie im zweiten Beispiel sehen, wird die CSS-Regel innerhalb des `style`-Elements zusätzlich von HTML-Kommentarzeichen umschlossen. Dies hat historische Gründe, da früher Browser, die CSS nicht kannten, die CSS-Anweisungen auf der Webseite angezeigt haben. Darauf sei der Vollständigkeit halber hingewiesen. Sie können die Kommentarzeichen allerdings getrost weglassen, da die Zeit alter Browser – und damit meine ich richtig alte – längst vorbei sein sollte.

Ähnlich wie Inline-Styles sprechen Styles im Dokumentenkopf nicht für sonderlich guten Stil. Allerdings ist ihr Einsatz denkbar, wenn für nur eine einzige Seite im kompletten Webauftritt spezielle Styles benötigt werden und man ein ausgelagertes Style nicht unnötig aufblähen möchte.

Allerdings wäre hier der »Königsweg«, diese speziellen Styles in einer zweiten CSS-Datei auszulagern. Damit würde das Hauptstyle nicht unnötig groß, hätte allerdings den Vorteil, dass die CSS-Datei nur einmal geladen und dann im Browser-Cache vorgehalten wird – und damit Ladezeit spart, wenn der Surfer dieselbe Seite mehrfach besucht.

33.3 Externe Styles über das link-Tag einbinden

Die Einbindung ist ausschließlich im `head` der HTML-Datei zulässig und wird über das HTML-Tag `link` realisiert. Die Einbindung einer ausgelagerten CSS-Datei sieht beispielsweise so aus:

```
<link rel="stylesheet" href="css/style.css">
```

Grund-lagen

Mehr zum Doctype: Kapitel 25

Die korrekte Einbindung hängt vom `Doctype` und damit vom HTML-Standard ab, der für das HTML-Dokument definiert ist. Was Sie bei anderen HTML-Standards berücksichtigen müssen, lesen Sie in Kapitel 26.3.1.

33.4 Styles über die @import-Regel einbinden

Die Einbindung über das `link`-Tag ist die in HTML vorgesehene Möglichkeit. Eine andere Art der Einbindung kann über die @-Regel (At-Regel genannt) realisiert werden, die CSS unabhängig von HTML bietet.

Dazu wird das in Kapitel 26.4 beschriebene HTML-Element `style` eingesetzt, welches einen CSS-Bereich im HTML-Code definiert. CSS sieht zum Erweitern einer CSS-Datei die `@import`-Regel vor. Darüber kann innerhalb einer CSS-Datei eine weitere CSS-Datei verlinkt und damit der Style für die komplette Webseite erweitert werden.

```
<style>
   @import 'css/layout.css';
</style>
```

Diese Regel kann auch dazu verwendet werden, in einen CSS-Bereich innerhalb einer HTML-Datei weitere CSS-Dateien »einzuhängen«, sprich zu importieren. Dies ist eine zweite Möglichkeit, um im `head` des HTML eine externe CSS-Datei einzubinden.

Der große Vorteil der `@import`-Regel ist jedoch, dass Sie innerhalb von CSS-Dateien weitere Dateien verlinken können. Damit ist es Ihnen möglich, die Schnittstelle zum HTML auf eine einzige zu beschränken, sind aber auf CSS-Seite völlig frei, falls Erweiterungen notwendig werden. Vor allem schaffen Sie damit auch eine eindeutige Trennung von HTML-Struktur und CSS-Design.

Wichtig ist – unabhängig davon, ob Sie die `@import`-Regel in HTML- oder in CSS-Dateien verwenden –, dass diese stets am Anfang steht. Das heißt: Innerhalb des `style`-Tags muss die Regel vor allen anderen CSS-Regeln stehen, in CSS-Dateien müssen `@import`-Regeln immer am Anfang positioniert sein.

`@import` muss stets vor allen andern CSS-Regeln stehen.

Generell können Sie mehrere `@import`-Regeln nacheinander verwenden, jede einzelne wird hinter dem Namen der referenzierten CSS-Datei mit einem Semikolon abgeschossen.

33.5 @media-Regel / Media Queries

Wird CSS über das `link`-Tag eingebunden, kann das Attribut `media` vergeben werden. Über die Parameter (beispielsweise `screen` oder `print`) wird CSS für eine bestimmte Art der Ausgabe definiert. Dies ist die Möglichkeit, die HTML vorsieht. Über die `@media`-Regel kann diese »Weiche« im CSS-Code selber konfiguriert werden:

```
body {
   color: #222222;
}
@media screen, projection {
   body {
      font-family: 'Comic Sans MS', serif;
   }
}
@media print {
   body {
      font-family: Arial, sans-serif;
   }
}
```

Innerhalb einer CSS-Datei ist es so möglich, Bereiche für eine bestimmte Ausgabe zu definieren. Damit sind Sie unabhängig vom HTML und können die Einbindung ohne den `media`-Attributwert vornehmen.

Die Regel wird eingeleitet mit einem `@media`, daran anschließend wird das Schlüsselwort für den Medientyp (mit einem Leerzeichen getrennt) angegeben. Mehrere Medientypen können definiert werden und werden jeweils mit einem `,` (Komma) voneinander getrennt. Wie jede andere CSS-Regel wird die folgende Deklaration mit einem Paar geschweifter Klammern umschlossen.

Im Gegensatz zur `@import`-Regel muss die `@media`-Regel nicht am Anfang einer Datei stehen. Es können beliebig viele Regeln in einer Datei stehen und mehrere auch denselben Medientyp beinhalten.

CSS, das außerhalb der `@media`-Regeln definiert ist (wie im Beispiel des `body`-Elementselektors mit der `color`-Angabe), wird von allen Ausgabegeräten verwendet.

Eine klassische Verwendung in der Praxis ist der Einsatz von `@media print {...}`. Im Style wird damit ein Bereich definiert, der ausschließlich dem Ausdruck dient. Navigationsblöcke, die im Ausdruck nur selten Sinn machen, oder Werbeblöcke, die nur unnötig Papier verschwenden, werden ausgeblendet. Oder es wird die Festlegung einer anderen Schrift für den Ausdruck definiert, da die Lesbarkeit im Druck von anderen Kriterien bestimmt wird als auf dem Bildschirm.

33.5.1 Media Queries (Eigenschaftsspezifische Stylesheets)

Workshop

Media Queries im praktischem Einsatz: Kaptitel 15

CSS3 hat die `@media`-Regel ergänzt und betitelt das Modul jetzt als »Media Queries«, was sicher zu den wichtigsten Erweiterungen des neuen Standards zählt. Außerdem gehört es zu jenen Modulen, die am weitesten entwickelt sind – Seit dem 19. Juni 2012 sind Media Queries eine offizielle Empfehlung des W3C und gelten damit als verbindlich.

Media Queries macht insbesondere aus, dass nicht nur bestimmte Medientypen unterschieden, sondern weitere Merkmale des Bildschirms erfasst und davon abhängig unterschiedliche CSS-Regeln definiert werden können.

```
#inhalt {
   float: left;
}
@media screen and (max-width: 800px){
   #inhalt {
      float: none;
   }
}
```

Konkret bedeutet dies, dass hinter der Angabe des Medientyps eine Art »Abfrage« auf bestimmte Eigenschaften angegeben wird. In oben gezeigtem Quelltext wird die Bedingung `max-width: 800px` formuliert. Dies entspricht einer if-Abfrage in anderen Programmiersprachen und würde wörtlich bedeuten: »Wenn die maximale Breite des Bildschirms 800 px ist, dann führe diesen CSS-Abschnitt aus.« Mit anderen Worten: Alle Bildschirme, die kleiner als 801 px sind, werden mit diesem CSS-Abschnitt »bedient«.

Um die logische Bedeutung zu beleuchten: Wenn der definierte Ausdruck wahr, also true oder richtig ist, dann greift die CSS-Regel. Dabei wird `screen` und die Bedingung mit einem `and` verknüpft. Sie können vor das `screen` (bzw. den Medientyp) ein `not` notieren, kehren damit die Logik der Abfrage um. Der dritte Operator ist `only`, den Sie direkt hinter dem `@media` angeben können. Dieser sorgt dafür, dass alte Browser eine solche Regel nicht auslesen, da `only` für sie unbekannt ist.

33.5.2 Responsive Design

Das Unterscheiden nach bestimmten Geräten wird heute mit dem Begriff »Responsive Design« bezeichnet. Damit sind nicht ausschließlich Media Queries gemeint, sondern generell die Herangehensweise, ein bestimmtes Design auf bestimmte Geräte abzustimmen.

Diese gewöhnungsbedürftige Bezeichnung bezieht sich im Grunde dasselbe, was vor über zehn Jahren bereits gemacht wurde. Sicher kennen Sie den Eintrag auf Webseiten: »Diese Seite ist optimiert für den Internet Explorer 5.5 bei einer Bildschirmauflösung von 1024 × 768.«

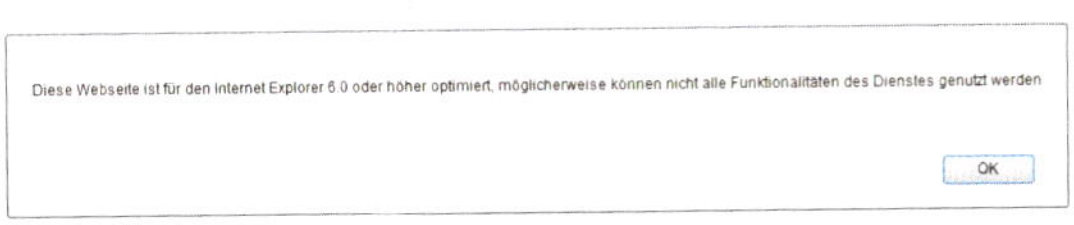

Abb. 33–1
Warnung eines großen deutschen Mobilfunkanbieters beim Besuch der Seite mit Firefox 10

Um die Abb. 33–1 zynisch zu kommentieren: Stellen Sie sich vor, dass Ihnen ein Verkehrsschild mitteilen würde: »Diese Straße ist optimiert für Autos mit über 100 PS.« Was tun Sie, wenn Sie mit Ihrem Kleinwagen davor stehen? Soll heißen: Solche Hinweise sind tabu, eine gute Webseite funktioniert auch immer auf alten Browsern und kleinen Geräten. Vor allem aber sollten Sie Ihre Besucher nicht mit solchen Warnungen »irritieren«. Im Zweifelsfall verjagen Sie damit Ihre Webseitenbesucher.

Webdesign sollte unabhängig vom Gerät »funktionieren«. Die unterschiedlichen Bildschirme und Smartphones machen es ohnehin unmöglich, jedes einzelne Gerät zu berücksichtigen. Idealerweise ist ein CSS ohne Browser- oder Geräteweichen aufgebaut und so gestaltet, dass es auf allen Endgeräten läuft. Ziel sollte immer die Optimierung für alle Geräte sein, ohne zwischen den Geräten zu unterscheiden.

Das heißt jedoch nicht, dass »Responsive Design« grundsätzlich verboten ist. Es macht durchaus Sinn, die Maße von Smartphones abzufangen und hier ein an die kleinen Geräte adaptiertes Layout anzubieten. Brechen Sie Ihre Media Queries jedoch nicht auf die letzte Eigenschaft herunter. In Kapitel 15 des Workshops ist ein möglicher Praxiseinsatz beschrieben.

34 Elternelement, Kindelement, Geschwisterelement

Das »Document Object Model« (kurz DOM) ist vereinfacht ausgedrückt die theoretische Grundlage dafür, wie ein Browser HTML »verstehen« und die Seite aufbauen soll. Wie bei einem Stammbaum bildet das `html`-Tag den Urahn, also das Wurzelelement jedes HTML-Dokuments. Die nächsten beiden »Kinder« stellen `head`- und `body`-Tag dar, das HTML »verästelt« sich dann weiter bis zum letzten HTML-Element in der untersten Ebene.

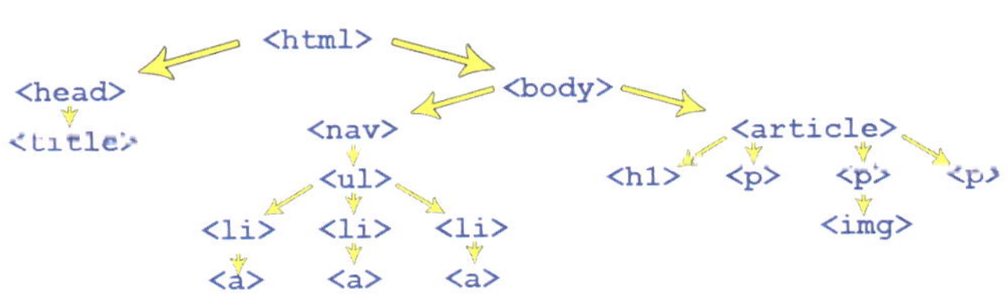

Abb. 34–1
Hierarchischer Aufbau des HTML

Bitte lassen Sie sich nicht verwirren: Es geht an dieser Stelle weder darum, das DOM zu erklären noch es zu verstehen. Die wichtigste Information für Sie bezieht sich hier auf die einzelnen Elemente und wie diese zueinander stehen.

```
<figure>
   <img src="bild.jpg" alt="Alternativtext">
   <figcaption>Bildunterschrift
      <em>Hinweis</em>
   </figcaption>
</figure>
```

In diesem Quelltextschnipsel sehen Sie vier HTML-Elemente. `figure` umschließt das `img`- sowie `figcaption`-Element und ist das **Elternelement** dieser beiden Elemente. `img` und `figcaption` sind damit **Kindelemente** im Verhältnis zu `figure`.

`figcaption` selbst umschließt das `em`-Element und ist in Bezug dazu wiederum ein Elternelement, `em` das dazugehörige Kindelement. Da das `em` dagegen **kein direktes** Nachfahrelement des `figure` ist, sondern ein anderes HTML-Element in der Hierarchie diese voneinander trennt, ist `em` weder Kindelement zu `figure`, noch ist `figure` ein Elternelement des `em`-Elements.

`img` und `figcaption` sind nicht verschachtelt, sondern stehen auf derselben Ebene und sind damit **Geschwisterelemente**.

Mit anderen Worten: Jedes HTML-Element hat immer eine Rolle in Bezug auf ein über- oder untergeordnetes beziehungsweise benachbartes Element, letztendlich so, wie eine Mutter gleichzeitig Tochter der Oma ihrer eigenen Tochter sein kann.

Diese Begrifflichkeiten werden im englischen Standard als **parent element**, **child element** und **sibling element** (oder auch kurz **parent**, **child** und **sibling**) bezeichnet.

Die Beziehung der Elemente zueinander ist hier noch theoretisch, für die folgenden Kapitel stellen diese Bezeichnungen jedoch eine Grundlage dar.

35 HTML-Attribute id und class

```
<ul>
   <li id="copyright"><a href="copyright.html">&copy; 2012</a></li>
   <li><a href="impressum.html">Impressum</a></li>
   <li class="auswahl"><a href="kontakt.html">Kontakt</a></li>
   <li><a href="agb.html">AGB</a></li>
</ul>
```

Abb. 35–1
*Der Einsatz von **id** und **class**. **id** ist eindeutig, **class** eher allgemein.*

Beides sind »Adressaten« oder »Ansprechpunkte« in HTML, über welche die Verbindung zwischen HTML und CSS herstellt wird. Der Unterschied der beiden Attribute ist jedoch vehement, da verschiedene Eigenschaften damit verbunden sind.

id-Attribut

Im Amerikanischen wird der Personalausweis im allgemeinen Sprachgebrauch als »ID« (kurz für identity card) bezeichnet. »Show your ID please« bedeutet nichts anders als: »Bitte zeigen Sie mir Ihren Ausweis.« Dies bedeutet, eine ID ist einzigartig und gibt es nur ein einziges Mal. Genauso verhält es sich in HTML. Ein `id`-Wert kann und **darf nur ein einziges Mal im kompletten Dokument vorkommen**.

Eine doppelt vergebene `id` wird über CSS auch zweimal angesprochen und zeigt erst einmal kein fehlerhaftes Verhalten. Allerdings erfüllt das `id`-Attribut andere wichtige Aufgaben innerhalb einer Webseite.

Eine `id` ist mit folgenden Eigenschaften und Aufgaben verbunden:

- Eine CSS-Regel, die über `id` angelegt ist, hat eine hohe Gewichtung (mehr über Gewichtung in Kapitel 37.2).
- Ein `id`-Wert kann im HTML-Code nicht mit einem zweiten `id`-Wert kombiniert werden.

- Über `id` werden eindeutige »Aufgaben« gesteuert, die bei der Mehrfachvergabe einer `id` nicht mehr funktionieren, wie
  - Verknüpfung von `label`-Elementen und `input`-Feldern,
  - Sprungmarken (Anker) für Sprunglinks (seiteninterne Links),
  - Ansprechpunkte für JavaScript-Zugriffe.

class-Attribut

Anders als `id` definiert `class` ein allgemeines Merkmal, wie etwa rote Mäntel: Diese sind nicht auf eine Person beschränkt, sondern können von jedem getragen werden.

Ebenso ist `class` in HTML zu verstehen. Der gleiche Wert für das `class`-Attribut kann beliebig oft vergeben werden. So können beispielsweise mehrere Links auf einer Seite mit der gleichen `class` versehen und über nur eine Regel im CSS-Code gesteuert werden.

Das `class`-Attribut hat folgende Eigenschaften:

- Es kann in einem HTML-Dokument beliebig oft vorkommen.
- Es ist ausschließlich zur Vergabe von CSS-Klassennamen vorgesehen.
- In einem `class`-Attribut können mehrere Angaben kombiniert werden. Diese werden jeweils mit einem Leerzeichen voneinander getrennt.
- Seine Gewichtung ist im Gegensatz zur `id` gering.

36 Selektoren

Eine CSS-Regel besteht immer aus Selektor und Deklarationsblock (siehe auch Kapitel 31.1). In diesem Kapitel sind die wichtigsten Selektoren vorgestellt, einen Überblick über alle Selektoren finden Sie unter nebenstehendem Link.

Alle Selektoren im Überblick: www.h5c3.de/link-36-1

36.1 Einfachselektoren (simple selectors)

36.1.1 Universalselektor (universal selector)

```
<h1>Workshop</h1>
```

```
* {
   font-family: arial;
}
```

Abb. 36–1
Der Universalselektor beeinflusst alle HTML-Elemente. Rechts die Ausgabe des Beispielcodes.

Der Universalselektor steuert alle HTML-Elemente. Darüber werden allgemeine Angaben wie hier eine Schrift definiert. In diesem Beispiel sehen Sie eine `h1`: Dieser wird über den Universalselektor, wie allen anderen HTML-Elementen auf der Seite auch, die Schrift zugewiesen.

Da über den Universalselektor **alle** HTML-Elemente gesteuert werden, ist dieser für die browserinterne Berechnung der Styles am arbeitsintensivsten. Von daher sollte er zurückhaltend eingesetzt werden.

36.1.2 Elementselektor (type selector)

Hier wird im CSS-Code der HTML-Elementname verwendet. Damit ist dieser Selektor ein Elementselektor (type selector) – wegen der englischen Originalbezeichnung im Deutschen übrigens ab und an auch als Typselektor bezeichnet. Über die Farbeigenschaft `color` wird die Textfarbe auf Rot gesetzt.

```
<h1>Workshop</h1>
```

```
h1 {
    color: red;
}
```

Workshop

Abb. 36–2
Der Elementselektor greift den HTML-Namen des HTML-Elements auf.

Mit dieser CSS-Anweisung steuern Sie nicht nur eine einzelne `h1`, sondern **alle**, die im HTML-Dokument vorkommen.

36.1.3 ID-Selektor (ID selector)

```
<h1 id="haupt">
    Workshop</h1>
```

```
#haupt {
    text-transform: uppercase;
}
```

WORKSHOP

Abb. 36–3
ID-Selektoren steuern das HTML-Element über das `id`-Attrbut.

Die zwei wichtigsten HTML-Attribute in Bezug auf CSS sind `id` und `class`, die Sie in HTML frei vergeben und über die Sie Elemente gezielt ansprechen können.

In diesem Beispiel ist die `h1` mit einer `id` versehen, der Wert dafür ist frei wählbar und sollte möglichst sprechend sein. In CSS wird eine `id` über die Raute `#` und den `id`-Wert angesprochen; diese müssen zusammenstehen, es darf sich kein Leerzeichen dazwischen befinden.

Über die CSS-Eigenschaft `text-transform`, welche die Darstellung von Groß- und Kleinbuchstaben steuert – und zwar unabhängig davon, wie der Text im HTML-Code steht –, wird per `uppercase` der Text auf Großbuchstaben gesetzt. Da in einer HTML-Datei eine `id` nur ein einziges Mal vergeben werden darf, steuern Sie hiermit nur ein einziges HTML-Element.

In diesem Beispiel ist die `id="haupt"` in der `h1` gesetzt. Es wäre aber auch denkbar, dass beispielsweise ein `li`-Element diese `id` hat, dann würde der Text in diesem Listeneintrag mit Großbuchstaben dargestellt. Es gibt folglich keine natürliche Abhängigkeit zwischen der `id` und der `h1`, die Verknüpfung stellen Sie selber über die Vergabe des Attributs her!

36.1.4 Klassenselektor (class selector)

Hier ist die `h1` mit einer `class` versehen. Dafür gilt wie für eine `id`, dass der Wert frei gewählt werden kann. Ebenfalls sollte dieser möglichst sprechend sein, damit man daraus auf die Aufgabe im HTML-Code schließen kann.

```html
<h1 class="linie">
   Workshop</h1>
```

```css
.linie {
   text-decoration: underline;
}
```

Abb. 36–4
*Klassenselektoren wirken entsprechend den ID-Selektoren über das **class**-Attribut.*

Im CSS-Code wird eine `class` mit einen Punkt `.` und dem `class`-Wert angesprochen. Punkt und Klassenname dürfen ebenfalls nicht durch ein Leerzeichen voneinander getrennt sein.

Mit der Eigenschaft `text-decoration`, die Striche unter, über oder durch Text steuert, wird die `h1` per `underline` mit einem Unterstrich versehen.

Im Gegensatz zur `id` können Sie gleiche `class`-Attribute in einem HTML-Dokument so oft setzen, wie Sie möchten. Auch hier gibt es keine Abhängigkeit zwischen `class` und `h1`: Alle anderen HTML-Elemente könnten diese `class` ebenfalls haben und bei diesen würde dann überall einen Unterstrich erzeugt.

```html
<h1 class="linie">
   Workshop</h1>
<h2 class="linie">
   Ein Buch über <br>
   HTML5 & CSS3</h2>
<p class="linie">
   Erschienen im
   dpunkt.verlag</p>
```

```css
.linie {
   text-decoration: underline;
}
```

Abb. 36–5
Eine CSS-Regel mit einem Klassenselektor ist nicht beschränkt auf einen bestimmten HTML-Elementtyp.

Hier sehen Sie, dass die gleiche `class="linie"` in unterschiedlichen Elementen vorkommt. Die `.linie`-Regel erzeugt, unabhängig vom HTML-Element selbst, einen Unterstrich bei allen Elementen.

36.2 Kombinationsselektoren (combinators)

Auch wenn bereits ein einfaches `ul` ein vollständiger Selektor ist, so wird die Kombination mehrerer Einfachselektoren mit allen Sonderzeichen und Kombinationen als **ein** Selektor bezeichnet.

Folgende Beispiele sind mit Elementselektoren aufgebaut. Aber auch alle anderen Arten von Selektoren lassen sich kombinieren und werden damit zu Kombinationsselektoren.

36.2.1 Nachfahrselektor (descendant combinator)

```
<p>
   Ene, mene,
   <em>Miste</em>, <br>
   <span>es rappelt in
      der <em>Kiste</em>
   </span>!
</p>
```

```
p em {
   color: red;
   font-weight: bold;
}
p span {
   background: wheat;
}
```

Ene, mene, ***Miste***,
es rappelt in der ***Kiste*** !

Abb. 36–6
Durch die Kombination von Einfachselektoren werden CSS-Regeln auf Elemente in einer bestimmten Hierarchie eingeschränkt.

Im CSS-Code werden hier zwei Einfachselektoren kombiniert. Getrennt voneinander durch ein Leerzeichen stellen sie damit einen allgemeinen Nachfahrselektor dar. Alle `em`-Elemente innerhalb eines `p`-Tags werden damit rot eingefärbt , alle `span` mit einer beigen Hintergrundfarbe hinterlegt.

36.2.2 Kindselektor (child combinator)

```
<p>
   Ene, mene,
   <em>Miste</em>, <br>
   <span>es rappelt in
      der <em>Kiste</em>
   </span>!
</p>
```

```
p > em {
   color: red;
   font-weight: bold;
}
p span {
   background: wheat;
}
```

Ene, mene, ***Miste***,
es rappelt in der *Kiste* !

Abb. 36–7
Kindselektoren setzen die direkte Folge der HTML-Elemente voraus.

Dieser Selektor ist spezieller und steuert nur ein **direktes** Kindelement. Im HTML-Code ist der zweite Satzteil von einem `span` umschlossen, das `em`-Tag darin ist also kein direktes Kind vom `p`-Element.

Im CSS-Code werden die beiden Selektoren `p` und `em` mit dem Größer-Zeichen kombiniert, wodurch dieser Nachfahrselektor zum speziellen Kindselektor wird.

Das `span` ist zur Verdeutlichung weiterhin mit einer Hintergrundfarbe versehen. In der Vorschau wird deutlich, dass nur das erste `em` mit der fetten roten Farbe versehen wird.

36.2.3 Direkter Geschwisterselektor (adjacent sibling combinator)

```
<p>
   <strong>Schirm</strong>
   <em>Charme</em><br>
   und <em>Melone</em>
</p>
```

```
strong + em {
   color: red;
   font-weight: bold;
}
```

Abb. 36–8
Der direkte Geschwisterselektor steuert das HTML-Element, welches rechts vom Pluszeichen angegeben ist (hier das **em**).

Hier werden die beiden Einfachselektoren mit einem Pluszeichen + verknüpft. Dies definiert, dass nur Elemente »getroffen« werden, die im Quelltext **direkt** hintereinander folgen, also direkte Geschwisterelemente. Wie rechts zu sehen, wird das em-Tag mit dem Wort Charme rot eingefärbt, es steht im HTML-Code direkt hinter dem strong-Tag. Das zweite em-Tag wird von dieser Regel nicht angesprochen, auch Kindelemente würden hiermit nicht gesteuert.

36.2.4 Indirekter Geschwisterselektor (general sibling combinator)

```
<p>
   <strong>Schirm</strong>
   <em>Charme</em><br>
   und <em>Melone</em>
</p>
```

```
strong ~ em {
   color: red;
   font-weight: bold;
}
```

Abb. 36–9
Beim indirekten Geschwisterselektor werden auch HTML-Elemente angesprochen, die nicht direkt hinter dem zuerst genannten Einfachselektor aufgeführt sind, sondern auch solche, die auf gleicher Hierarchieebene später folgen.

Das CSS unterscheidet sich vom direkten Geschwisterselektor lediglich durch die Tilde ~ statt einem Pluszeichen +. Hier spielt es keine Rolle, ob die Geschwisterelemente direkt nebeneinanderstehen. Wie man in der Vorschau sieht, werden alle em-Geschwisterelemente mit dieser CSS-Regel bedient.

Der indirekte Geschwisterselektor ist neu in CSS3.

36.3 Arbeiten mit Selektoren

Kombination von CSS-Regeln mit verschiedenen Selektoren

Sie können nicht nur mit einer CSS-Regel mehrere HTML-Elemente ansprechen, auch umgekehrt lässt sich über mehrere CSS-Regeln ein einziges HTML-Element steuern.

```html
<h1 id="haupt"
    class="linie">
  Workshop</h1>
```

```css
* {
   font-family: arial;
}
h1 {
   color: red;
}
#haupt {
   text-transform: uppercase;
}
.linie {
   text-decoration: underline;
}
```

WORKSHOP

Abb. 36–10
Auf ein HTML-Element können verschiedene CSS-Regeln gleichzeitig über unterschiedliche Selektoren wirken.

In diesem Beispiel hat die `h1` sowohl eine `id` als auch eine `class`, beide HTML-Attribute schließen sich gegenseitig nicht aus. Allerdings darf pro HTML-Element jedes Attribut nur einmal vergeben werden, `<h1 class="linie" class="rot">` ist also falsch. Die richtige Schreibweise wäre `<h1 class="linie rot">`.

Im CSS-Code sehen Sie die vier Regeln aus den vorherigen Beispielen. Jetzt wirken alle Anweisungen auf die `h1`: Universal-, Element-, ID- und Klassenselektor greifen jeweils über eine andere »Ansteuerung« und bewirken, dass alle Eigenschaften von der `h1` dargestellt werden. Jede Regel steuert eine andere CSS-Eigenschaft.

Dieselbe Eigenschaft kann prinzipiell in verschiedenen Regeln auch mehrfach definiert werden, dabei können allerdings Konflikte entstehen. Wie Browser mit »widersprüchlichen« Angaben umgehen, lesen Sie in Kapitel 37.2 über Spezifität und Gewichtung.

Groß- und Kleinschreibung von Selektoren

Selektoren selbst sind **nicht case-sensitiv**. Wie bei HTML empfiehlt es sich auch hier, eine einheitliche Schreibweise zu wählen – in der Praxis wird überwiegend Kleinschreibung genutzt und dürfte als etabliert gelten.

Case-sensitiv sind allerdings die selbst gewählten Werte für `class` oder `id`-Attribute. Ist in HTML ein `<div id="inhalt">` vergeben, werden Sie dieses nicht mit `#INHALT` ansprechen können, hier muss Klein- und Großschreibung berücksichtigt werden.

Gruppierung von Selektoren

Work-shop

Optimierung des CSS-Codes durch Gruppierung: Kapitel 5.1

Wie sich anhand dieses Beispiels vermuten lässt, könnte es bei über 100 verschiedenen HTML-Elementen recht unübersichtlich werden und gleichzeitig Ihre Arbeit ausgesprochen aufwändig, sollten Sie jedes einzelne HTML-Element separat steuern müssen.

```
h1 {
   color: #222222;
}
h2 {
   color: #222222;
}
p {
   color: #222222;
}
```

CSS bietet dafür die Möglichkeit der Gruppierung: Elemente mit gleichen Eigenschaften können zusammengefasst werden, die verschiedenen Selektoren werden dabei hintereinandergeschrieben und durch ein , (Komma) voneinander getrennt:

Die Gruppierung von gleichen Eigenschaften gehört zum guten CSS-Stil und kann als »Best Practice« bezeichnet werden.

```
h1,
h2,
p {
   color: #222222;
}
```

Dabei muss nicht jeder einzelne Selektor in einer neuen Zeile stehen, sondern es kann noch kompakter geschrieben werden:

```
h1,h2,p{color:#222222}
```

Allerdings birgt diese Schreibweise die Gefahr, den Überblick zu verlieren. Mit einer Zeile ist dies noch gut erfassbar. Folgen jedoch 20 Regeln dieser Schreibweise hintereinander, ist jegliche Übersicht dahin. Bis auf wenige Ausnahmen für übergreifende Formate (siehe Kapitel 6) sorgt ein guter Schreibstil dafür, dass der CSS-Code auch auf lange Sicht gut pflegbar ist.

WWW

Über guten CSS-Schreibstil: www.h5c3.de/link-36-2

36.4 Alle Selektoren im Überblick

Die folgende Tabelle umfasst alle Selektoren einschließlich neuer CSS3-Selektoren. Unter nebenstehendem Link sind alle Selektoren einschließlich ausführlicher Erklärungen zu finden. Zusätzlich werden dort Information gegeben, aus welcher CSS-Version sie stammen und damit auch, welche Sie unbedenklich einsetzen können.

WWW

Alle Selektoren ausführlich erklärt: www.h5c3.de/link-36-3

Browserunterstützung von Selektoren

Alle Selektoren im Überblick – einschließlich Browsersupport: www.h5c3.de/link-36-4

Der CSS 2.1-Standard umfasst 15 Selektoren, mit CSS3 stehen 42 unterschiedliche Selektoren zur Verfügung. Das CSS3-Modul »Selectors« gehört zu den wenigen Teilen des Standards, die bereits seit 2011 eine »W3C Recommendation« sind und damit als offiziell gelten.

Die Browserunterstützung ist in aktuellen Browsern gut, lediglich der Internet Explorer 8 unterstützt bislang nur CSS 2.1-Selektoren, sodass beim Einsatz von CSS3-Selektoren der IE8 ein Ausschlusskriterium sein kann.

In der letzten Spalte (*) der nachfolgenden Tabelle sehen Sie jeweils die CSS-Version, in welcher der jeweilige Selektor eingeführt wurde.

Selektor	Selektortyp	Beschreibung	*
`*`	Universalselektor / Einfachselektor	Steuert alle HTML-Elemente.	2
`E`	Elementselektor (Typselektor) / Einfachselektor	Steuert alle HTML-Elemente vom Typ E.	1
`#meine-id`	ID-Selektor / Einfachselektor	Steuert das HTML-Element mit der `id "meine-id"`.	1
`.meine-klasse`	Klassenselektor / Einfachselektor	Steuert Elemente mit der `class "meine-klasse"`.	1
`E F`	Nachfahrselektor / Kombinationsselektor	Steuert alle Elemente vom Typ F, die in einem Element vom Typ E vorkommen.	1
`E > F`	Kindselektor / Kombinationsselektor	Steuert Elemente vom Typ F, die direkt unterhalb eines Elements vom Typ E vorkommen (nicht solche, die in der Struktur weiter unten vorkommen).	2
`E + F`	Direkter Geschwisterselektor / Kombinationsselektor	Steuert Elemente vom Typ F, die direkt hinter einem Element vom Typ E stehen (nur das direkte Geschwisterelement).	2
`E ~ F`	Indirekter Geschwisterselektor / Kombinationsselektor	Steuert alle Elemente vom Typ F, die hinter einem Element vom Typ E stehen (alle Geschwisterelemente) – neu in CSS3.	3
`E[attr]`	Attributselektor	Steuert Elemente mit dem angegebenen Attribut. Dabei spielt es keine Rolle, ob oder welchen Wert dieses hat.	2
`E[attr="value"]`	Attributselektor	Steuert Elemente, deren Attribute genau und ausschließlich den angegebenen Wert haben.	2
`E[attr~="value"]`	Attributselektor	Steuert Elemente, deren Attribute unter anderem exakt den angegeben Wert, auch wenn mehrere Werte für das Attribut gesetzt sind.	2
`E[attr^="value"]`	Attributselektor	Steuert Elemente, deren Attributwerte mit der Zeichenkette des angegebenen Wertes anfangen.	3

Selektor	Selektortyp	Beschreibung	*
`E[attr$="value"]`	Attributselektor	Steuert Elemente, deren Attributwerte mit der Zeichenkette des angegebenen Wertes enden.	3
`E [attr*="value"]`	Attributselektor	Steuert Elemente, bei denen die Zeichenkette des angegebenen Wertes im Attributwert vorkommt.	3
`E [attr|="value"]`	Attributselektor	Steuert Elemente, deren Werte des Attributs »attr« eine Reihe von mit Minuszeichen getrennten Segmenten haben, wovon das erste Segment »value« ist. Am Beispiel: Der Selektor `[lang="de"]` würde jedes HTML-Element finden, das `lang="de"` oder auch `lang="de-CH"` beinhaltet.	2
`E:link`	Pseudoklasse	Steuert Links, die noch nicht angeklickt wurden.	1
`E:visited`	Pseudoklasse	Steuert Links, die bereits angeklickt wurden und damit in der Historie des Browsers zu finden sind.	1
`E:active`	Pseudoklasse	Steuert den Link in dem Moment, wenn er von dem Benutzer angeklickt wird.	1
`E:hover`	Pseudoklasse	Steuert den Link, den der Benutzer mit der Maus überfährt.	2
`E:focus`	Pseudoklasse	Steuert den Link, an dessen Position sich der Benutzer beim »Tabben« befindet.	2
`E:target`	Target-Pseudoklasse	Steuert eine Sprungmarke in dem Moment, wenn sie angesprungen wird.	3
`E:lang(de)`	Sprachpseudoklasse	Steuert alle Elemente mit der Sprachauszeichnung `"de"`. Greift auch, wenn die `lang`-Eigenschaft geerbt wurde.	2
`E:enabled`	Userinterface-Pseudoklasse	Steuert Formularfelder, in die Werte eingegeben werden können bzw. deren Bedienung möglich ist.	3
`E:disabled`	Userinterface-Pseudoklasse	Steuert Formularfelder, die über das Attribut »disabled« für die Eingabe gesperrt sind bzw. deren Bedienung nicht möglich ist.	3
`E:checked`	Userinterface-Pseudoklasse	Steuert Checkboxen oder Radioboxen, die aktiviert sind.	3
`E:root`	Strukturpseudoklasse	Wurzelelement eines Dokuments, in HTML immer das `html`-Tag.	3
`E:nth-child(n)`	Strukturpseudoklasse	Steuert jedes n-te Element innerhalb eines Elternelements.	3
`E:nth-last-child(n)`	Strukturpseudoklasse	Steuert jedes n-te Kindelement in einem Element, dabei werden die Kindelemente von hinter durchlaufen.	3
`E:nth-of-type(n)`	Strukturpseudoklasse	Steuert jedes n-te Element vom gleichen HTML-Typ auf gleicher Ebene (Geschwisterelemente).	3
`E:nth-last-of-type(n)`	Strukturpseudoklasse	Steuert jedes n-te Element auf gleicher Ebene (Geschwisterelemente), dabei werden die Elemente von hinten durchlaufen.	3

Selektor	**Selektortyp**	**Beschreibung**	*
`E:first-child`	Strukturpseudoklasse	Steuert das erste Kindelement innerhalb eines Elements.	2
`E:last-child`	Strukturpseudoklasse	Steuert das letzte Kindelement innerhalb eines Elements.	3
`E:first-of-type`	Strukturpseudoklasse	Steuert das erste Element des gleichen HTML-Elementtyps innerhalb eines Elternelements.	3
`E:last-of-type`	Strukturpseudoklasse	Steuert das letzte Element des gleichen HTML-Elementtyps innerhalb eines Elternelements.	3
`E:only-child`	Strukturpseudoklasse	Steuert ein Element, das keine Geschwisterelemente hat und damit das einzige Kindelement im übergeordneten Element ist.	3
`E:only-of-type`	Strukturpseudoklasse	Steuert ein Element, das keine Geschwisterelemente vom gleichen HTML-Typ hat und damit das einzige Kindelement dieser Sorte im übergeordneten Element ist	3
`E:empty`	Strukturpseudoklasse	Steuert leere Elemente.	3
`E:not(element)`	Negationspseudoklasse	Steuert alle Elemente außer dem Element, welches in der Klammer angegeben ist.	3
`E::first-line`	first-line Pseudoelement	Steuert die ersten Zeilen in dem Element E.	1
`E::first-letter`	first-letter-Pseudoelement	Steuert die ersten Buchstaben in dem Element E.	1
`E::before`	before-Pseudoelement	Steuert die generierten Inhalte vor dem Element E.	2
`E::after`	after-Pseudoelement	Steuert die generierten Inhalte hinter dem Element E.	2

37 Ergänzungs- und Vererbungsprinzip

37.1 Kaskade

Das Wort Kaskade bezeichnet z. B. Wasserfälle, die sich über mehrere Stufen ergießen, oder in der Chemie hintereinandergeschaltete Gefäße. Man kann Kaskade daher mit Hintereinanderschaltung oder Verkettung umschreiben.

»**Cascading** Style Sheets« funktionieren genau nach diesem Prinzip, indem mehrere CSS-Dateien hintereinandergeschaltet werden. Dabei gibt es drei Arten von Stylesheets:

1. **Browser-Stylesheet:** »Browserinternes« CSS, das immer verwendet wird, selbst wenn im HTML-Code keine CSS-Datei eingebunden ist. Dort sind die Grundeigenschaften aller HTML-Elemente definiert.
2. **Autoren-Stylesheet:** CSS, das über HTML eingebunden wird beziehungsweise im HTML-Code selbst steht. Dies sind die Stylesheets des Entwicklers.
3. **User-Stylesheet:** Persönliches Stylesheets eines Nutzers. Ermöglicht es, die Darstellung einer Webseite an persönliche Bedürfnisse anzupassen, wie eine größere Schrift oder stärkere Kontraste. Wird über den Browser eingebunden.

WWW

Standard-CSS des Firefox (Browser-Stylesheet): www.h5c3.de/link-37-1

Die Reihenfolge entspricht auch der, in welcher die CSS-Dateien im Browser eingebunden werden, was für das Auswerten von mehreren CSS-Regeln (weiter unten) eine essenzielle Rolle spielt.

Wesentlich ist, dass sich mehrere Stylesheets nicht ersetzen, sondern ergänzen. Bevor eine Webseite angezeigt wird, werden alle CSS-Regeln aus allen Dateien ausgelesen und ergeben ein »berechnetes Style«, das dann die Darstellung steuert. An folgendem Beispiel wird dies deutlicher:

```
/* Browser-Stylesheet */
blockquote {
    display: block;
    margin: 1em 40px;
}
```

```
/* Autoren-Stylesheet */
blockquote {
    color: darkblue;
}
```

```
/* Berechnete CSS-Regel */
blockquote {
    display: block;
    margin: 1em 40px;
    color: darkblue;
}
```

Im Browser-Stylesheet (links) wird `blockquote` (HTML-Element für Zitate) neben der Blockeigenschaft (siehe Kapitel 38.3) mit Abständen nach oben und unten von 1 em sowie nach links und rechts von 40 px versehen, was in der Standarddarstellung bei Zitaten eine Einrückung um 40 px bewirkt.

Im Autoren-Stylesheet, also im Entwicklerstylesheet (Mitte), wird eine Schriftfarbe definiert. Das ergänzende Kaskadenprinzip erlaubt es, die Regeln aus den zwei unterschiedlichen Quellen zusammenzuführen. Rechts sieht man die berechnete Regel für die Darstellung.

Nun stellt sich die Frage, was geschieht, wenn gleiche Eigenschaften für dasselbe Element mit unterschiedlichen Werten definiert sind.

```
/* Browser-Stylesheet */
blockquote {
    display: block;
    margin: 1em 40px;
}
```

```
/* Autoren-Stylesheet */
blockquote {
    margin: 1em 0px;
}
```

```
/* Berechnete CSS-Regel */
blockquote {
    display: block;
    margin: 1em 0px;
}
```

Hier wird im Autoren-Stylesheet die Eigenschaft `margin` definiert. Das einfachste Gesetz des im Browser hinterlegten Regelwerks, wann welche Regel greift, besagt: »Letztes gewinnt.« Da das Autoren-Stylesheet nach dem Browser-Stylesheet eingebunden und ausgewertet wird, greifen hier die Werte aus der selbst definierten Regel. Im berechneten Style im Codeschnipsel rechts sieht man, dass die `margin`-Werte aus der eigenen Regeln übernommen wurden.

Die Kaskade ist somit die Voraussetzung für dieses automatische Ergänzungsprinzip und macht im Grunde das »Wesen« von CSS aus. Auf welche Weise die CSS-Regeln berechnet werden, hängt dann von der Gewichtung ab, die durch die Kombination von mehreren Selektoren entsteht, als auch von der Reihenfolge der CSS-Regeln. Dieses Prinzip gilt dateiübergreifend, aber auch innerhalb einer Datei greift dieses Ergänzungsverhalten.

37.2 Rangfolge und Gewichtung

Die Frage, wann eine CSS-Regel eine andere überschreibt, hängt von folgenden Faktoren ab:

- Reihenfolge der CSS-Regeln in den CSS-Dateien
- Spezifität der Selektoren
- Einsatz einer `!important`-Regel

Dabei hat die Reihenfolge der CSS-Regeln die geringste, die `!important`-Regel die höchste Gewichtung.

Jedes Prinzip funktioniert für sich, im Zusammenspiel bestimmen sie schließlich die konkrete »Auswertung« aller hinterlegten Styles.

37.2.1 Reihenfolge in den CSS-Dateien

```
p {
   color: red;
}
p {
   color: blue;
}
```

Hier gilt generell die Devise: »Der Letzte gewinnt.« In diesem Fall wird der gleiche Selektor verwendet, die Farbeigenschaft in der zweiten Regel »überschreibt« die in der ersten, der Text wäre also blau.

Dies gilt nicht nur innerhalb einer Datei, sondern auch für das komplette CSS. Browserintern werden alle Style-Dateien zu einem CSS zusammengefasst, unabhängig davon, wo sie zu finden sind. Dazu zählen alle CSS-Regeln in ausgelagerten Dateien, aber auch CSS-Anweisungen im `head` einer HTML-Datei.

Hier entscheidet die Reihenfolge der Einbindung. Werden zwei CSS-Dateien über das `link`-Tag eingebunden, wirken zuerst alle Anweisungen der ersten, dann der zweiten Datei. Falls in der zweiten Datei dieselbe Eigenschaft über einen gleichen oder gleichwertigen (wird weiter unten erklärt) Selektor wie in der ersten definiert ist, greift die Anweisung in der zweiten Datei und überschreibt erstere.

Gleiches gilt für die Reihenfolge von externen CSS-Dateien und CSS-Regeln, die im `head` des HTML stehen. Hier ist es entscheidend, ob das CSS innerhalb des `style`-Tags **vor** oder **hinter** der Einbindung der externen Datei notiert ist. Steht das `style`-Tag **vor** dem `link`-Tag, über das eine externe Datei eingebunden wird, können Anweisungen im ausgelagerten Style Regeln im HTML-Dateikopf überschreiben.

style-Tag immer hinter link-Tag
CSS-Regeln, die Sie im head notieren, setzen Sie wahrscheinlich dort ein, weil diese eine höhere Bedeutung als jene in externen Dateien haben. Um Fehlerquellen zu reduzieren, binden Sie zuerst externe Dateien ein und definieren dahinter CSS-Regeln im HTML-Dateikopf.

37.2.2 Spezifität

Für Webdesigner wäre es allerdings ziemlich aufwendig, wenn sie stets die Reihenfolge der CSS-Regeln im Auge haben müssten. Glücklicherweise gibt es dafür den »Hebel« der Spezifität.

Das bedeutet, unterschiedliche Einfachselektoren haben jeweils eine bestimmte »Gewichtung«. Diese wird browserintern berechnet, die Regel mit der höchsten kumulierten Spezifität greift! Die Bedeutung der Reihenfolge in den CSS-Dateien wird damit außer Kraft gesetzt.

Die Berechnung der Spezifität ist folgender Tabelle zu entnehmen. Für die einzelnen Spalten gilt folgender Grundsatz: Wenn eine Spezifität im Feld A zutrifft, spielen untergeordnete Spezifitäten keine Rolle, selbst wenn in einem untergeordneten Feld mehr Spezifitätspunkte erreicht würden. Entsprechend übertrumpft eine B-Gewichtung alle C- und D-Gewichtungen etc.

Selektor	**Beispiel**	**A**	**B**	**C**	**D**
Universalselektor	`*`				0
Elementselektor	`h1`				1
Pseudoelement	`::first-line`				1
Pseudoklasse	`:hover`			1	
Klassenselektor	`.hinweis`			1	
ID-Selektor	`#inhalt`		1		
Inline-Style	`<p style="color: red">`	1			

Inline-Styles haben die höchste Spezifität!

Aus der Tabelle wird ersichtlich, dass Inline-Styles die höchste Spezifität haben und diese von ausgelagerten Styles und Styles im head der HTML-Datei nicht überschrieben werden, selbst wenn in CSS eine Regel beispielsweise über einen ID-Selektor definiert ist, der ansonsten eine hohe Spezifität hat. (So das Grundprinzip. Wie man dieses »aushebeln« kann, ist in Kapitel 37.2.3 beschrieben.)

```
#inhalt ul li a {
   color: red;
}
/* Spezifität: B:1 C:0 D:3 */

#inhalt li a {
   color: blue;
}
/* Spezifität: B:1 C:0 D:2 */
```

Am Beispiel wird die Berechnung der Spezifität deutlicher: Sie sehen zwei Regeln, die beide die Schriftfarbe für a-Elemente definieren. Beide Regeln haben einen ID-Selektor, dies ergibt jeweils einen B-Wert von 1; ohne die weiteren Selektoren würde hier die Reihenfolge im CSS-Code greifen. Allerdings finden sich in der ersten Regel drei Elementselektoren, die in der D-Gewichtung 3 Punkte ergeben; in der zweiten Regel gibt es nur zwei Elementselektoren, also 2 Gewichtungspunkte. Hier greift die erste CSS-Regel.

WWW

Weitere Beispiele zur Berechnung der Gewichtung: www.h5c3.de/link-37-2

```
ul a {
   color: red;
}
li a {
   color: blue;
}
```

In diesem Beispiel werden beide Regeln über jeweils zwei Elementselektoren definiert und ergeben die gleiche D-Gewichtung von 2. Es spielt dabei keine Rolle, ob die Spezifität wie hier über das `ul` oder das `li` erreicht wird. In diesem Fall würde man von gleichwertigen Selektoren sprechen. Hier greift die Reihenfolge im Quelltext, letztere Regel gilt.

Faustregel Spezifität

In der Praxis setzt sich niemand hin und berechnet Spezifikationen. Für den Alltag kann man die Spezifität auf zwei einfache Aussagen reduzieren:

→ `id` ist immer stärker `class`.

→ `class` ist immer stärker als ein einfacher Elementselektor (HTML-Tag).

37.2.3 !important-Regel

In der Praxis werden Sie bei großen Projekten und komplexen CSS-Regeln in Situationen geraten, in denen Ihnen die Gewichtung der Selektoren einen Streich spielt und Sie es einfach nicht schaffen, dass eine CSS-Regel greift.

Für diesen Fall sieht CSS einen letzten »Nothammer« vor. Über die `!important`-Regel setzen Sie alle Spezifitäten und Reihenfolgen im CSS-Code außer Kraft. Eine CSS-Eigenschaft, die Sie mit `!important` ergänzen, dominiert alle andern Regeln, sowohl externe als auch Inline-Styles!

```
h2 {
   color: darkblue !important;
}
```

Die Schreibweise ist mit oder ohne Leerzeichen zwischen ! und important zulässig.

Egal, was woanders notiert ist, Überschriften der 2. Ordnung werden mit dieser Regel auf der ganzen Webseite dunkelblau dargestellt.

Allerdings sollte dies die Ausnahme bleiben. Ein `!important` zeugt immer davon, dass irgendwo »der Wurm drin« ist. Den besseren Weg stellt immer eine zusätzliche `class` im HTML-Code oder die Optimierung der Kombinationsselektoren dar. Ein einmal gesetztes `!important` können Sie nur mit einem weiteren `!important` überbieten – in großen Projekten kann das dann zu einer »Never-Ending-Story« führen.

> **!important-Regel nur im Notfall**
> Eine CSS-Regel mit `!important` ist CSS mit dem Holzhammer. Dies sollte immer die absolute Ausnahme bleiben!

37.3 Vererbungsprinzip

Die Vererbung bezeichnet ein weiteres Prinzip von CSS, das ohne Zutun der Webentwickler gegeben ist. Es bedeutet, dass HTML-Elemente bestimmte CSS-Eigenschaften der Elternelemente »erben«, wenn diese für das Kindelement nicht ausdrücklich definiert sind.

Was kompliziert klingt, ist einfacher mit folgendem Quelltext gezeigt:

```
<header>
   <h1>HTML5 & CSS3 Workshop</h1>
   <h2>Einführung in Webstandards</h2>
</header>
```

```
header {
   color: darkcyan;
   font-family: Arial;
   border: 2px dashed;
}
```

Abb. 37–1 Schriftfarbe und -art werden vererbt, Rahmen hingegen nicht. Was vererbt wird, hängt von der jeweiligen CSS-Eigenschaft ab.

Links sehen Sie ein `header`-Element, das zwei Überschriften umschließt. Hierfür sind im CSS-Code drei Eigenschaften definiert: `color` für die Schriftfarbe, `font-family` für die Schriftart und über `border` ist ein Rahmen angegeben.

Obwohl die Eigenschaften über den Elementselektor `header` vergeben sind, werden die darin enthaltenen Überschriften in der definierten

Schriftfarbe und -art dargestellt. Sie haben die Eigenschaften »geerbt«. Nicht hingegen die Rahmeneigenschaft, nur der header selbst stellt den Rahmen dar. Auch dies ist ein Teil des Vererbungsprinzips: Was geerbt wird, hängt von der jeweiligen CSS-Eigenschaft ab.

Eine Übersicht der Eigenschaften, die vererbt werden, ist unter nebenstehendem Link zu finden. Allerdings schaut in der Praxis niemand darauf, ob eine Eigenschaft vererbt wird oder nicht, da das Vererbungsverhalten recht intuitiv ist.

Liste der CSS-Eigenschaften, die geerbt werden: www.h5c3.de/link-37-3

Als Faustregel kann man sich merken: CSS-Eigenschaften, die Texteigenschaften steuern (unter anderen color, font-size, line-height, font-family, text-transform, visibility, opacity), werden geerbt. Alle Eigenschaften, die Höhen, Breiten und Abstände beeinflussen (beispielsweise margin, padding, border, outline, width, height, display), hingegen nicht.

Diese Vererbungskette wird »unterbrochen«, wenn Sie einem Kindelement einen abweichenden Wert für eine CSS-Eigenschaft zuweisen. Ab dieser Ebene wird die neue Eigenschaft auf alle weiteren Unterelemente vererbt. Das bedeutet, Eigenschaften werden immer vom direkten Elternelement geerbt, nie von weiteren Vorfahren.

```
<header>
   <h1>HTML5 & CSS3 Workshop</h1>
   <h2>Einführung in Webstandards</h2>
</header>
```

```
h1 {
   color: red;
}
h2 {
   border: inherit;
}
```

Abb. 37–2
*Die Vererbung einer sich nicht vererbenden CSS-Eigenschaft kann über **inherit** »aktiviert« werden.*

Das Beispiel von oben ist hier um zwei CSS-Regeln erweitert und zeigt zwei wichtige Aspekte: Für die h1 wurde eine Farbe definiert. Alle weiteren Elemente innerhalb der h1 würden nun die Farbe Rot erben und nicht mehr die Farbe vom header-Element.

Als Zweites wurde in der h2-Regel der CSS-Eigenschaft border der Wert inherit zugewiesen. Damit »aktivieren« Sie die Vererbung, die normalerweise bei border nicht erfolgt. Die h2 erbt nun die Rahmeneigenschaften vom header-Element. Dabei wird stets in direkter Linie geerbt. Sollte header keine Rahmeneigenschaften haben, wird auch nichts geerbt.

38 Grundprinzipien der Darstellung: Box-Modell und Elementfluss

In diesem Kapitel finden Sie wahrscheinlich »des Pudels Kern« von CSS. Das im englischen Standard als »Box model« bezeichnete, auch als Kastenmodell übersetzte Box-Modell beschreibt die grundsätzlichen Verhaltensweisen von einzelnen HTML-Elementen. Das Gesamtbild einer Webseite wird maßgeblich durch den unterschiedlichen Einsatz von **Block**-, **Inlineblock**- und **Inline**-Elementen bestimmt. **Elementfluss** und **Reihenverhalten** sind die Charakteristiken, wie sich die einzelnen HTML zueinander verhalten.

Auch wenn dies zunächst sehr theoretisch klingt, basiert das Grundverständnis von CSS genau auf diesen unterschiedlichen Verhaltensweisen von HTML-Elementen. Haben Sie dies verinnerlicht, ist die größte Hürde des CSS-Designs überwunden!

38.1 Box-Modell

Elementar für die Darstellung eines HTML-Elements ist das Box-Modell. Dieses stellt den Bauplan, den Grundaufbau jedes einzelnen HTML-Elements dar.

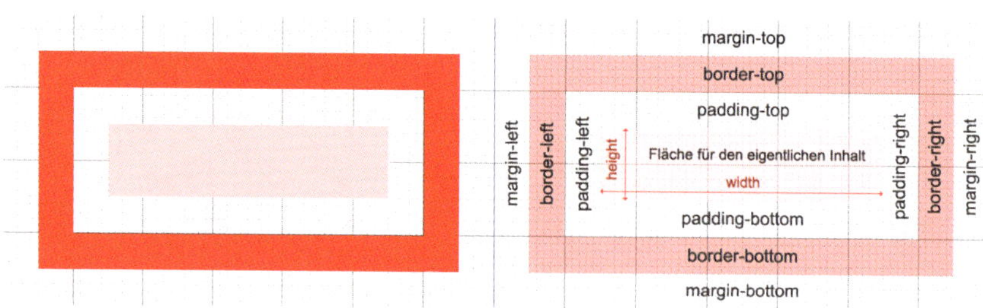

Abb. 38–1 Links die Darstellung, rechts die einzelnen Eigenschaften, welche das Aussehen der Box bestimmen.

Die wesentlichen Merkmale der einzelnen Eigenschaften:

- `margin` bestimmt den Außenabstand und damit den Zwischenraum zu umliegenden Elementen. Hintergrundfarben und -grafiken, die dem Element selbst zugewiesen wurden, sind dort nicht zu sehen. Falls der Abstand mit einer Farbe gefüllt ist, stammt diese von einem umgebenden Element.
- `border` stellt einen Rahmen in seiner Breite und Farbe dar.
- `padding` umgibt den eigentlichen Inhaltsbereich mit einer freien Fläche, sprich einem Innenabstand. Hintergrundfarben und -grafiken (über CSS eingebunden) werden bis zum Rahmen dargestellt. Text und innen liegende HTML-Elemente, auch Grafiken in HTML, werden im Standardfall nicht im Innenabstand anzeigt.
- `width` und `height` sind die Dimensionen eines Elements ohne `padding`, `border` und `margin`.

```
div {
    width: 100px;
    height: 100px;
    margin: 20px;
    border-width: 5px;
    padding: 10px;
}
```

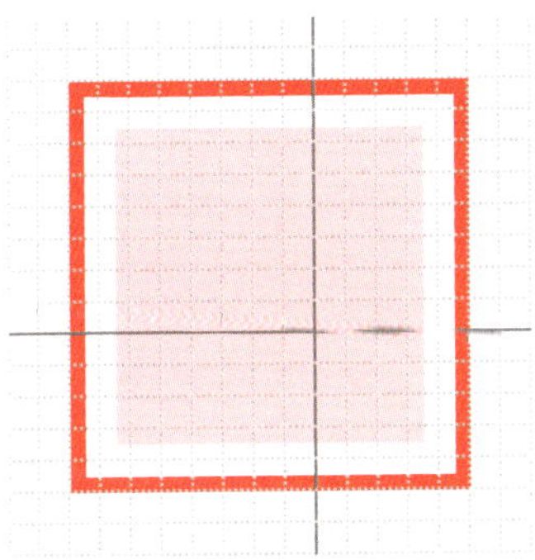

Abb. 38–2
Der eigentliche Platzbedarf ergibt sich nicht nur aus den eigentlichen Dimensionen, sondern auch aus den Außenabständen.

Der Platzbedarf bezüglich der Breite wird durch Außenabstand (`margin`), Rahmenstärke (`border`), Innenabstand (`padding`) und die eigentliche Breite (`width`) des Elements beeinflusst. Da Abstände und Rahmen sowohl links als auch rechts vorhanden sind, müssen die Werte doppelt berücksichtigt werden. Aus dem Quelltextbeispiel berechnet sich eine tatsächlich benötige Breite wie folgt:

- 2 × 20 px `margin`
- 2 × 5 px `border`
- 2 × 10 px `padding`
- 100 px `width`

In der Summe 40 px + 10 px + 20 px + 100 px = 170 px Breite. In der Abbildung hat das Hintergrundraster 10 px Abstand. Es wird nicht nur die Fläche des roten Kastens benötigt, sondern auch 20 px links und rechts davon.

Der Platzbedarf in der Höhe hängt davon ab, ob ein HTML-Element ein Block- oder Inline-Element ist, und wird weiter unten aufgegriffen.

38.2 Natürlicher Elementfluss (Dokumentfluss)

Die »Schreibrichtung« bezeichnet die Art, wie eine Schriftsprache sowohl geschrieben als auch gelesen wird. In der westlichen Welt ist diese erstrangig von links nach rechts, zweitrangig von oben nach unten.

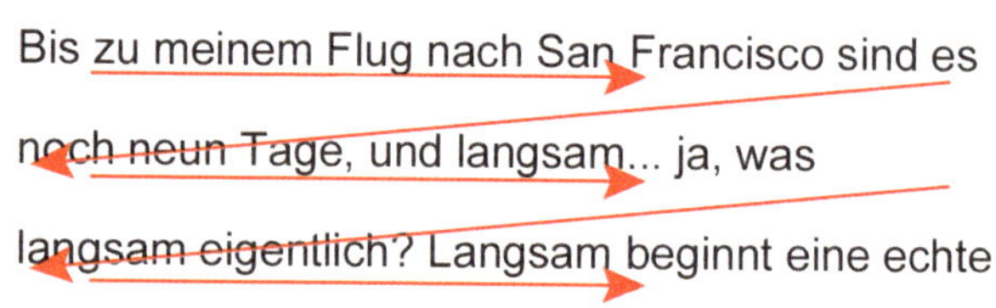

Abb. 38–3
Unbewusst folgt jeder dem natürlichen Lesefluss.

Auch wenn in der deutschen Wikipedia kein eigener Eintrag zum Begriff »Lesefluss« existiert, so wird sich Ihnen die Bedeutung dieses Begriffs erschließen. Ihre Augen folgen einem Text von links nach rechts von Wort zu Wort, von oben nach unten Reihe für Reihe. Dabei lesen Sie nach Erreichen des Zeilenendes am Anfang der nächsten Zeile weiter. Zusätzlich lesen Sie einen Text von oben nach unten, Abschnitt für Abschnitt, Kapitel für Kapitel.

So banal das klingt, so genau beschreibt es den natürlichen **Elementfluss** von HTML. Dieser beschreibt, wie sich Elemente unterschiedlicher Typen automatisch anordnen.

Dabei wird zwischen drei Grundtypen von HTML-Elementen unterschieden:

Work-shop

Die unterschiedlichen Elemente im Praxiseinsatz: Kapitel 5.1

- **Block-Elemente** entsprechen in etwa Textblöcken beziehungsweise Abschnitten oder Kapiteln von normalem Text. Dies sind HTML-Elemente, die für die Textstrukturierung vorgesehen sind: zum Beispiel `ol`- oder `ul`-Tags, um Listen aufzubauen, oder das neue `article`-Tag, um einen Beitrag zu definieren, aber auch `p`-Tags für Textparagrafen oder `h1`, `h2` etc. für Überschriften.

- **Inline-Elemente** entsprechen, vergleicht man den Elementfluss mit dem Lesefluss, den einzelnen Wörtern. Diese positionieren sich automatisch nebeneinander von links nach rechts, und wenn eine Zeile gefüllt ist, springt das letzte nicht mehr passende Wort in die nächste Zeile. Dies sind in der Regel HTML-Elemente, die zur »Textauszeichnung« vorgesehen sind, beispielsweise ein `a`-Tag, um damit einen Link zu definieren, `sup`- oder `sub`-Tags, um Buchstaben hoch oder tief zu stellen, `strong` zur Fettung. Aber auch das `img`-Tag zur Darstellung eines Bildes ist ein Inline-Element und fließt im Textfluss, ebenso `input`-, `select`- oder `textarea`-Eingabefelder. Auch einzelne Buchstaben und Worte sind als Inline-Elemente zu betrachten.
- **Inline-Block-Elemente** verhalten sich wie Inline-Elemente im Textfluss, beeinflussen im Gegensatz zu diesen aber die Zeilenhöhe (wird weiter unten erklärt).

Ob es sich bei einem Element um ein Block-Element (und damit »reihenweise« dargestellt wird) oder ein Inline-Element beziehungsweise Inline-Block-Element handelt (und folglich »wortweise« angezeigt wird), ist im sogenannten Browser-Stylesheet (Kapitel 37.1) festgelegt.

Block-Elemente und Inline-Elemente
- HTML-Elemente zur Seiten- und Textstrukturierung (Überschriften, Listen, Textparagrafen, div-Tags etc.) sind in der Regel Block-Elemente.
- HTML-Elemente zur eigentlichen Textauszeichnung (Fettung, Kursive, Links und Vergleichbares) sind dagegen Inline-Elemente.

38.3 Block-Elemente

Abb. 38–4 Block-Elemente füllen stets eine ganze Reihe.

- Nehmen automatisch 100 % der verfügbaren Breite ein.
- Beginnen immer in einer neuen Reihe.

- Nachfolgende Elemente beginnen ebenfalls in einer neuen Reihe.
- Können mit einem Innenabstand (`padding`) versehen werden.
- Können einen Außenabstand haben (`margin`), somit verändert sich der Abstand zu Elementen darüber und darunter sowie nach links und rechts.

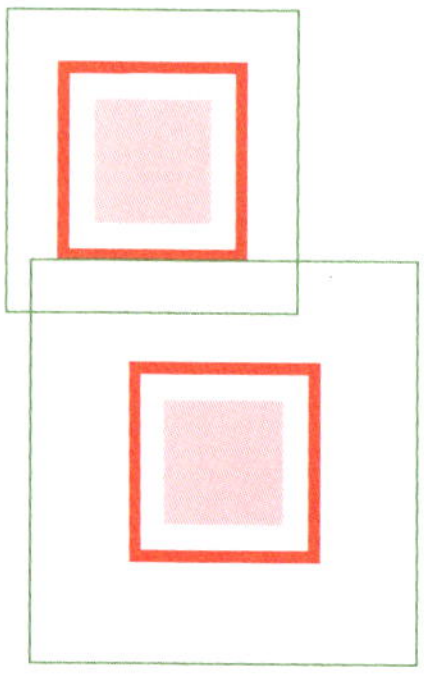

Abb. 38–5 Vertikale Abstände von normalen Block-Elementen kollabieren.

Die Außenabstände zwischen Block-Elementen nach oben und unten hängen zusätzlich von weiteren Faktoren ab. In Abb. 38–4 würde ein Außenabstand am `h1`-Tag nach unten über `margin-bottom` den Abstand zum `h2`-Tag vergrößern bzw. verkleinern, wenn ein negativer Wert vergeben wird. Allerdings kommt es hier zu sogenannten **kollabierenden** Abständen in der vertikalen Dimension.

Die grünen Umrisse in Abb. 38–5 symbolisieren die Außenabstände. Die obere Box hat ein `margin` von `20px`, die untere eines von `40px`. Diese Abstände addieren sich nicht, sondern fallen zusammen. Es greift dann der größere Außenabstand, in diesem Fall der des unteren Kastens.

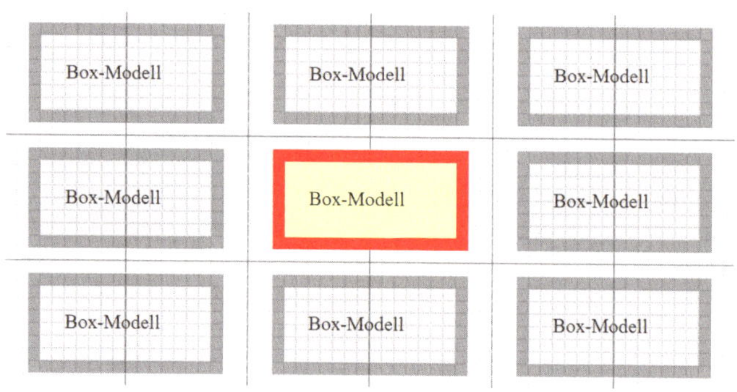

Abb. 38–6 Gefloatete Elemente nehmen in der Vertikalen die definierten Abstände ein.

Das Verhalten ändert sich, wenn Block-Elemente »gefloatet« werden. In Abb. 38–6 sind alle Boxen links gefloatet und fließen damit nebeneinander her. Die Abstände nach unten und oben werden in dem Fall so dargestellt wie in CSS angegeben. Mehr über `float` im Praxiseinsatz finden Sie in Kapitel 5.2.

Die Zeit wird es bringen!
Das Verhalten der Abstände ist nicht intuitiv und gerne anders, als man es erwarten würde. Kollabierende Abstände, Außen- und Innenabstände, Positionierung, umfließende Block-Elemente sind alles Faktoren, die Abstände beeinflussen. Machen Sie sich keinen Kopf, wenn Ihnen das nicht spontan einleuchtet – das Gefühl hierfür wird sich mit etwas Übung und ein wenig Geduld einstellen.

38.4 Inline-Elemente

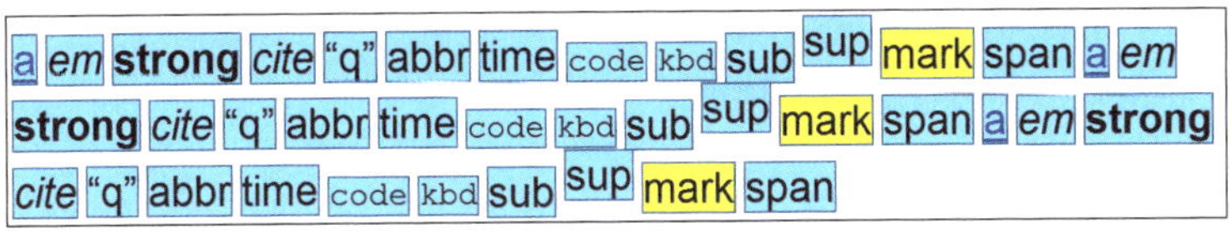

Abb. 38–7
Hier sind verschiedene Inline-Elemente mit einem Hintergrund und einem Rahmen versehen, um die Position im Elementfluss hervorzuheben.

- Nehmen in der Breite nur so viel Raum ein, wie sie benötigen.
- Mehrere Inline-Elemente werden wie einzelne Wörter hintereinander aufgereiht.
- Ist die verfügbare Breite durch mehrere Inline-Elemente erreicht, brechen sie in die nächste Zeile um.
- Innen- und Außenabstände sowie Rahmen
  - verändern die Breite von Inline-Elementen und schieben die einzelnen Elemente weiter auseinander.
  - Außenabstände können auch negative Werte haben und Inline-Elemente zusammenziehen oder überlagern.
  - Abstände beeinflussen die Höhe der Darstellung des Elements selbst, ohne dass die eigentliche Zeilenhöhe davon verändert wird (Details in Kapitel 38.7).

38.5 Inline-Block-Elemente

Dieser Elementtyp ist eine Mischform der beiden vorher beschriebenen, der Inline-Elemente um das Abstandsverhalten von Block-Elementen ergänzt.

- Verhalten sich im Textfluss wie Inline-Elemente nebeneinander.
- Innen- und Außenabstände verändern die Höhe der einzelnen Zeile. Diese wird dadurch entweder höher oder niedriger, falls negative Werte für Außenabstände gesetzt werden.

Warum manche CSS-Eigenschaften kaum genutzt werden
Der Wert `inline-block` für `display` ist bereits im CSS 2.1-Standard definiert, wurde bis zum Internet Explorer 7 aber nicht sauber unterstützt; von daher ist eine solche Deklaration in der Praxis nur selten zu finden. Da jedoch alle aktuellen Browser die Eigenschaft beherrschen, kann diese getrost eingesetzt werden.

38.6 Block- und Inlineverhalten sind veränderbar!

Ob ein HTML-Element eine Block- oder Inlineeigenschaft hat, ist im Browser-Stylesheet (siehe Kapitel 37.1) hinterlegt. Über die Kaskade und das Einbinden Ihres eigenen Autoren-Stylesheets (des Entwickler-CSS) können Sie die Standardeigenschaften erweitern oder auch überschreiben. So können Sie aus Block-Elementen Inline-Elemente machen und umgekehrt.

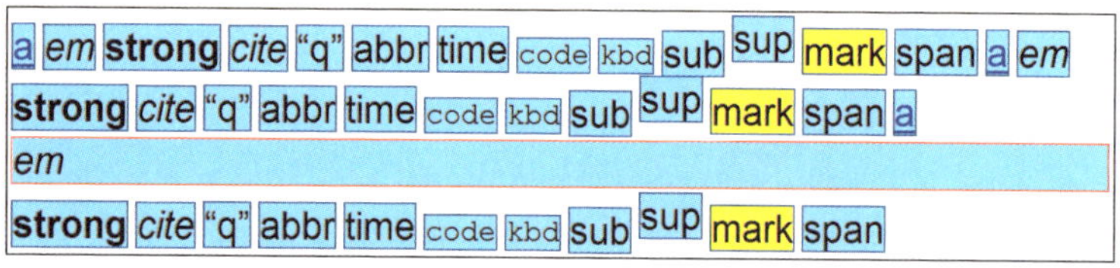

Abb. 38–8
*Für das **em**-Tag wurde im CSS-Code eine Regel mit der Deklaration **`display: block`** definiert.*

Deutlich wird das Umstellen von Inline- auf Block-Elemente in Abb. 38–8. Das dritte `em`-Tag wurde über die CSS-Eigenschaft `display: block` zu einem Block-Element gemacht. Vorher hat sich das `em` in den Textfluss eingefügt (siehe Abb. 38–7). Jetzt verhält es sich wie ein Block-Element: Erstens beendet es den Textfluss und erzwingt einen Zeilenumbruch vor dem `em`, zweitens nimmt es nun automatisch 100 % der Breite ein, sodass drittens auch ein Zeilenumbruch vor dem nächsten HTML-Element erzwungen wird.

38.7 Zeilenhöhe

Nicht nur das Zusammenspiel von Block- und Inline-Elementen beeinflusst den Elementfluss, auch das Verhalten der einzelnen Inline-Elemente innerhalb einer Reihe. Dabei sind hiermit die Zeilen innerhalb eines Block-Elements gemeint und nicht die Außenabstände zwischen Block-Elementen. Die Zeilenhöhe wird durch folgende Faktoren bestimmt:

- Schriftgröße (ist ohne Einstellung 16 px oder über `font-size` einstellbar)
- Schriftart (`font-family`)
- Zeilenhöhe (ermittelt ein Browser abhängig von der Schriftart; ist über `line-heigth` veränderbar)
- Weitere Inline-Elemente mit eigenen Höhen (beispielsweise Bilder oder mehrzeilige Texteingabefelder)
- Innen- und Außenabstände sowie Rahmendicke von Inline-Block-Elementen

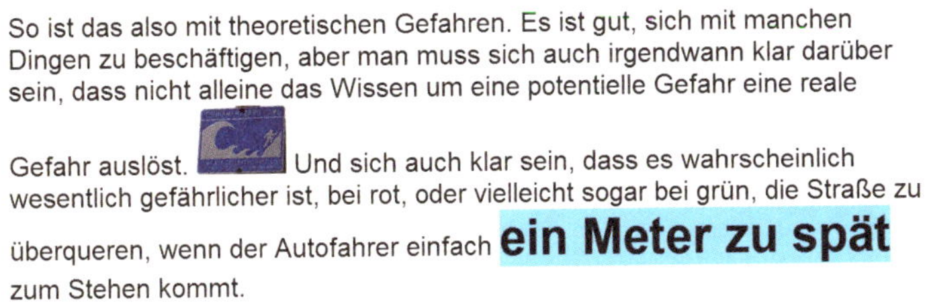
So ist das also mit theoretischen Gefahren. Es ist gut, sich mit manchen Dingen zu beschäftigen, aber man muss sich auch irgendwann klar darüber sein, dass nicht alleine das Wissen um eine potentielle Gefahr eine reale Gefahr auslöst. Und sich auch klar sein, dass es wahrscheinlich wesentlich gefährlicher ist, bei rot, oder vielleicht sogar bei grün, die Straße zu überqueren, wenn der Autofahrer einfach ein Meter zu spät zum Stehen kommt.

Abb. 38–9
Jede einzelne Zeilenhöhe wird durch das höchste Element bestimmt.

In Abb. 38–9 wird das Verhalten von Zeilenhöhen deutlich. Texte in einer einheitlichen Größe haben gleichbleibend dieselbe Zeilenhöhe (die ersten drei Zeilen). Ist allerdings ein Element höher als die durch den Text bestimmte Zeilenhöhe (wie das Foto in Zeile 4) oder sind unterschiedliche Schriftgrößen in einer Zeile vergeben (wie in Zeile 7), bestimmt die größte Schrift die Höhe der betreffenden Zeile.

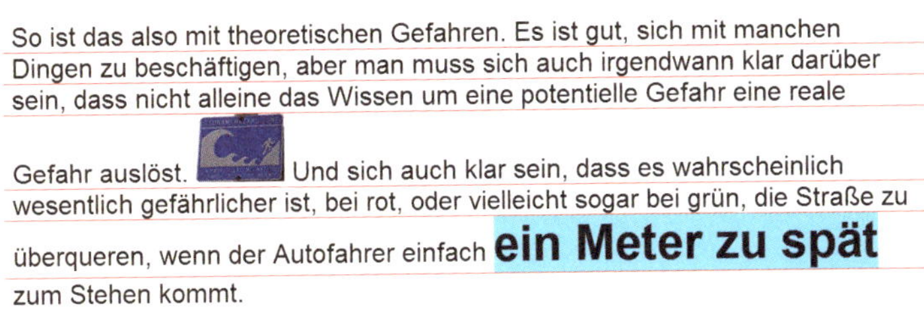
So ist das also mit theoretischen Gefahren. Es ist gut, sich mit manchen Dingen zu beschäftigen, aber man muss sich auch irgendwann klar darüber sein, dass nicht alleine das Wissen um eine potentielle Gefahr eine reale Gefahr auslöst. Und sich auch klar sein, dass es wahrscheinlich wesentlich gefährlicher ist, bei rot, oder vielleicht sogar bei grün, die Straße zu überqueren, wenn der Autofahrer einfach ein Meter zu spät zum Stehen kommt.

Abb. 38–10
Jede einzelne Zeile steht für sich.

Deutlicher wird dies in Abb. 38–10, wenn man die einzelnen Zeilen durch Trennlinien hervorhebt. Die roten Linien entsprechen keiner HTML-Struktur, sondern symbolisieren den reservierten Platz, den der Browser für eine Zeile einrichtet. Jede einzelne Zeile steht für sich, die eigentlichen Elemente einer Zeile überragen die Zeilengrenzen im Normalfall nicht, lediglich die Abstände von Inline-Elementen können andere Zeilen überlappen, ohne aber eine Auswirkung auf die Zeilenhöhe an sich zu haben (siehe Kapitel 38.7). Abstände und Rahmen von Inline-Block-Elementen beeinflussen hingegen die Zeilenhöhe.

Anordnung von HTML-Elementen in Zeilen

Die Höhe einer Zeile wird nicht nur von Text, sondern auch von anderen Inline- oder Inline-Block-Elementen bestimmt. Zusätzlich spielt es eine Rolle, wie die einzelnen Elemente innerhalb einer Zeile positioniert werden. Für das Verständnis dieser Positionierung ist es hilfreich, einen Blick auf die »Regeln« zu werfen, wie also in einer Zeile die Anordnung von Text sowie Inline-Elementen organisiert ist.

Abb. 38–11
Das Liniensystem ist der Bauplan einer einzelnen Zeile.

Schrift besteht aus Groß- und Kleinbuchstaben, aber auch aus einem oberen Abstand und Unterlänge der Buchstaben. Das Raster, nach dem Buchstaben zueinander und innerhalb einer Zeile angeordnet werden, wird als Liniensystem bezeichnet und bestimmt letztendlich, wie hoch eine einzelne Zeile ist.

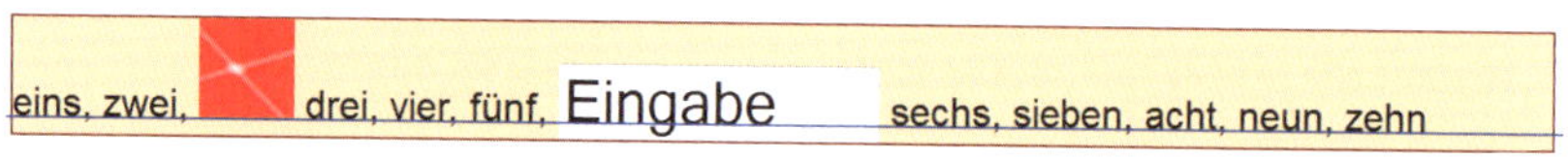

Abb. 38–12
In einer Zeile richten sich alle Elemente an der Grundlinie aus.

Was im Modell in Abb. 38–11 noch sehr theoretisch ist, wird in Abb. 38–12 sehr praxisnah: Alle Elemente richten sich an der Grundlinie aus. Grafiken stehen ohne spezielle Angaben immer mit der unteren Kante auf der »Baseline«, das Eingabefeld (im Beispiel mit einer größeren Schriftgröße versehen) zeigt den darin befindlichen Text in Höhe des restlichen Textes an, unabhängig von der Schriftgröße.

Die CSS-Eigenschaft `vertical-align` greift in dieses Verhalten ein:

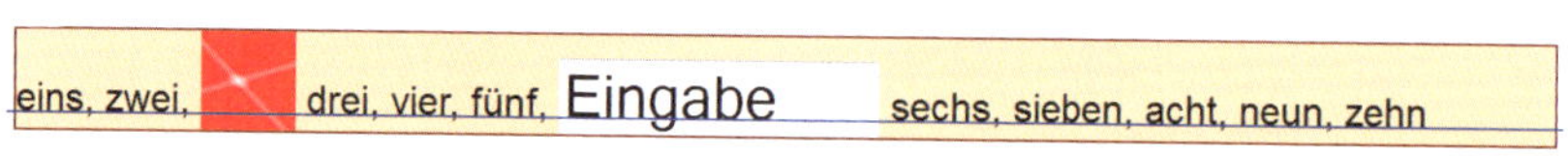

Abb. 38–13
Die rote Grafik wird über ***`vertical-align: bottom`*** *auf die unterste bzw. p-Linie gesetzt.*

In Abb. 38–13 wird die Grafik über `vertical-align: bottom` auf die Zeilenunterkante gesetzt. Die Zeile schrumpft, da das rote Quadrat tiefer sitzt und nach oben nicht mehr so viel Platz benötigt.

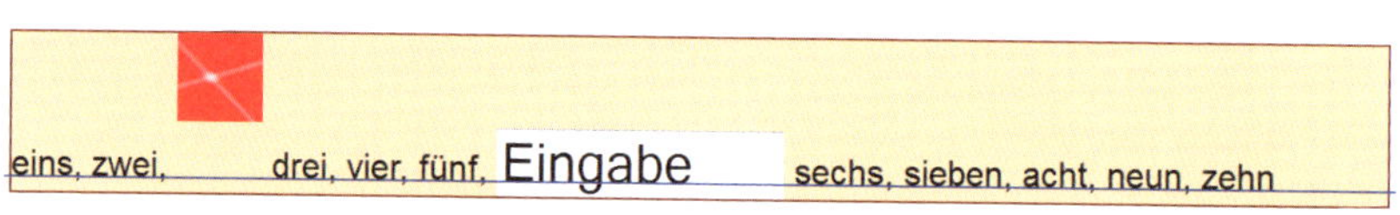

Abb. 38–14
Über ***`vertical-align`*** *verschobene Elemente beeinflussen die Zeilenhöhe.*

In Abb. 38–14 wurde für die Grafik eine Deklaration von `vertical-align: 50px` definiert, was diese um 50 px von der Grundlinie nach oben verschiebt. Dies hat zur Folge, dass die Grafik die Zeile weiter ausdehnt und damit direkt die Zeilenhöhe sowie indirekt den Elementfluss beeinflusst.

Die Grundlinie wird übrigens von der größten Schrift in einer Zeile definiert.

Abstände von Inline- und Inline-Block-Elementen in Zeilen

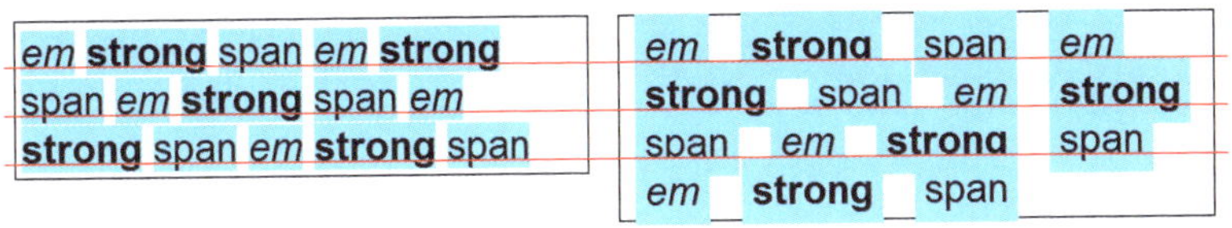

Abb. 38–15
Abstände von Inline-Elementen verändern nicht die Zeilenhöhe.

Inline-Elemente können Innen- und Außenabstände (`padding` und `margin`) haben. Links in Abb. 38–15 haben die Inline-Elemente keine Abstände, auf der rechten Seite sind hingegen alle Elemente mit Außen- und Innenabstand versehen worden. Der Effekt ist jedoch überraschend: Die Abstände werden hinzufügt und man sieht rechts auch, dass die einzelnen Elemente weiter auseinandergerückt sind, nach oben und unten passiert dies allerdings nicht. In beiden Kästen ist die gleiche Zeilenhöhe eingehalten, was an der roten Linie deutlich wird. Abstände überlagern die Zeilendimensionen in der vertikalen Ausrichtung.

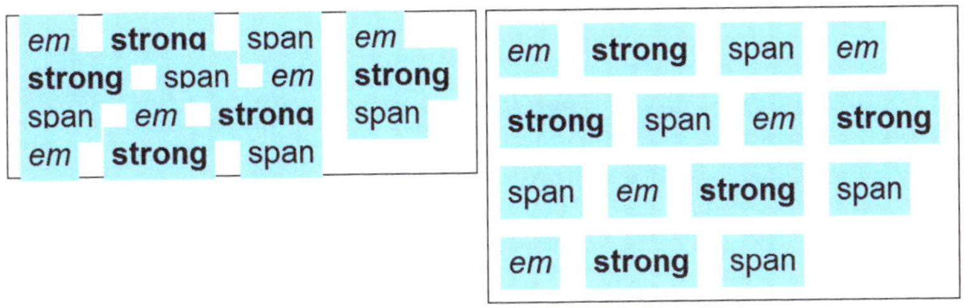

Abb. 38–16
Über `display: inline-block` beeinflussen Abstände die Zeilenhöhe.

Diese Überlagerungen und das damit verbundene Abstandsverhalten von Inline- und Inline-Block-Elementen sind grundsätzlich verschieden. Auf der rechten Seite in Abb. 38–16 wurde allen Inline-Elementen über `display: inline-block` die Inline-Block-Elementeigenschaft zugewiesen: Sie laufen weiterhin »wortweise« im Elementfluss, haben aber ein Blockverhalten in Bezug auf Abstände nach oben und unten. Die Zeilenhöhe vergrößert sich, wenn Abstände definiert sind.

39 @font-face-Regel

WWW

CSS-Eigenschaft font-family: www.h5c3.de/link-39-1

Schriften stellen seit jeher einen zentralen Teil der Gesamtwirkung eines Layouts dar. Mit CSS 2.1 war es lediglich möglich, eine Schrift zu definieren, die auf dem jeweiligen Rechner installiert war. Welche auf den unterschiedlichen Rechnern installiert sind, hängt maßgeblich davon ab, ob der Benutzer einen PC oder Mac besitzt, darüber hinaus auch noch von der jeweiligen Betriebssystemversion.

```
body {
   font-family: Arial, Helvetica, sans-serif;
}
```

Neben der Angabe der konkreten Schrift sollte in jedem CSS immer eine »generische« Schriftart festgelegt werden – in diesem Beispiel das `sans-serif`, um schlimmstenfalls auf eine vergleichbare Schrift auszuweichen, falls beim Nutzer keine der definierten Schriften installiert ist. Insgesamt muss man aber sagen, dass die Unterstützung von unterschiedlichen Schriften in Browsern immer noch sehr rudimentär ist.

Dies gilt aber nicht nur, was die Schriftarten selbst anbelangt. Der CSS 2.1-Standard bietet prinzipiell zwar die Möglichkeit, Schrift in neun unterschiedlichen Stärken (`font-weight 100-900`) sowie fett und kursiv anzugeben. Doch auch dies scheitert in der Regel daran, dass die meisten Schriften lediglich in zwei Stärken auf dem Rechner installiert sind – und ob es dann immer noch eine fette beziehungsweise kursive Variante in der Stärke gibt, ist umso unwahrscheinlicher, je weniger verbreitet eine definierte Schrift ist.

CSS3 öffnet mit der `@font-face`-Regel ganz neue Türen, denn darüber können externe Schriftdateien eingebunden werden. Die Darstellung hängt damit nicht mehr davon ab, was beim Benutzer installiert ist:

```
@font-face {
   font-family: 'ImperatorRegular';
   src: url('Imperator-webfont.eot');
   src: url('Imperator-webfont.woff') format('woff'),
      url('Imperator-webfont.ttf') format('truetype'),
      url('Imperator-webfont.svg#ImperatorRegular') format('svg');
   font-weight: normal;
   font-style: normal;
}
```

Im Vergleich zu anderen Quelltextbeispielen werden Sie ahnen, dass die Einbindung nicht ganz trivial ist. Es reicht nicht aus, lediglich eine Schriftdatei einzubinden, denn die Browser unterstützen unterschiedliche Schriftdateiformate. Um eine browserübergreifende Darstellung sicherzustellen, müssen Schriften in verschiedenen Formaten hinterlegt werden:

- EOT (**Embedded OpenType**)
  Wird nur vom Internet Explorer (seit Version 6.0) unterstützt.
- WOFF (**Open Font Format**)
  Wird von Firefox, Google Chrome, Safari ab Version 5.1, von Opera ab Version 11.1 und vom Internet Explorer 9.0 unterstützt.
- TTF (**True Type Font**)
  Wird von Firefox, Safari, Chrome und Opera unterstützt. Keine Unterstützung durch den Internet Explorer bis zur Version 8, ab Version 9 nur unzuverlässig.
- SVG (**Scalable Vector Graphics**)
  Wird von Safari, Chrome und Opera unterstützt.

Webentwickler müssen über `font-family` den Namen der Schrift vergeben, über den Sie die Schrift später in CSS-Regeln ansprechen möchten.

Über `src` wird die eigentliche Schriftdatei verlinkt, gefolgt von einer `format`-Angabe, die über den Typ der Datei informiert.

Grundsätzlich reicht eine einzelne Schriftdatei aus. Eine Schrift, beispielsweise in normaler Schriftstärke eingebunden, wird vom Browser fett gerendert werden, wenn sie später im CSS selbst zusätzlich über `font-weight="bold"` gesteuert wird. Je nach Schrift kann dies allerdings zu Verzerrungen führen.

Alternativ kann eine zweite Schriftdatei eingebunden werden, die in der `@font-face`-Regel mit der `font-weight`-Eigenschaft als `bold` definiert wird. In dem Fall verwendet der Browser nicht die normale Schrift, um sie fett darzustellen, sondern es wird die Schrift verwendet, die Sie für die Fett-Eigenschaft definiert haben.

Allerdings ist es unschön, dass hinterlegte Schriften »nachgeladen« werden: Je nach Browser wird Schrift erst mit einem System-Font angezeigt und dann durch die definierte Schrift ersetzt. Es kommt zum »Zuckeln« beim Laden der Seite.

Schriften zum Download: www.h5c3.de/link-39-2

Schriften kosten häufig Geld und sind dann auch lizenziert. Unter nebenstehendem Link stehen unterschiedliche Schriften zum kostenfreien Download zur Verfügung. Großer Benefit des Downloads sind mitgelieferte HTML- und CSS-Dateien, in denen bereits der fertige Code enthalten ist. Dies erleichtert die Verwendung von `@font-face` ungemein, da sowohl die Schreibweise als auch die Berücksichtigung aller Dateiformate mitgeliefert werden.

40 Browserkennungen / Vendor-Präfixe

Workshop

Browserkennungen im Praxiseinsatz: Kapitel 8.1

Mit Vendor – aus dem Englischen als »Anbieter« zu übersetzen – sind die Browserhersteller von Firefox, Internet Explorer & Co. gemeint. In diesem Kontext geht es um CSS-Eigenschaften, die sich noch in der Implementierungsphase befinden.

Das heißt, es gibt CSS-Eigenschaften wie beispielsweise `column-rule` (definiert eine Trennlinie in einem mehrspaltigen Layout), die im CSS3-Standard neu definiert sind. Die Browseranbieter haben nun die Aufgabe, diese »in den Browser hineinzuprogrammieren«. Manche Eigenschaften sind einfach zu implementieren, andere wiederum benötigen eine Art »Testphase«. Dazu definiert W3C Vendor-Präfixe, das sind Kürzel, die Eigenschaften vorangestellt werden können:

```
div {
   -webkit-column-rule: 2px solid red;
}
```

In diesem Beispiel ist `-webkit-` das Präfix. Dieses ist für Safari und Google Chrome vorgesehen, beide setzen auf der »Webkit layout engine« auf. Wird nun eine Seite mit unterschiedlichen Browsern besucht, ist dieses Präfix das »Fähnchen« für die Webkit-Browser; diese können die Eigenschaft auslesen und darstellen. Das bedeutet aber auch: Wenn Opera, Firefox und Internet Explorer dieses Präfix einlesen, erkennen sie, dass hier etwas für einen fremden Browser angegeben ist, die Eigenschaft wird ignoriert, ohne dass das CSS an der Stelle ungültig oder fehlerhaft wird.

Präfix	Browser
-ms-	Internet Explorer
-moz-	Firefox
-webkit-	Safari und Google Chrome
-o-	Opera

Webentwickler können diese »Testphase« nutzen und vorläufige Eigenschaften verwenden. Wollte man column-count bereits einsetzen, sähe eine Regel folgendermaßen aus.

```
div {
   -moz-column-count: 3;
   -webkit-column-count: 3;
   -ms-column-count: 3;
   column-count: 3;
}
```

Google Chrome 18 und Safari 5 wie auch Firefox 10 unterstützen die Eigenschaft **nur** mit dem Präfix. Sie können die Eigenschaft also einsetzen, müssen für diese Browser aber das jeweilige Kürzel verwenden. Opera 11 hingegen unterstützt die Eigenschaft vollständig – hier greift die Angabe, wie sie im Standard steht, eine Angabe mit dem Vendor-Präfix -o- für Opera ist deswegen überflüssig.

Der Internet Explorer 9 unterstützt diese Eigenschaft noch gar nicht, auch nicht mit dem Vendor-Präfix -ms-. Allerdings können Sie die Zeile für den Internet Explorer berücksichtigen. Sie sind damit vorbereitet, wenn der IE10 die Eigenschaft mit Präfix unterstützen sollte. Selbst wenn der IE10 die Standardschreibweise nicht unterstützt, tut diese Zeile Ihnen nicht weh.

Die standardkonforme Schreibweise sollte hinter den individuellen Präfix-Schreibweisen stehen. Damit stellen Sie sicher, dass bei neuen Browserversionen, von denen die Eigenschaft dann vollständig unterstützt wird, auch immer eine passende Deklaration zu finden ist.

Abschließend sei erwähnt: Die Reihenfolge »Standard ist fertig – dann implementiert der Vendor« ist keine Einbahnstraße. Umgekehrt bieten Vendor-Präfixe den Browserherstellern die Möglichkeit, eigene Eigenschaften zu entwickeln und zu testen – und falls diese gut sind, werden sie vom Standard aufgenommen und dort so formuliert, dass auch andere Hersteller die Eigenschaft implementieren können. Insgesamt ist dies allerdings ein Prozess über Jahre.

</ende>

Index